예일, 사계
전통, 자본, 능력주의가 지배하는 미국 명문대의 빛과 그늘
Yale, The Four Seasons

도서출판 윤성사 073

예일, 사계
전통, 자본, 능력주의가 지배하는 미국 명문대의 빛과 그늘

초판 1쇄 2020년 11월 30일

지 은 이	이시철
펴 낸 이	정재훈
디 자 인	(주) 디자인 뜰
편 집	전이서

펴 낸 곳	도서출판 윤성사
주 소	서울특별시 서대문구 서소문로 27, 충정리시온 제지층 제비116호
전 화	대표번호_02)313-3814 / 영업부_02)313-3813 / 팩스_02)313-3812
전자우편	yspublish@daum.net
등 록	2017. 1. 23

ISBN 979-11-88836-81-9 (03350)
값 16,000원

© 이시철, 2020

저자와의 협의에 따라 인지를 생략합니다.

잘못 만들어진 책은 구입하신 서점에서 교환 가능합니다.

예일, 사계

전통, 자본, 능력주의가 지배하는
미국 명문대의 빛과 그늘

이시철

이 책은 예일과 미국의 명문대를 꿈꾸는 독자들에게 유용한 정보를 담고 있습니다.
단순히 대학의 소개에 그치지 않고,
미국의 교육과 사회에 대한 날카로운 분석과 비판도 더합니다.

도서출판 윤성사
YOONSEONGSA

처음에

예일대학교Yale University라는 이름을 듣거나 가본 사람은 많지만 직접 예일대에서 공부를 했거나 직장으로 다녔던 사람은 흔치 않다. 이 책은 하버드, 예일, 프린스턴 등 이른바 엘리트 사립대학을 자세히 모르는 학생 또는 일반인을 위하여 편안히 소개하겠다는 의도로 시작하였으며, 구체적으로 이 초명문대학의 빛과 그늘을 함께 조감해 보려 한다. 예일이 왜 예일인지, 어떤 과정으로 오늘의 예일대가 되었는지, 또한 엘리트 대학의 규범적 가치와 현실적 한계에 대해서도 얘기할 것이다.

누구나 최고의 학교에서 가장 좋은 배움을 갖고자 한다. 대철학자 같은 교수, 미래의 대정치가, 최고의 법률가 등 그런 사람을 사귀고 배우면 얼마나 좋겠는가? 서구 전체까지는 아니더라도 미국의 대학교육 전반에 걸쳐 특히 인문교양 및 사회과학 영역에서 예일대만큼 앞서서 내용상의 변화에 크게 영향을 미친 학교는 많지 않다. 이 책에서도 일면 고대 그리스에 기원을 둔 인문교양 교육이 근현대 대학교육에 어떤 영향을 미쳤는지 조금이나마 엿볼 수 있을 것이다. 예일대는 가히 입이 쩍 벌어지는 교육 품질, 연구성과, 멋진 시설, 선택받은 천재들의 공동체로 유명하다. 캠퍼스를 벗어나 맨하탄과 세계무대에서 뛰는 예일 사람들은 홀연 현대 자본주의의 선봉이 되기도 한다.

현대 미국과 서구사회에 커다란 영향을 미치고 있는 소수 엘리트 대학 및 그 졸업생들에 대한 평가가 모두 호의적이지는 않다. 2019년 예일 로스쿨의 말코비츠 교수가 쓴 〈능력주의 함정〉The Meritocracy Trap에도 적나라하게 그려져 있듯이 개인의 능력과 노력으로 포장된 능력주의가 실제로는 거의 대물림되는 것으로, 이 때문에 초상류층과 중산층의 사회경제적 격차는 극심하게 벌어지고 있으며, 초상류층 스스로 불행해진다고도 한다. 예일의 폐쇄형 공간은 크루즈 선처럼 안락한 세습의 배양접시일 수 있다. 훨씬 심한 격차의 시작이라는 비판도 만만치 않다. 어떤 삶, 어느 대학이 돈의 영향권 밖에 있으랴마는, 화려한 브랜드에 가려진 또는 덜 알려진 '자본의 그늘'을 아마도 예일 캠퍼스에서 찾을 수 있을지 모른다.

물론 예일은 아무나 들어가는 학교가 아니며 재학 중에도 학부생이든 대학원생이든 유별난 노력과 경험을 하게 된다. 금전적 혜택과 교육 인프라의 지원도 물론 대단하지만, 뉴헤이븐 캠퍼스를 일상으로 누비는 사람들의 긍지와 고뇌도 이해해 주는 것이 공평할 것이다. 실제로 만났던 예일 구성원 상당수는 학문과 인격에다 열정까지 갖춘 경우가 많았다. 그들을 부러워하며 감사하는 마음도 물론 당연

Yale, The Four Seasons

하다.

　필자는 2017~18년 귀한 기회를 얻어 예일대학교에서 풀브라이트 방문교수Fulbright Visiting Fellow 자격으로 연구와 강의에 참여하면서 현지의 많은 교수/학생/직원들과 네트워킹하는 복을 누렸다. 실은 그 이전부터 개인적 인연으로 이 학교를 직간접으로 관찰했는데, 그냥 두기 아쉬운 기록을 바탕으로 미국 명문대의 교육 시스템, 학사제도/정책, 교수/학생들이 겪는 보람과 고뇌도 함께 엮었다. 특히 1년의 연구년 기간 중 몸소 캠퍼스의 연구실, 강의실 등에서 만나고 경험한 사람들의 목소리를 담았다. 예일대를 안에서 관찰하되 제3자 입장에서 바라볼 위치에 있었던 것은 큰 행운으로 생각한다.

　2009~10년에 1년 반(3개 학기)을 매사추세츠주립대University of Massachusetts Amherst에서 정규 학부강의를 맡기도 했는데, 이런 경험 또한 이 책에 일부 풀어놓았다. 가능한 일이라고 생각한다. 기왕이면 귀국 후 1년 이내에 이 책의 집필을 끝냈으면 좋았겠지만. 어쩌다보니 훨씬 늦춰지게 되었다. 이 책의 초고를 읽어 준 뉴욕과 시애틀의 예일대 식구들에게 특별히 감사드린다. 의도치 않은 실수나 덜 업데이트된 부분이 있다면 전적으로 필자 잘못이니 양해 바란다.

　이 책은 어떻게 하면 예일대 같은 초명문 학교에 입학할 수 있는가를 한 방에 알려주지는 않는다. 즉, 미국의 명문대 진학에 관심 있는 고교생, 대학생, 대학원생들만을 위해 쓰여진 것이 아니라는 뜻이다. 입학 과정, 입학 준비에 필요한 사항, 특히 SAT/GRE/LSAT/GMAT 등 각종 시험 및 입학 절차에도 관심을 가질 수 있으나, 이 책의 핵심이라 할 수는 없다. 그런 내용이라면 요즘 학생들이 인터넷이나 개인 인맥 등으로 더 자세히 알아낸다. 또한, 대학정책의 관점에서 의미있는 일이기는 하지만 특정 대학의 거버넌스, 학사 제도/정책 등을 건조하게 소개하는 것도 필자 개인으로는 가장 자신있는 부분이지만 가급적 줄일 것이다. 다만, 역사적 맥락과 교육적 요소를 바탕으로 하되, 미국의 대학이 움직이는 방향을 부분적으로나마 짚어내고 싶다.

　이 책이 귀족 대학과 '그들만의 리그'를 광고하는 의도로 비칠까 조심스럽다. 그 반대쪽 얘기도 많다. 넓게 드리워진 예일의 그늘, 차별, 폐쇄성 및 '능력주의 덫' 이슈도 접하게 될 것이다. 특히 약 300억 달러 규모의 엄청난 적립금 등 이 땅의 대학으로서는 상상도 하지 못할 교육/연구 투자가 이루어지는 현실에 상당한 위화감이 생길 수 있어서 이 또한 필자/독자가 함께 제어했으면 한다. 서구식 대학평가가 남용되는 현실에서 그 위험성과 약점도 충분히 고려하여야 할 것이다. 실제 다양한 분야/전공에서 하버드나 예일의 랭킹이 뒤처지는 경우가 많으며, 이미 최고는 다른 학교일지도 모른다.

이 책의 초고를 한참 쓰고 있던 2020년 3~4월은 세계적으로 코로나19 사태가 확산되던 시기였다. 필자는 가장 큰 희생을 치렀던 대구·경북에 있었다. 전쟁터 최일선의 참호 속에 웅크려 글을 쓰는 형편이었는데, 출근하지 않고 집에 머무르는 것이 생존과 애국의 길이었던 때였다. 매일 확진자가 수백 명씩 나오는 절박하고 열악한 환경에서 버텨준 의료진, 공무원, 언론인 등 뭐라 감사할지 모를 수많은 분들이 있었다. 봄학기 전체를 동영상과 Zoom 실시간 강의로 진행하던 4월 초, 대구의 신규 확진자가 '0'으로 바뀌는 감동을 겪었다. 원고를 읽고 좋은 의견을 주신 경북대 김성준/최희경 교수께 감사를 드리고, 윤성사의 열정과 편집 능력에도 경의를 표한다.

10월 현재에도 미국과 바깥세상에서 팬데믹은 여전히 진행형이다. 2020년 예일대 역시 봄학기에 이어 가을학기도 전면 온라인으로 진행하면서 일부 학생들만 캠퍼스에 받아들이는 정도이다. 이미 세계가 영원히 바뀌었는지 모른다. 그렇다면 이 책 역시 새롭게 평가해야 하겠다. 우선 부담 없이 '코로나19 이전' 예일의 춘하추동을 편안히 즐겨 주신다면 그것만으로도 기쁠 것이다.

2020년 10월
경북대학교 복현 캠퍼스에서
필자 씀

추천사 1

문인호*

This book offers a thorough introduction to everything about the Yale University – the life, the culture, the history, the academics, the missions, the challenges, and more. It is narrated through the perspective of a Fulbright visiting fellow, and is an exhilarating read. Having lived on the campus for seven years as an undergraduate and graduate student at Yale, I have to admit that the vivid and detailed discussions of the student life and culture at Yale are so accurately portrayed; and they brought out a lot of beautiful, poignant memories I had at Yale. In fact, I am still in awe that this was narrated from a perspective of an "outsider" who visited Yale for just one year.

이 책은 예일대에 관한 모든 것을 샅샅이 보여줍니다. 예일의 삶, 문화, 역사, 학문, 미션, 도전 그리고 그 이상을 풀브라이트 학자의 시선으로 구술하는 신나는 읽을거리입니다. 학부생과 대학원생으로 모두 7년을 예일 캠퍼스에서 지냈던 저도 인정할 만큼 생생하고 상세한 예일 스토리가 너무도 정확하게 서술됩니다. 게다가 제가 직접 경험했던 예일대 학생의 생활과 문화에 대하여 아름답고도 날카로운 지적을 거듭 이어갑니다. 이런 내용이 예일을 1년간 방문했던 '외부인'의 관점으로 쓰여졌다는 사실이 가히 경외스럽습니다.

That leads me to conclude that, even though the author was there for a brief amount of time, he voraciously sought out to experience as much as possible of what Yale had to offer. In addition to his regular duty as a visiting fellow, he talked to a wide variety of people in the Yale community, read the Yale Daily News (a newspaper targeting undergraduate audience),

---

* 문인호 변호사는 한국에서 중학교 졸업 후 미국으로 가서 2014년 예일 칼리지에서 EP&E와 수학을 복수전공했으며, 이어 2017년 예일 로스쿨을 졸업했다. 현재 미국 맨하탄 소재 미연방 고등법원에서 로클럭(law clerk)으로 근무하고 있다(추천 글은 영문을 저자가 번역함).

attended lectures during the Bulldog Days (a week where courses are open to high school students who are picking which colleges to attend), attended football games, sat in on various talks given by high-profile guest speakers such as Jeb Bush (the son of President George H.W. Bush and the brother of President George W. Bush), and the list goes on. Also, you will get a glimpse of how Korean and Korean-American students and faculty are doing at Yale. This book project, driven by infinite curiosity on the author's part, is a distillation of multifaceted aspects of this renowned institution, and the readers are lucky to vicariously experience what the author saw, heard, thought, and felt as he lived through the Yale community.

비록 짧은 기간이었지만, 저자가 예일이 제공하는 모든 경험을 열정적으로 추구했음을 알 수 있습니다. 방문 펠로우의 정상 업무인 연구와 강의 외에도 그는 예일 공동체의 수많은 사람들을 만나 이야기했고, 보통의 학부생들이 읽는 예일대 신문을 읽었으며, 불독 주간의 수업에 참여했습니다. 풋볼 경기를 관전했고 (두 조지 부시 대통령의 아들이자 동생인) 젭 부시 등 저명인사 특강에 함께 했습니다. 덧붙여 이 책에서 예일의 한국계 학생들, 교수들도 대략 소개됩니다. 이 책은 저자의 무한한 호기심에 바탕을 두어 세계적인 저명 대학의 다양한 모습을 압축 증류해 낸 결과입니다. 이렇게 저자가 예일 공동체에서 보고 듣고 생각하고 느낀 것을 공유할 수 있는 독자들이 참 행운이라 여깁니다.

Make no mistake, this is not a dry, fact-only report on what Yale is - the book is weaved through a fun, easy-to-read narrative from the perspectives of a visiting fellow, professor, researcher, dad of a Yale graduate, proud resident of New Haven, football aficionado, mentor to Korean students visiting for Yale summer classes, and intellectual who likes to ask big, profound questions. These multiple perspectives humanize the narrative in a way that is relatable at so many levels - whether the reader is a Korean student studying abroad, a professor on a sabbatical in the United States, a parent who is about to or wants to send his or her kid to a U.S. college, or even someone who is not familiar with the U.S. higher educational system. At times, it reads like an extremely informative report on Yale, and, at other times, it reads like an insightful memoir. Once you pick it up, it will be hard to put it down.

Yale, The Four Seasons

이 책은 결코 예일에 대한 팩트만을 옮긴 건조한 보고서가 아닙니다. 방문 펠로우로서, 교수로서, 연구자로서, 예일대 졸업생의 아빠로서, 뉴헤이븐을 사랑한 주민으로서, 풋볼 애호가로서, 예일 서머 스쿨 한국 학생들의 멘토로서, 크고 심오한 질문 던지기를 좋아하는 지식인으로서 참 흥미롭고도 읽기 쉽게 이야기합니다. 그런 다양한 관점이 이 책을 친근하게 만듭니다. 이 책의 독자가 어떤 분이든, 즉 외국에서 공부하는 한국 학생이든, 미국에서 안식년을 보내는 교수이든, 자녀를 미국의 대학에 진학시키려는 부모님 또는 심지어 미국의 고등교육 시스템에 익숙하지 않은 누구에게든 말입니다. 가끔은 예일에 관해 굉장히 유용한 정보를 제공하기도 하고, 때로는 통찰력 있는 체험기처럼 읽히기도 합니다. 한번 책을 읽기 시작하면 놓기 어려울 것입니다.

In addition, the book is about Yale but also not just about Yale. It explores a lot of contemporary topics that Ivy League schools, American colleges, and even American society face—such as college admission processes, free speech on campus, culture wars between the left and the right, a university's complex relationship with its town, the press, and more. You will walk out with, I have no doubt, a better picture and appreciation of what American society looks like vis-à-vis its universities. For anyone who wants to get a little taste of what being at Yale is like, I urge you to grab this book and continue on with the journey that it offers.

덧붙여, 이 책은 예일에 관한 것이지만 예일만이 아닙니다. 아이비리그와 미국의 대학 그리고 미국이 직면한 다양한 이슈를 다루기도 합니다. 대학입학과정, 캠퍼스 내 표현의 자유, 진보와 보수의 문화전쟁, 대학과 지역사회의 복잡한 관계, 언론 이슈 등이 사례입니다. 이 책을 다 읽으시면 대학의 조리개로 관찰한 미국 사회가 어떠한 모습인가를 훨씬 더 명쾌하게 이해되리라 믿어 의심치 않습니다. 예일에 머무는 것이 어떤지를 조금 맛보고 싶은 분은 누구든 이 책에 기대어 함께 여행하시길 빕니다.

2020. 9.

추천사 2

유민승*

예일대를 재학하며 매일같이 캠퍼스의 비현실적인 웅장함과 아름다움에 놀라곤 했다. 하지만 캠퍼스에서 10분 정도 도보로 나와보면 그 웅장함만큼이나 큰 그림자에 가려진 뉴헤이븐시의 빈곤을 쉽게 마주할 수 있다. 세계적인 지성인들과 차기 리더들은 그렇게 예일대에서 매일같이 제이콥 리스Jacob Riis가 책에 담았던 'The Other Half'와 공존한다. 필자는 다른 '명문' 대학에서는 흔치 않은 예일대의 이중성과 그 다방면하고 복잡한 의미를 면밀하게 그려내고 있다.

세계적인 교수들의 수업을 듣고, 졸업 후 세계를 바꾸고자 전 세계 각국으로 뛰어드는 동기들과 지냈던, 남들에게는 꿈이며 나 자신에게도 꿈만 같았던 예일대 생활을 돌이켜보면, 아름답고 소중한 기억이 넘쳐나고, 그 기억 속 그림자에 가려진 예일대의 현실을 잊을 때가 많은 것 같다.

이 책을 읽으면 예일대라는 세계적인 대학의 역사와 구성 그리고 그 현실을 몸소 느낄 수 있으며, 그 교훈은 예일대를 꿈꾸며 유학을 준비하는 학생들만이 공감할 수 있는 것이 아니라 다양한 독자들에게 (나 자신에게도 그랬듯이) 신선한 경험이 될 것이라 믿어 의심치 않는다.

2020. 9.

---

* 유민승씨는 미국에서 고등학교를 졸업 후 예일대 정치학과에 진학한 후 2020년 5월 졸업하고 현재 서울에서 직장을 다니고 있다.

목차

처음에 · 4

제1장 예일대 미리보기 · 17

1.1. 예일대 가는 길 · 17
1.1.1. 4개 장면 / 17
1.1.2. 예일대 캠퍼스 살펴보기 / 22
1.1.3. 예일대 학부의 학사 운영 / 29
1.1.4. 풀브라이트 / 35
1.1.5. 기숙대학 / 42

1.2. 예일대 사람들 · 50
1.2.1. 예일대 사람이 되는 길 / 50
1.2.2. 예일대 현직 교수들 / 53
1.2.3. 예일대의 학생조직, 학생회 / 64
1.2.4. 대학원생 노조 / 69

제2장 예일, 사계 · 73

2.1. 봄: 예일 4계의 시작 · 73
2.1.1. 봄학기의 시작, 눈 덮인 캠퍼스 / 74
2.1.2. 예일대 2018년 봄학기 수업 / 78

    2.1.3. 예일 공개강좌 주간 / 84
    2.1.4. 예일대 졸업 행사 / 90
    2.1.5. 학비 부담, 가족의 기여 / 99
    부록: 토머스 프리드먼과 젭 부시 / 102

2.2. 여름: 오랜 빛, 새로운 지성 · 107
    2.2.1. 1701년 "신, 조국, 예일을 위해" / 108
    2.2.2. 대학신문의 가치: 예일대 신문 / 111
    2.2.3. 예일대 도서관 / 115
    2.2.4. 금강산도 식후경, 예일에서 밥 먹기 / 119
    2.2.5. 예일대 로스쿨 / 122
    부록: 경북대 학생들의 예일 여름학기 / 130

2.3. 가을: 역동하는 예일 · 134
    2.3.1. 예일 기후 컨퍼런스 / 135
    2.3.2. 힉슨 강의 시리즈, 텍사스 강연 / 139
    2.3.3. 예일과 스포츠 / 142
    2.3.4. 미식축구, 대학 풋볼 / 146
    2.3.5. 예일의 양성평등: 여학생 입학 / 152
    부록: 뉴잉글랜드의 대학 캠퍼스 투어 / 156

2.4. 겨울: 예일의 그늘과 도전 · 163
    2.4.1. 월스트리트를 점령하라, 예일을 점령하라. / 164
    2.4.2. 예일의 월스트리트 티켓?: 경영대학원 / 167
    2.4.3. '술 취한' 예일? / 173
    2.4.4. 예일대 〈해골단〉 / 177
    2.4.5. 예일의 폐쇄적 진보성, '그들만의 리그' / 180

Yale, The Four Seasons

부록: 예일대 학생의 정신건강 문제 / 186
2.4.6. 예일의 빛과 어둠 / 188

제3장 예일을 넘어 · 193

3.1. 미국 대학의 다양한 모습 · · · · · · · · · · · · · · · · · · · 193
3.1.1. 미국의 좋은 대학과 입시 / 193
3.1.2. 대학과 표현의 자유 / 198
3.1.3. 매사추세츠 주립대와 5개 대학 연합체 / 205
3.1.4. 미국 대학의 과세 논쟁 / 213
3.1.5. '관료제 때리기', 예일과 매사추세츠 주립대의 대학 행정 / 217

3.2. 경계를 넘어서 · 221
3.2.1. 코네티컷 이야기 / 221
3.2.2. 새로운 도피처, 뉴헤이븐 / 225
3.2.3. 인종차별, 미국과 예일의 오랜 도전 / 232
3.2.4. 미국의 주류 신문: 〈뉴욕타임스〉와 〈월스트리트저널〉 / 235

제4장 에필로그 · 245

참고자료 · 249

예일, 사계

Yale, The Four Seasons

전통, 자본, 능력주의가 지배하는
미국 명문대의 빛과 그늘

예일대 미리보기
Yale at a glance

chapter 1
Yale, The Four Seasons

1.1. 예일대 가는 길

봄은 예일 칼리지 등 많은 미국 대학이 합격생들에게 입학허가서 acceptance letters 를 보내는 시기이다. 조기사정 early admission의 경우 12월 중순에도 가능하지만, 이를테면 정시 전형은 보통 3~4월에 확정되는 까닭에 봄은 신입생에 대한 대학의 뜻을 처음 '열어보는' 시간인 것이다. 예일의 사계는 예일 사람들, 특히 학생들로 시작한다.[1]

1.1.1. 4개 장면 Four Scenes

#S1. 명예와 영광
어느 봄날, 예일대 합격통지를 받은 날이 인생 최고의 순간이었다고 말하는 행

---

[1] 입학사정 등은 일단 학부과정을 중심으로 이야기한다. 이 책에서 용어의 통일성을 기하기 위해, '예일대 Yale University'라고 할 때는 예일대의 학부, 대학원 등을 총칭하며, 학부 과정만을 뜻할 때는 '예일 칼리지 Yale College' 용어를 쓰기로 한다.

운의 학생들이 많다. 2020년 3월 말 입학허가를 받았지만 즉시 캠퍼스에 가볼 수 없었던 2,300명의 '코로나 코호트' 신입생들도 마찬가지일 것이다. 유튜브를 찾아보면 하버드, 예일, 스탠퍼드 등에 입학허가를 받았을 때의 학생들 표정만을 따로 모아둔 영상이 있을 정도이다. 예일대가 그리 크지는 않지만, 캠퍼스가 아름답고 전통을 자랑하는 고딕식 건축물 하나하나가 가히 예술이다. 이 대학은 미국 코네티컷 주 뉴헤이븐에 위치한 사립 연구중심대학이며 인문교양대학liberal arts college 느낌도 강하다.

대부분의 일반 대학은 물론 아이비리그 8개 대학 중에서도 정말 합격하기 어려운 곳이 하버드, 예일, 프린스턴, 즉 'Big Three'이다. 2017년도 전체 응시생 대비 합격률에서 하버드는 5.8%, 예일은 6.7%였으며, 이른바 조기 입학사정의 경우에는 예일 14%, 하버드 18%로 1, 2위가 뒤바뀐다. 어쨌든 두 학교는 브라운, 콜롬비아, 펜실베이니아 등 다른 아이비리그 대학보다 경쟁률이 높으며 전통/명성 또한 더하다는데 이의가 없을 것이다.

예일대 학부과정은 학비지원도 후하다. 경제사정이 어려우면 부족한 액수를 100% 가까이 채워준다. 물론 해마다 몇천 달러는 학생이 캠퍼스에서 조교, 도서관/식당 보조, 튜터 등으로 일하며 직접 벌도록student income contribution 해준다. 일반대학원과 전문대학원에서는 입학 사정과 학비보조를 각 대학원 자체로 하며 편차가 있다. 연구비가 넉넉하고 기부금을 많이 쌓아둔 대학원 프로그램이 후한 것은 당연하다. 예일대의 경우 일반적으로 박사 입학생의 경우 인문사회계는 3년, 자연계는 5년을 등록금 전액 면제와 월 생활비 지급 조건으로 받아들인다. 전문대학원의 경우는 아무래도 졸업 후 취업이 대개 보장된다는 전제 아래, 학비보조가 없거나 적은 대신, 연구조교, 강의조교 등 개별 활동에 대한 대가는 받을 수 있다.

#S2. 빛과 힘

2017년 가을, 자타 공인 미국 최고의 법대라고 할 수 있는 예일 로스쿨이 또 한번 빛을 내며 전국 뉴스에 나오기 시작했다. 트럼프 대통령 집권 이후 이른바 드리머Dreamers(어린 시절 본인 의사와 무관하게 부모를 따라 미국에 들어와 불법 체류자 신분이 된 사람을 일컬음)라 하는 약 80만 명의 젊은이들이 추방 위기에 몰려 미국 전역에서 가장 큰 이슈 중 하나로 등장한 것이다. 전임 오바마 행정부가 이들에 대하여 추방을 하지 않고 해결책을 모색했던 이른바 DACA(Deferred Action for Childhood Arrivals) 프로그램이 모호하게 유지되고 있었는데, 트럼프 정부에서 이를 폐지하려 했다. 이제 이들이 쫓겨나려던 참에, 예일 로스쿨에서 미국 연방법원에 트럼프 행정부를 상대로 제소하여 집행정지junction를 끌어내는 승리를 거두었다. 이를 이끈 주체가 예일 로스쿨 소속의 '노동자/이민권 옹호 클리닉Worker & Immigrant Rights Advocacy Clinic'이다. 이는 예일 법대 내의 동아리로서 인턴십 성격이 강하며 로스쿨 교수 4명이 함께 지도한다. 실전 변호사들과 함께 일하면서 배우는 모임인데, 예일이 추구하는 진정한 빛과 힘이 여기에 있다고 할 수 있다. 결국 2020년 6월 연방대법원에서는 트럼프 정부가 DACA를 폐지할 수 없다는 최종 판결을 내렸다.

예일 학생들이 재학 때부터 발하는 빛이 나중에는 힘으로 바뀌는 것이 아닐까? 2020년 8월 현재 미국 연방대법원의 대법관 9명 중 4명이 예일 로스쿨 출신이라는 사실이 그리 놀랍지 않은 것은 그 때문일 것이다. 물론 평자의 이념적 지향에 따라 대법관 각각에 대한 호불호는 확연히 갈릴 때가 많다. 하버드 로스쿨이 매년 600명의 신입생을 들이는데 비해 예일은 200명 정도만 받아 소수 정예를 키우는 것으로도 구별된다.

#S3. 돈과 정의

2018년 2월 수십 명의 예일 학생들이 캠퍼스 집회에서 대학을 성토하기 시작했다. 모임의 공식 주제 '예일 30조 원의 내막Inside Yale's $27,000,000,000'에서 보듯이, 예일대의 막대한 적립금이 화석연료 산업, 민간 교도소 등 나쁜 쪽으로 투자 운용된다는 격렬한 비판인데, 대학 측에선 그 의견에 동의하지 않는다. 특히 자금투자 책임관Chief Investment Officer 명의로 3월 초 예일대 신문Yale Daily News 기고문에서 집회 자체는 물론 성토대회 기사를 썼던 대학신문 취재기자/편집진에게까지 성난 비판의 화살을 돌렸다. 사실관계와 취재 과정에서 논란의 여지가 있는데, 이제는 대학신문과 대학행정 고위관계자 간 싸움이 되었고, 투자책임관이 내뱉은 모욕적인 언사 등 전체 내용을 신문사가 공개하는 사태까지 이어졌다. 대학의 돈과 학생들이 추구하는 정의가 충돌했던 사건이었다.

예일은 학생 12,000명, 교수 4,400명으로 학부생/대학원생의 숫자로만 보면 그리 크지 않으며, 늘 대비되는 하버드대의 절반도 되지 않는 규모이다. 학부 신입생 숫자는 2천 명을 조금 넘고, 적립금은 30조 원으로 하버드(40조 원)에 이어 2위이다. 특히 학생 1인 기준 예산액은 어떤 아이비 대학보다도 2배 이상 많다 (FY2015 통계: 예일은 177천, 프린스턴 87천, 하버드 74천 달러). 우리나라의 400여 개 대학 모두의 연간 예산을 합친 것보다도 더 큰 살림이다. 엄청난 부자학교로 학생에게 정말 잘해 주는 대학임에 틀림없으나 함부로 따라 할 수도 없다.

2018년 5월 예일대 산림환경대학원School of Forestry and Environmental Studies: FES 졸업식에서 들었던 졸업생 대표 1명의 연설이 인상 깊어 소개하고자 한다. 이 학생은 흑인/히스패닉/인디언 그룹이 경험하는 불평등/부정의를 얘기하면서 연대-제도적 파트너십 형성을 초점에 둔다. 특히 가난한 계층이 음식도 제대로 못 먹는 도시 불평등에 주목하며 예일이 위치한 뉴헤이븐의 심각한 불공평과 정의롭지 못한 상황에 대하여 질타한다. 도시 개발 사업인 '정글The Jungle' 프로젝트 자체가 불공정한데 인종/계층 측면에서 큰 문제가 아닌가 라는 얘기를 어떤 교수에게 했더니 돌아온 대답이 "우리 예일대는 사소한 지역 문제를 다루는 데가 아니다"였다고 말하면서 그 교수에게 정말로 크게 실망했다고 개탄하는 것이었다.

이처럼 예일 재학생이나 졸업생의 진보 성향과 비판의식은 널리 알려져 있는데, 현 트럼프 행정부의 장관 등으로 입각한 졸업생들이 많기는 하지만 그보다 훨씬 많은 사람들이 대척점에 서 있다. 이들은 자본에 대항하는 정의의 편이라고 감히 자부한다.

#S4. 아픔과 도전

예일대 학생들의 자살 소식이 가끔 보도된다. 정신 장애를 겪던 학부 1학년생과 2학년생이 각각 2015년과 2016년에 이를 극복하지 못하고 극단적 선택을 했다. 필자가 연구년을 마치고 돌아온 직후인 2018년 9월에도 비슷한 일이 벌어져 예일대 총장과 예일 칼리지 학장이 근심 가득한 어조로 또 한 명의 예일대생이 목숨을 끊었다고 비통한 소식을 전해왔다. 자세한 배경과 이유가 상세하게 공식 보도되지는 않았지만 각종 학업 부담, 정신적 스트레스, 개인 사정 등일 것으로 추측된다. 이 대학의 교수와 보직자들은 이럴 때마다 학교 공동체의 도움과 격려가 중요하다고 말한다. 이를테면 정신건강 지원을 위한 각종 서비스와 시설 등을 보완하려 하는 것이다. 2017년 학생회장 선거 때는 당선된 후보의 선거 공약으로 사정이 비슷한 아이비리그 8개 대학과의 정신건강 서비스 공동사업이 내세워지면서 당선의 큰 요인이 되기도 했다.

2018년 5월 예일대학원 기숙사에서 일어난 일이다. 자신의 방 바깥 공동공간에서 잠시 눈을 붙이던 흑인 여학생에게 다른 백인 여학생이 불을 비추며 무례하게 굴자 결국 대학 경찰에 신고한 것인데, 출동 경찰관 역시 이 흑인 학생의 신분을 확인한다면서 한참 시간을 끌었다고 한다. 결국 이 과정이 해당 흑인 학생의 페이스북 생중계로 널리 알려짐으로써 큰 사회문제로 대두되었다. 〈뉴욕타임스〉The New York Times 등 전국 언론에도 되풀이 보도될 정도였는데, 그 몇 달 전 필라델피아 스타벅스 커피점에서 사업 파트너를 기다리던 흑인 시민을 종업원이 고발하여 백인 경찰관들이 출동하여 수갑을 채운 사건과 매우 흡사했다. 여전한 미국의 민낯과 예일대의 치부가 동시에 드러난 사건이었다.

🏛 1.1.2. 예일대 캠퍼스 살펴보기

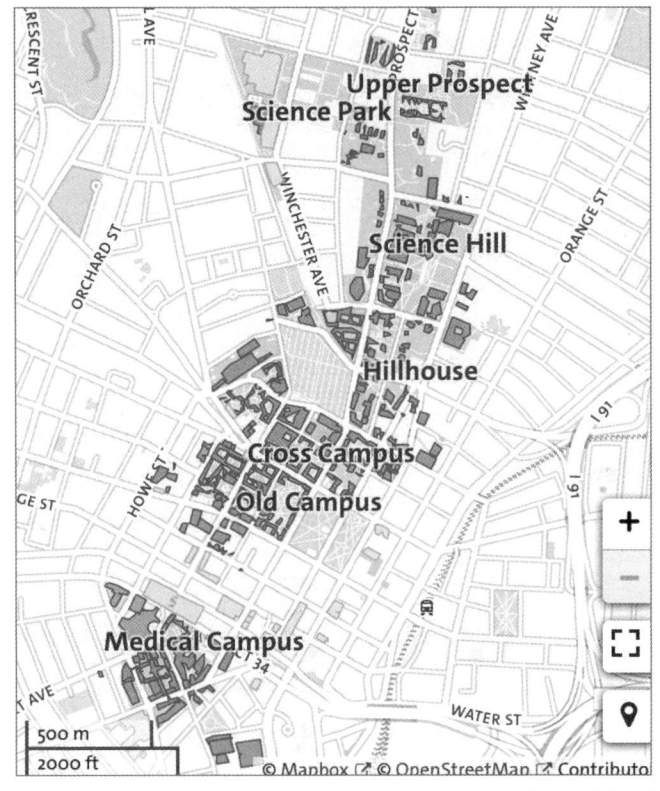

출처: Yale Univ. 홈페이지

[그림 1-1] 예일대 캠퍼스 지도

　예일대는 남북으로 대략 2마일, 약 3km에 걸쳐 있는 길쭉한 모양이다. 캠퍼스를 기계적으로 구획하기는 어렵지만 예일의 공식 지도에서는 대략 북쪽부터 이름 붙여 어퍼 프로스펙트Upper Prospect, 사이언스 파크Science Park, 사이언스힐Science Hill, 힐하우스Hill House, 크로스 캠퍼스Cross Campus, 올드 캠퍼스Old Campus, 메디컬 캠퍼스Medical Campus 등 7개 권역으로 나누고 있다. 캠퍼스 서쪽으로 스포츠단지Athletic Fields 그리고 메인 캠퍼스 서쪽 12km쯤에 서부 캠퍼스West Campus가 별도로 있다. 이 외에 코네티컷, 뉴저지, 버몬트 주에 걸쳐 1만 에이커 이상의 방대한 예일 학술림 Yale Forest을 두고 있다.

■ 올드 캠퍼스, 크로스 캠퍼스 Old Campus & Cross Campus

예일대의 전통적 중심이자 현대에도 여전히 예일대의 정체성을 느낄 수 있는 곳이다. 뉴헤이븐의 도시 광장이라 할 뉴헤이븐 그린New Have Green에 붙어 있고, 주변의 식당, 카페, 상업시설과도 보행거리이다.[2] 고색창연한 고딕식 건물도 멋있을 뿐 아니라 정서적으로도 가히 예일의 심장부라 할 만하다. 펠프스 게이트Phelps Gate 는 뉴헤이븐 그린과 마주하고 있으며 가히 예일대의 정문 같은 역할을 한다. 졸업식 등 큰 행사 때 이 문을 통과해 드넓은 잔디광장으로 오는 모습이 굉장히 멋있다. 반대편의 하크니스 타워Harkness Tower는 예일대 전체의 아이콘 격으로서 스케일이 크고 높으며 탑에 달린 큰 시계가 역사의 목격자다운 내공을 풍기는 듯하다.

예일대의 수많은 도서관 중 가장 큰 스털링 기념도서관Sterling Memorial Library, 2019년까지 총장실이 있었던 우드브릿지 홀Woodbridge Hall, 로스쿨Sterling Law Building, 대학원Graduate Studies 건물 등이 크로스 캠퍼스 구역에 위치한다. 이 동네 건물에 들어가면 분위기도 뭔가 다른데, 특히 빌/힐러리 클린턴은 물론 저명한 법관/변호사 등이 자주 만나고 어울렸을 로스쿨 안팎의 공간과 거리에서는 카페와 식당까지도 나름대로 특별한 느낌이 든다.

예일의 14개 기숙대학 또는 레지덴셜 칼리지residential colleges 대부분이 올드 캠퍼스와 크로스 캠퍼스에 있으며, 각각 '칼리지'로 불리는 가운데 예일의 학부 신입생

---

2) 이 책의 사진 일부는 예일대가 공개적으로 허가한 것을 사용했으며(photo credit 표시), 그렇지 않은 것은 필자가 직접 찍은 것임

들은 일단 어딘가 1개 칼리지에 소속하여 4년간 지내는 것을 원칙으로 한다. 이 기숙대학들은 겉에서만 봐도 근사하다. 필자도 4~5개 건물 안으로 들어가 보았는데, 행사나 학기 초 등 가끔 오픈하우스 기회를 이용하면 된다.

미국이나 한국의 다른 대학도 비슷한 사례가 많은데, 대학의 역사와 정체성을 상징한다고 할 만한 학과나 단과대학들이 대학 캠퍼스의 중심에 있다. 동시에 이런 프로그램들은 '돈이 별로 안 되는' 경우가 많다. 새로운 시대를 선도하면서 시장과 자본이 선호하는 인기/신설 학과 등은 캠퍼스의 중심을 벗어나서 새살림을 차리는 경우가 많지 않은가? 예일대에서도 잘 나가는 프로그램(예컨대 경영대학원, 의대, 간호대 등)은 외곽에 떨어져 있다. 필자가 소속했던 산림환경대학원도 캠퍼스 북쪽의 사이언스힐 쪽에 자리잡고 있다. 이름도 근사한 예일 사이언스 파크Yale Science Park는 더 멀리 북쪽이며, 의대는 캠퍼스의 최남단이다. 이렇게 예일의 모든 건물을 다 아우르면 느낌상 뉴헤이븐이라는 도시의 절반쯤을 차지하는 것처럼 보인다. 물론 인구나 면적으로는 훨씬 적은 비중이지만, 도시지역만 볼 때는 그렇다.

■ 힐하우스Hillhouse 권역

이곳은 유서 깊은 힐사이드 거리Hillside Avenue를 중심으로 오랜 가로수와 편안한 길 등으로도 유명하다. 이 거리는 가로수 사이사이가 19세기 건축물로 가득차 있으며, 150년 전쯤 저명 작가인 찰스 디킨스와 마크 트웨인이 '미국에서 가장 아름다운 거리'라며 칭송했던 바로 그 지역이다.[3] 세인트 메리 교회를 제외한 이 거리의 모든 건물은 예일대 소유인데 예일대 총장 관사, 예일 칼리지 학장의 사무실, 예일의 유명한 악기박물관도 여기에 있다. 같은 교회를 다녔던 환경공학과Environmental Engineering 김 모 교수님 연구실도 이 동네인데, 올드 캠퍼스 쪽과 달리 그 건물은 당

---

[3] 위키피디아에 가면 아예 'Hillhouse Avenue'가 별도의 표제어로 상세히 설명되어 있다. 개별 건물 하나하나의 역사를 소개하기까지 한다. 예컨대 이 거리에 있는 그레이브스 길만 주택Graves-Gilman House은 1866년 지어졌는데, 조지 부시 전대통령이 학생 시절에 아들 부시와 함께 살았던 집으로 소개된다.

장 공대 사람들이 모인 장소인 것이 확연히 느껴진다.

■ 사이언스힐Science Hill 권역

캠퍼스 북쪽에 위치하여 주로 화학, 물리학, 생명공학 등 자연과학 계열의 단대와 학과를 품고 있다. 이 구역에 필자의 연구실과 소속 단대인 산림환경대FES 본관인 크룬 홀Kroon Hall이 있다. 괜히 '언덕'이 아니고 제법 경사가 져서 점심 이후나 스털링 도서관 쪽에서 올라갈 때는 꽤 운동이 된다. 총장 관저가 있는 힐하우스 권역은 길 하나 건너면 되고, 예일의 중심이라 할 수 있는 올드 캠퍼스나 로스쿨이 있는 크로스 캠퍼스 구역까지 걸어서 충분히 갈만한 거리이다. 남쪽 끝의 의대와 대학병원 등은 거리가 멀고 지리적 여건 등으로 자주 가기가 어렵다.

길 건너 선명한 곡선 지붕의 하키경기장Ingalls Rink이 독특한 외관을 자랑한다. 대략 주요 건물만 살펴보더라도 빼놓을 수 없는 것이 사이언스힐의 상징처럼 우뚝 서 있는 클라인 생물관Kline Biology Building으로 아마도 예일 캠퍼스에서 가장 덜 예쁜 직사각형 탑으로 키만 크다. 특이한 것은 이 건물 1층과 지하에 과학/사회과학 정보센터/도서관이 세 들어 있다(예일은 전통적으로 인문사회계와 로스쿨 쪽이 워낙 강한데, 이를 보완하기 위해 자연계/공대 쪽에 대한 투자가 반사적으로 확대되고 있는 것 같다). 이 근처에 필자가 주로 드나들었던 산림환경대FES의 연구실/강의실이 대부분 입주한 크룬 홀이 있는데, 사이언스힐에서는 제일 잘 생기고 친환경적이며 미래지향적 건물로 눈에 확 띈다.

이 구역에 있는 물리학관과 화학관도 그리 잘생긴 건물이 아니다. 그저 과학 연구만 하는 사람들이 지내기 딱 좋게 생긴 모습이다. 언덕길로 가다 보면 스털링 화학관Sterling Chemistry Laboratory을 지나 클라인 화학관Kline Chemistry Lab에 이르는데, 바로 필자의 연구실 건물 옆에 위치해 있다. 2010년 노벨 화학상을 예일대 교수 3명이 받았는데 어쩌다 길에서 마주치는 구부정한 사람들이 혹시 그들이 아닌가 싶어 조신해 질 때가 있다. 예일에서 그간 노벨상 수상자를 57명 배출했다고 하는데, 하여간 이 동네에선 공부 잘한다거나 함부로 힘을 자랑하면 큰코 다칠 듯하다.

이 부근 캠퍼스의 동쪽 끝 자락쯤 '까칠하게' 자리 잡은 경영대학원Yale School of Management은 여러모로 특이하다. 건물의 외관이 일단 여타 예일 건축물과는 확연히 다른 현대 양식인데 전면 유리 등이 눈에 띈다. 내부 장식이나 강의실 등의 장비도 다른 전공과 비교가 안 될 정도로 근사하다. '잘 나가는' 비즈니스 스쿨답게 건물도 폼나고 번쩍거린다. 우리나라에서도 경영학과나 경영대학이 여타 사회과학 전공보다 훨씬 인기가 있지만, 돈이 주변에 넘쳐나는지 외관도 부유해 보인다. 매일 〈월스트리트저널〉The Walls Street Journal 신문이 학생 라운지에 무료로 배포되는데, 덕분에 필자도 출퇴근길에 1부에 4달러짜리 신문을 공짜로 읽었다. 안뜰courtyard 분위기도 좋은 것은 물론이고, 건물 내에서 편안하게 독서를 할 수 있다는 것도 큰 장점이다.

■ 어퍼 프로스펙트Upper Prospect 권역

글자 그대로 프로스펙트 거리 위쪽으로 사이언스힐 북쪽이다. 전통 깊은 신학대학원Divinity School과 그와 연접하여 컨벤션 센터와 천문대 등이 있다. 신학대학원은 입구부터 뭔가 느낌이 확 다른데, 빨간 벽돌 건물들이 질서정연하게 자리하면서 가장 먼 쪽의 신학도서관이 우뚝 선 모습이다. 중세시대의 수도원 같은 고색창연함은 아니며, 오히려 현대적 인테리어가 눈에 띈다. 도서관 안의 개인 독서공간이 참으로 인상깊다. 온종일 꼼짝 않고 책을 읽을 수 있을 만큼의 조용함과 독립성이 보장된다고 할까?

같은 방향으로 산림환경대FES의 역사적 초기 건물인 마시홀Marsh Hall과 식물원 Botanical Garden이 있고, 길가에 독특한 표지석이 하나 있는데 윌리엄 태프트William H. Taft 집터이다. 한국의 현대사 공부를 제대로 한 사람이라면 아마도 기억이 날 이름, '가쓰라-태프트 밀약'의 주인공인 그 사람 맞다. 그는 예일대 1878년 졸업생으로 제17대 대통령과 제10대 대법원장을 다 해 본 사람이다. 예일 졸업생/교수로서는 자랑스러워할 이름이지만, 우리 한국인의 평가는 사뭇 다를 것이다. 어찌 그냥 웃거나 무심히 지나갈 수 있겠는가? 이렇게 115년 전의 역사를 아프게 만난다.

예일대 일반대학원 Graduate School of Arts and Sciences

명칭에서 보듯이 문과/이과를 망라하는 우리나라의 일반대학원과 가장 비슷하다. 예일대 대학원은 북미 대륙 전체에서 최초로 1847년 설립된 대학원 과정이며, 역시 최초의 박사학위 Doctor of Philosophy(Ph.D.)를 수여하였다고 자랑한다. 물론 석/박사 학위과정의 교수/학생들은 예일의 전문대학원들과도 협력관계를 유지한다. 우리 땅의 대학에서는 부총장이 대학원장을 겸하는 경우도 있는데, 예일에서는 별도 직위로서 일반대학원장을 "Dean"으로 둔다.

사실 우리나라의 웬만한 (일반) 대학원은 실체가 모호한 경우가 많다. 학부 중심으로 운영되는 분위기와도 연결되며, 대학원 업무를 직접/독립적으로 담당하는 기관을 갖춘 곳이 많지 않다. 그나마 보직교수든 행정직원이든 겸무 발령을 냄으로써 '본연의 일' 외에 부가적으로 하는 업무라는 인식이 있는 것 아닌가. 결국 모든 것이 재정/자원과 연결되겠지만, 예일대 일반대학원의 경우 실체가 있는 조직으로서 원장의 책임 아래 부원장/원장보 Associate/Assistant Dean 5명(이상, 모두 교수), 그 외에 전문/일반 행정직원 35명이 근무하는 상당히 큰 조직으로서 실제 독립된 업무를 맡고 있다.

예일의 경우는 전문대학원 말고 일반대학원에 적을 두고 있는 대학원생들이 약 3천 명, 교수는 약 900명인데 교수들은 물론 학부과정인 예일 칼리지에서도 강의하는 경우가 대부분이다. 특이한 것은 전문대학원 중 5개에서도 박사과정을 밟을 수는 있지만, 그 학생들도 행정적으로는 일반대학원을 통하여 등록된다는 것이다. 이 조직에서 대학원 입학사정, 장학금 수여, 커리큘럼 관리 등을 담당한다.

일반대학원은 크게 다음과 같이 5개 영역 Division으로 나뉜다. 각 영역 아래에 총 52개 대학원과 학과가 있으며 모두 석/박사 학위과정이다(비학위과정으로 Division of Special Registration을 따로 두고 있다).

1) 인문학 Humanities
2) 사회과학 Social Sciences
3) 생명과학 Biological Sciences
4) 자연과학 Physical Sciences
5) 공학 및 응용과학 Engineering & Applied Science

예일대 전문대학원 Professional Schools

2020년 8월 현재 예일대에는 12개 전문대학원이 있으며 2년 후엔 13개가 될 예정이다. 다들 '한 가닥' 하지만 특히 유명한 곳은 로스쿨이다. 하버드/스탠퍼드 로스쿨을 넉넉히 제치면서 수십 년간 미국 로스쿨 랭킹 1위를 유지하고 있다. 의학대학원은 스케일/예산 규모 면에서 타의 추종을 불허하는데 대략 전체 예일대의 절반 가까이 차지한다고 봐도 큰 무리가 없을 것이다. 경영대학원 School of Management 역시 경쟁력이 뛰어난데, 이 프로그램은 약 15위 언저리인 지금보다는 미래가 훨씬 더 밝아 보일 정도로 랭킹/자금/학생/교수 영역에서 일취월장 하는 추세이다(Yale SOM. 눈 여겨보고 투자하라!). 팔이 안으로 굽는다고 필자가 소속했던 산림환경대학원 FES 역시 100년의 역사를 바탕으로 사회/자연/정의를 향한 열정과 건강이 넘치는 곳이다. 지난 1년간 이방인의 눈을 새롭게 뜨게 해준 명문 프로그램임을 보장한다. 건축, 신학, 간호, 보건 대학원 등을 일일이 따로 소개하지 못하고, 전체 전문대학원 명단만 붙인다.

〈 예일대의 12+1 전문대학원 〉

의학대학원 School of Medicine
건축대학원 School of Architecture
음악대학원 School of Music
드라마 대학원 School of Drama
산림환경대학원 School of Forestry & Environmental Studies
법학대학원 Law School
경영대학원 School of Management
간호대학원 School of Nursing
미술대학원 School of Art
공학/응용과학대학 School of Engineering & Applied Science
신학대학원 Divinity School
보건대학원 School of Public Health
(국제문제대학원 Jackson School of Global Affairs)[4]

---

4) 예일 국제문제전문대학원 설립이 확정되어 2022년 개교 예정이다. 기존 잭슨국제문제연구소 Jackson Institute of Global Affairs는 학제간 학부과정이며, 존 케리 전 국무장관이 책임을 맡고 있다.

🏛 1.1.3. 예일대 학부의 학사 운영

정보화, 세계화 등의 커다란 흐름에 저항할 수 있는 개인이나 조직은 별로 없다. 대학 역시 마찬가지로, 어쩌면 살아남기 위해서 거대한 파도에 몸을 맡기거나 간신히 서핑하는 정도인지 모른다. 대학 혁신에 대한 요구와 대응은 역사상 어느 때보다도 국내외에서 넘쳐나고 있다.

세계의 많은 전통 명문대학과 마찬가지로 예일도 역사와 몸집의 무게에 눌려 있다. 교수 4,400명, 학생 12,000명의 거대 조직으로써 소규모 사립대학처럼 체제나 전공 등을 쉽게 바꾸거나 빨리 만들어내기 어렵다. 어떤 예일 교수들의 말을 빌리자면 교수에 대한 조그마한 평가 시스템을 바꾸거나 개혁하기도 쉽지 않다고 한다. 어디서 많이 듣던 소리 아닌가? 전체적인 큰 변화를 기대하지 못하는 대신에 예일대를 구성하는 예일 칼리지, 일반대학원, 12개 전문대학원 각각의 분권과 책임이 확실히 보장된다. 1+1+12개의 독립 학사단위가 각자 앞길을 열어간다고 볼 수 있지만, 예일대 전체의 획기적인 변화를 보기는 어렵다. 물론 시장/학문세계의 변화 요구가 빠른 영역에서는 자율적으로 학사제도 등을 민감하게 바꾸기도 한다. 예컨대 경영대학원, 컴퓨터, 생명공학 등 분야에서 드물지 않게 변화를 보여 주었으며, 최근의 사례로는 2017년 뇌과학 전공Neuro-science major 설립을 들 수 있다.

예일대에서 직접 만난, 특히 외국 출신 학생들의 얘기를 들으면 대다수가 자부심으로 뭉쳐 있는 가운데 교육 시스템에 만족해 한다. 학부생들의 경우, 단순히 명문대를 다닌다는 프라이드를 넘어 나름의 논리와 증거로써 학사 제도와 공부 내용을 옹호한다. 그들의 말을 빌리자면 학생들의 수요와 요구에 정말로 잘 대응하거나, 적어도 최선을 다해 들어주려는 모습이 보인다고 한다. 학생회와 대학이 협력하여 과목별 평가 시스템, 기숙대학 운영, 수강 쇼핑 기간, 구내식당, 캠퍼스 안전 및 건강 등 여러 이슈를 실제로 함께 논의한다는 것이다.

■ **수강과목 쇼핑** Shopping Period

매학기 초 2주일 동안 학생들이 수강 등록 전 과목 '쇼핑'을 하도록 허용한다. 우리나라 대학에서도 수강 변경이 가능하지만, 이곳에서는 자유로이 시험 수강하는 것 외에 자문 교수/직원과 개별 상담을 한다. 이른바 '블루 북 파티'에서 'Yale Blue Book'에 소개된 수백 개 강좌의 내용, 강의방식, 교수의 스타일 등에 대하여 정보를 공유하고 토론한다. 예일대 수강신청 사이트인 캔버스Canvas에 로그인해서 보면 수강 확정은 'student'로, 아직 미정이거나 돌아보는 중이면 'shopper'로 표시되며 행정담당자까지 'observing'으로 표시된다. 즉, 실시간으로 모든 강의 참여자의 상황이 공유되는 것이다. 물론 강의교수는 'instructor'로 뜨며 강의계획서, 읽기과제, 공지 등을 일찍부터 모두가 공유한다.

■ **'30초 전과'**

많은 미국 대학에서처럼 예일 신입생들은 대학시절의 전반부에는 교양과 여러 전공과목을 경험한 뒤에 2학년 말까지 75개 전공 중 1~2개를 선택 또는 선언declare하게 된다. 물론 'STEM' 등 일부 전공의 경우 1학년 때도 전공을 선언하기도 하지만, 늦게는 3학년 이후에 확정하기도 하는데 이는 전공 바꾸기를 매우 쉽게 할 수 있기 때문이다. 학생의 역량과 선택을 신뢰한다는 뜻이다. 직접 면담한 어떤 학부생은 인터넷 상에서 30초 만에 자신의 전공을 바꾸었다고 한다. 물론, 선택 과정에서 전공 요건을 고려하여야 하며 각 전공별 학부담당관director of undergraduate studies: DUS과 상의하게 된다.

입학과 동시에 1학년 1학기부터 전공이 고정되는 우리나라의 경우와 차이가 크다. 사실 고등학교 2, 3학년생이 전공에 대한 판단을 정확히 할 수 있는가? 경직되고 이른 전공 배정은 어쩌면 오로지 대학과 교수들의 이익에만 기초한 것인지 모른다. 우리는 이런 시스템을 어떻게 바꾸어야 할까?

■ 학과목의 개방성/유연성

예일 칼리지 학부생이 대학원 강의를 들을 수 있는데, 담당 교수와 학부담당관 DUS의 허락을 얻으면 가능하다. 한 학기에 2개 대학원 과목까지 수강하는 경우도 있다. 물론 대학원끼리는 당연히 개방되어 필자가 속했던 산림환경대학원FES 수업을 수강했던 로스쿨 학생과 얘기한 적도 있다. 이른바 예일불독주간Yale Bulldog Days에는 학부 입학이 허가된 예비 대학생들에게까지 일정 기간 정규 과목을 수강할 수 있도록 허락한다. 하버드대의 컴퓨터 사이언스 과목을 예일대 학생들이 온라인으로 수강하는데, 이는 학점이 인정되는 정규과목으로 수강생 500명이 넘는 최고의 인기 과목 중 하나이다.

예일대가 온라인 강좌 영역에서 최초나 최고는 아니다. 다만, 재학생들을 위해서만이 아니라 일반인을 위해서도 무크MOOC 등 개방의 흐름에 계속 탑승하는 추세인데, 세계적인 석학의 강좌를 오픈하는 형식으로 기여하고 있다. 예컨대 경제학과 실러Shiller, 역사학과 케네디Kennedy, 심리학과 산토스Santos, 철학과 케이건Kagan 교수 등 수많은 저명한 예일 교수의 강좌를 코세라, 유튜브 등은 물론 대학 자체로도 'Open Yale Courses' 이름으로 실제 강좌를 널리 열어두고 있다. 여름 학기의 경우 일부 학점도 인정한다.

■ 학생 간, 전공 간 격차의 인정

예일 칼리지 안에서도 유별나고 경쟁적인 전공을 볼 수 있다. EP&E는 윤리/정치/경제학Ethics, Politics and Economics 통합 패키지로 만든, 이를테면 융합전공의 겉모습이지만 독립 학과의 모습으로 따로 존재한다. 예일 학부 사회과학 분야 가운데서도 어렵고 경쟁이 심하기로 유명한 전공으로, 3개의 학문 각각에서 핵심적이고 난해한 과목만 뽑아서 가르치는 격이다. 2학년 1학기 말, 즉 12월에 지원을 받아 40명을 뽑는다. 1920년대 옥스퍼드 대학의 정치/철학/경제학Politics, Philosophy & Economics 통합전공을 모델로 삼아서 시작한 것으로 알려져 있다. 이 EP&E 전공으로 졸업하였거나 재학 중인 학생들 일부를 직접 강의실과 바깥에서 만나 얘기해 보았는데, 예일 학생 중에서도 특별히 우수한 것은 말할 것도 없다. 하지만 평상시에도 지나치게 현학적인 표현을 구사하는 등 같은 예일대생 가운데도 유달리 튀고 '부담스러운' 점도 있는 모양이다.

유별나게 똑똑한 학생 집단에서 나타나는 이 EP&E 학생들에 대한 묘하고도 복잡한 감정은 필연적이고 자업자득이기도 하다. 그냥 편히 일상 용어로 해도 될 내용을 엄청나게 (아마도 일부러 또는 습관적으로) 어렵고 현학적인 용어/어법으로 얘기한다는 것이다. 예컨대 교수의 어떤 질문에 답하는 과정에서 자기 생각에는 12세기 유럽의 모 철학자의 인용구(그 내용이 뭔지는 밝히지 않은 채)나 그 함의 등이 자신의 관점과 비슷하거나 상반된다고 하는 식으로… (교수님만 알아들으시라, 뭔지 모르는 애들은 그냥 입 닫고 있어라, 하는 셈이다. 그런 친구들이 10명 수업에 1명만 들어와도 전체 분위기가 싸늘해진다고 한다. 세상에! 예일대에서!)

이 전공과 비슷하게 우수한 학생들이 모여 어려운 공부를 하는 곳이 바로 국제문제Global Affairs 전공이다. 예일대에는 국내외 상당수 대학마다 따로 두고 있는 우수학생 그룹, 예컨대 아너스 클럽honors club 같은 것이 없다. 11년 전 매사추세츠 주립대 애머스트캠퍼스Umass Amherst에서도 'Commonwealth College'라는 우수학생 집단이 별도로 관리되는 것을 봤는데, 예일에는 그런 게 없는 대신 자연스레 EP&E 또는 Global Affairs 전공 같은 것을 두었다. 지나치게 똑똑한 학생들을 위한 지적 욕구 분출의 출구를 마련한 것이 아닐까?

■ 복수전공, 복수학위

복수전공은 물론 우리나라 대학에서도 일반적이지만 2개의 전공을 선택하려는 과정에서 학부상담관DUS 및 기숙대학 딘Dean과 실제로 상담 후 허가를 거쳐야 하는 점이 눈에 띈다. 로스쿨, 경영대학원은 물론 필자가 강의와 연구를 했었던 산림환경대학원FES에서도 복수학위를 하는 학생을 많이 보았다. 로스쿨-산림환경대학원의 JD/MEM, 경영대학원-의전원의 MBA/MD 등 대학원 복수학위와 함께 전공별로 예일 학부생들에게 제공하는 학석사 5년 과정도 눈에 띈다.

사실 예일이든 미국의 많은 대학에서는 문과–이과 상호 간의 복수전공까지 허용되고 권장되는 경우도 많다. 예컨대 심리학–생물학, 영문학–컴퓨터 과학의 짝 등을 어렵지 않게 볼 수 있다. 우리의 많은 대학에서는 아마도 무리일 것이다.

■ 독립연구, 학기/과목의 탄력성

〈독립연구〉Independent Study 과목은 우리나라 대학원의 〈논문연구〉와 비슷한데 예일대는 학부생에게도 이를 허용한다. 예전엔 등급제였으나 이제 Pass/Fail 평가제로 운영하며 담당 교수의 지도를 '실제로' 받는다. 학기 마무리와 함께 수강내용 및 성과 등을 리포트에 담아 학생, 학부상담관, 소속 기숙대학의 딘 등이 공유한다. 아울러, 반학기 과목half-term course을 두어 짧은 기간 학사일정/수업을 압축하기도 한다. 인턴 과정 또는 'Field Study' 형식으로 최근 중국/타이페이/한국 등을 1년 다녀온 학생들을 만났는데, 이들이 좋은 대학에 다닌다는 사정 외에도 다양한 채널로 학문과 세계를 접목하려는 노력을 많이 본다. 이외에도 수강철회(withdraw, W), 미완성(incomplete, I) 등 강의 및 평가에서 유연성을 가진다.

■ SAL2, 강의실에서 학부 수업 듣는 교수

우리와 비슷한 교수학습센터의 역할이 예일에서도 증대되고 있는데 강의 모니터링, 강의평가 지원, 교수법 공유 등 일반적인 지원 외에 특히 몇몇 프로그램이 눈에 띈다. 2018년 출범한 예일대의 SAL2(Scholars as Leaders; Scholars as Learners) 프로젝트는 예일의 기준으로 보아도 신선하다. 우선 60명의 교수가 배움을 위한 강의면제 Teaching Relief for Learning 혜택을 받아 1학기 동안 '학생 관점에서' 학부/대학원 과목을 수강하게 된다. 사회학과의 한 교수는 계량분석 수업을, 히브리어 전공 교수는 시각문화/문화해석 강좌, 비교문학 교수가 미술사, 연극사 등 3개 과목을 수업받겠다고 하는 등 강의면제 학기에 평소에 모자랐던 공부를 제대로 하라는 것이다.

■ CR/D/F 학점

우리나라 상당수 대학에서 취하는 상대평가/강제배분이 예일에는 없다. 물론 여기서도 학점 인플레이션이 있어 때때로 학내 언론 등에서 지적되기도 하는데, 사람 사는 곳이니 쉽게 넘어가려는 학생들도 있을 것이다. 눈에 띄는 CR/D/F 제도는 성적에 대한 지나친 부담을 줄이고 과목/수강생을 다양화하는 의도로 마련된 것이다. 모든 정규 학부 과목에 대하여 가능한데, 이 옵션을 택하면 A에서 C-까지는 모두 'CR(credit)'로 전환되고 D+, D, D-, F 등급은 그대로 표시된다. 졸업때까지 4과목을 선택할 수 있는데 학생이 이 옵션을 택했는지를 담당교수에게 알릴 필요가 없으며, 교수 역시 보통 학생들에게처럼 성적을 주면 시스템이 자동으로 전환한다. 원래 학기 초에만 선택이 가능했는데 2018년 봄학기부터는 중간시험 이후에도 택할 수 있게 바뀌었다.

이 제도는 악용의 여지가 있으며, 교육적으로도 옳은 일인가에 대한 논쟁이 가능하다. 그렇지만 이런 실험을 시도할 만하다. 특히 2020년 코로나19 사태 이후, 제대로 된 시험/평가가 어려운 여건에서는 'Pass/Fail' 제도와 함께 충분히 고려할 수 있지 않을까?

■ 2020년 코로나19, 전 과목 Pass/Fail 전환

2020년 봄학기에 코로나 바이러스가 한국, 유럽, 미국을 가리지 않고 모든 대학을 습격했다. 이 땅에서도 온라인/비대면 강의가 어느 순간 일반화되어 버렸다. 예일대 등 미국 대학의 경우 1월에 시작한 봄학기가 한창 진행되던 중에 아무도 예측하지 못했던 사태가 벌어진 것이다. 3월 이후 한국에서는 제대로 개학/개강도 하기 전에, 미국과 유럽에서는 많은 대학들이 학기 중간에 캠퍼스를 폐쇄하고 비대면/온라인 강의 모드로 급히 바꾸게 되었다.

최악의 상황에 처한 미국 대학의 경우가 가장 급했다. 4월 초 예일과 다른 대학들이 온라인 강의 외에 성적처리를 전례없는 방식으로 바꾸도록 결정했다. 5월

에 끝나는 봄학기 성적처리를 A-B-C-D 등 등급화가 아니라, 이번 학기에 한해서 'Pass/Fail' 방식으로 모든 과목을 처리토록 한 것이다. 예일대 안에서도 이에 대한 논쟁이 심하여 두 차례에 걸쳐 교수 투표를 거쳤다. 첫 번째는 단지 28%의 교수들만이 찬성했지만, 상황이 훨씬 심각해진 두 번째 투표에서 55%가 손을 들어 줌으로써 P/F 방식으로 최종 결정되었다(44%는 바로 앞에서 소개한 CR/D/F 방식을 편들었다). 다만 예외가 있는데 극히 우수한outstanding 성적을 받은 학생들의 경우, 성적증명서에는 표시되지 않아도 서술형으로 교수가 코멘트를 학생에게 따로 부여할 수 있도록 했다(Yale Daily News, 2020.4.7).

2020년도 봄학기와 같은 엄청난 사태에서는 어떤 옵션으로도 문제점이 많았을 것이다. 예일의 경우 의무적으로 모든 과목을 P/F 방식으로 하도록 했지만, 버클리Univ. of California Berkeley 같은 경우 P/F를 디폴트 옵션으로 하되, 어떤 기한을 두어 학생이 신청하면 등급을 부여할 수 있도록 했다(US News and World Report, 2020.4.3). 중요한 것은 학생들이 정말로 공부를 위해서 강의에 참여하는가 아니면 성적을 받기 위해서 수강하느냐일 것이다. 예일이든 어디든 P/F 또는 전통적인 등급화 어느 쪽이든지 배우는 학생들이 열심히 공부하여 좋은 열매를 거두길 바랄 뿐이다.

🏛 1.1.4. 풀브라이트 Fullbright

상당수 예일대 학생들이 기나긴 여름방학 중 해외 인턴십 등으로 장기 여행을 많이 하는 것은 널리 알려져 있다. 실제로 5월 졸업식을 즈음하여 한동안 얼굴도 못 보는 경우가 매우 많다. 그 중에서도 풀브라이트 프로그램은 매우 중요할 뿐만 아니라 해외에서 공부할 수 있는 명예로운 기회를 제공하고 있다.

매년 봄 미국 국무부에서 주관하는 풀브라이트 장학금 수혜자 발표 때가 되면 대학들마다 자기 학생과 교수의 숫자를 가지고 자랑한다. 예일대에서도 2019~20

년 수혜자로 20명의 재학생들이 선정되었다고 널리 알리면서 자랑하는데, 엄밀히 보면 미국에서 최고는 아니다. 해마다 최상위권 대학이 약간씩 달라지지만 2019년 발표 내용을 보면 조지타운, 브라운, 프린스턴 대학이 각각 45, 38, 31명으로 최상위권이다("Top Producers of Fulbright U.S. Scholars and Students, 2019-20", The Chronicle of Higher Education, 2020. 2. 9). 학생들 외에 교수들을 대상으로 한 풀브라이트 프로그램은 별도로 있다.

풀브라이트 장학프로그램은 1946년 창설되었다. 제2차 세계대전 후 대포, 탱크 등 잉여 무기를 처분하여 생긴 돈을 어디에 쓸까 궁리하다가, 아칸소 주의 제임스 윌리엄 풀브라이트James W. Fulbright, 1905~1995 상원의원이 국제교육교류 프로그램을 만들자고 입법제안하여 열매를 맺게 된 것이다.[5]

2020년 현재 풀브라이트 학생들이 교류하는 나라는 세계 160개 국을 넘으며, 1946년 시작한 이래 39만 명이 넘는 수혜자 숫자를 기록했다. 물론 한국과 한국인 학생/학자도 포함되어 있으며, 특히 우리나라의 경우 정부예산도 함께 포함되어 미국에서 오는 학생/연구자들을 받아들이고 있다. 풀브라이트의 명성과 가치는 일면 미국에서 훨씬 더 인정받는 듯하다. 풀브라이트 60년 행사 참석차 워싱턴 DC에 간 적이 있었는데, 한국과 미국의 거물급 인사들도 많이 참석했던 것으로 기억한다. 전직 주한 대사, 전직 한미교육위원단KAEC 단장, 풀브라이트 장학금 수혜자들 그리고 예술품을 출품한 한미 양국의 저명한 예술가들까지 평소 쉽게 못 볼 사람들이 많았다. 심재옥 당시 단장께서 대단한 열정과 역량으로 한미 양국의 정부 및 풀브라이트 관계자를 모았던 것 같다.

2019년 예일대 학생의 현황을 보면, 독일 베를린에서 저소득 주택 프로그램

---

[5] 윌리엄 풀브라이트는 미국 상원에서 가장 오래 외교위원을 역임한 것으로 기록되어 있다. 미국 남부 아칸소 주의 민주당원이며, UN 창설에 찬성하였고 베트남 전쟁과 매카시즘을 반대하였던 반면, 미국 인종차별 이슈와 관련하여 공공장소에서의 인종 통합을 반대하는 1956년 남부 성명(Southern Manifesto)에 서명한 분리주의자로도 알려져 있다. 그의 커다란 역사적 성취가 풀브라이트 프로그램의 창설이었다.

참여, 인도에서 당뇨병 연구, 이스라엘 대학에서 유태학 분야 석사과정 진학, 키프로스/체코/마카오/브라질에서 영어보조교사로 근무 등 매우 다양하다(Yale News, 2019.4.18.). 어느 학교나 마찬가지지만 일단 학점과 자기소개서가 우수해야 하고 교수 추천서도 잘 받아야 한다. 풀브라이트 장학생들은 항공료 등 교통비는 물론 숙식비 등 일체를 제공받기 때문에 적어도 경제적 비용은 전혀 걱정할 필요가 없다. 게다가 60년 이상 알려진 브랜드 가치와 함께 세계적인 동문 네트워크의 도움을 받을 수 있다는 것도 상당하다. 이 프로그램을 직접 집행하는 곳은 미국 국무부 교육문화국이며, 예일대 내에서 이 업무를 담당하는 곳은 예일 칼리지의 장학금 부서이다.

풀브라이트 프로그램 자체의 세계성은 이미 널리 알려져 있다. 보통 '동문Fulbright alumni'이라 지칭되는 수혜자 집단은 약 40만이라는 크기뿐만 아니라 상당한 품질과 네트워크의 밀도를 보인다. 59명의 풀브라이트 동문이 노벨상을 받았고, 84명은 퓰리처상을 받았다. 대통령 등 세계 각국의 정상이 된 사람도 37명에 이른다. 세계적으로는 매년 6천여 명, 한국에서도 100여 명의 학생, 교수, 교직원 등이 혜택을 보는 것으로 알려져 있다.

필자도 이 프로그램의 혜택을 받아 예일대에 방문 펠로우로 머물게 된 것이었다(적지 않은 지원을 진정 감사히 받았지만, 세간의 일부 오해와는 달리 팔자를 고칠 정도의 많은 돈은 아니며, 필자의 경우 6개월 지원금으로 1년을 근근히 버티며 사는게 목표였다). 처음 뉴욕 광역권의 풀브라이트 학자/학생들을 함께 모아 환영하는 자리에 참석했던 기억이 아직도 생생하다. 개최장소인 컬럼비아 대학 도서관Low Memorial Library 안의 원형홀Rotunda 셋팅 자체가 품격이 넘쳤다. 풀브라이트 동문, 뉴욕주 관계자, One2World 스탭, 거기다 수십 개국가 출신의 학자/학생들이 모이니 대단히 복잡하지만 동시에 편안하기도 했다. 이런저런 연설 끝에 다들 무대에 함께 올라가 인사하는 순간까지 뭔가 환영받고 있다는 느낌을 받지 않을 수 없었다.

미국 대학에 체류하던 도중 느낀 것은 일종의 '풀브라이트 현상'이었다. 캠퍼스에서 그냥 교환교수 또는 'Visiting Professor'로 소개할 때는 밋밋하게 반응하던 사람들이 '풀브라이트 학자Fulbright Scholar'라 하면 반색하며 말을 더 걸어오는 것부터 느낄 수 있다. 예일은 물론 보스턴, 워싱턴 DC, 샌디에이고 등에서 열렸던 각종 컨퍼런스, 강연, 세미나, 기타 모임에서 세계 각국의 풀브라이트 학자들을 자연스레 만나게 된 것은 보배로운 경험이었다. 특히 미국의 지성이 밀집한 매사추세츠와 코네티컷에서 다양한 네트워킹의 기회가 많았다. 이런저런 이벤트 때 유럽, 남미, 그리고 이웃나라인 중국/일본 학자들과 각별한 사귐을 가졌던 시간이었다.

11년 전에 필자가 체류했던 매사추세츠 주립대학에서도 풀브라이트에 대한 기억이 있다. 2009년 9월 매사추세츠 주립대 애머스트캠퍼스Umass Amherst 학생 8명이 풀브라이트 장학생으로 선발된 것이 지역신문에 제법 큰 뉴스로 실렸는데, 응시생 대비 비율로는 미국 전체에서 최상위권이었다. 계제에 필자가 지역신문Hampshire Gazette에 기고문을 올려 한국으로 갈 예정인 미국 학생 중 특히, 매사추세츠 주립대생들에게 특별한 축복을 전한 적이 있다. 2007년 매사추세츠 주립대 교수가 베트남에 가서 그 나라 최초의 환경학 대학원 프로그램을 설립한 적이 있고, 명문 스미스 칼리지는 한때 전국 최대의 풀브라이트 장학생을 배출한 바 있다는 등 애머스트 권역의 풀브라이트 인연이 전혀 새롭지 않은 것을 지적하기도 했다.[6] 당시 중국 천진대학 등에서 온 풀브라이트 방문교수를 필자의 학부 수업에 초청하여 특강 기회를 주었던 기억이 난다.

풀브라이트의 혜택으로 더 넓은 세계와 더 높은 가치를 경험한 사례는 매우 많다. 필자가 햄프셔 가제트 신문에 소개한 사례들도 다른 공식 기록을 참조한 것이었는데, 에티오피아의 보가레치 게브레Bogaletch Gebre가 조국에 1백만 명이 혜택을 입는 여성건강센터를 설립했고, 2006년 노벨상 수상자인 무하마드 유누스Muhammad Yunus는 그 유명한 서민대출 마이크로 금융을 방글라데시에서 시작하였다. 이제 풀

---

6) The Daily Hampshire Gazette. "Kudos to UMass' new crop of Fulbright recipients" Op/Ed (Shi-Chul Lee) 2009. 10. 27.

브라이트는 미국이 일방적으로 개도국을 지원하는 프로그램이 아니라 쌍방의 교육/문화 교류 프로그램으로 진화하고 있는데, 예컨대 대한민국 정부의 추가 예산 지원으로 한미교육위단KAEC이 많은 미국인 학생/교수를 한국으로 초청하고 있는 경우가 그러하다. 2005년 태풍 카트리나 피해 때 풀브라이트 한국동문회가 십시일반으로 적지 않은 성금을 보내기도 했다. 그런데 요즘 풀브라이트가 어렵다는 얘기가 국내외를 막론하고 들려오니 걱정이다.

풀브라이트는 로즈 장학금Rhodes Scholarship처럼 명성과 전통을 겸비한 장학 프로그램이다. 지난 70년 간 각국에 쌓인 수혜자 37만 명 중 미국의 대학원 석박사 과정에 지원하는 학생들이 혜택을 제일 크게 받으며 수혜자 숫자도 가장 많다. 물론 우리나라 학생들도 많으며 이들이 얼마나 똑똑하면서도 열정 있는 학생들인지를 필자도 몇 차례 풀브라이트 유학생 심사에 참여하면서 직접 느꼈다. 현직 뉴욕타임스 기자, 외교부나 기획재정부의 엘리트 공무원, 삼성 등 유수의 대기업 출신, 개발협력사업ODA 분야 등에서 다양한 글로벌 경험을 이미 쌓은 전문가 청년 등 정말로 우수한 젊은이들이 지원한다. 교수 등 학자들도 매년 별도 그룹으로 경쟁 선발되는데, 2019년 선발된 한국 출신은 20명 남짓이다. 뉴욕타임스 등의 부고기사를 가끔 보면 풀브라이트 학자Fulbright scholar 였음이 주요 경력으로 나오는 경우가 있다. 예일에서도 별로 대단치 않은 사람이 풀브라이트 브랜드 덕을 크게 보는 걸 피부로 느낀 적이 많았다. 세미나, 강의 등의 소개 순서가 되면 제법 지위가 있는 사람이 정중히 풀브라이터임을 앞세워 소개를 하는 것이 그렇다.

분파가 심한 미국 의회 내에서도 드물게 풀브라이트 예산에 대하여는 공감이 이루어지고 있어서 지난 70년 이상 그럭저럭 유지됐다고 하는데, 물론 지속적인 예산 삭감 위협을 받는 것은 어쩔 수 없다. 그나마 크게 건드리지 않았다는 뜻이다. 그러던 것이 트럼프 집권 이후 세상이 변했다. 감세로 인한 세출 삭감, 국방비 증액 등 여러 이유로 국무부 예산 역시 30% 정도 삭감되어 편성되었다고 하는데, 이런 장학/교육문화 교류 프로그램을 총괄하는 국무부 교육문화국Bureau of Educational and

Cultural Affairs 예산이 70%가량 깎인 것으로 알려져 있다. 기본적인 경상비, 경직성 경비, 필수 계속사업 등을 제외하면 거의 대부분의 의미있는 사업이 사라지는 중이라고 봐야 하겠다. 물론 각종 개발협력사업official deveolpment assistance: ODA도 마찬가지일 터이니, 더 이상 세계의 경찰 겸 키다리 아저씨 노릇을 동시에 하던 미국은 없다고 봐야겠다. 어쩌다 이렇게까지 되었을까?

풀브라이트와 클린턴, 두 이름이 함께 나타나는 일은 드물다. 어느 날 언론을 통해 그리 좋지 않은 헤드라인을 보게 되었다. 2012년 이후 운영되어 온 풀브라이트-클린턴 공공정책 펠로우십Fulbright-Clinton Public Policy Fellowship 명칭에서 '클린턴' 이름을 삭제했다는 것이었다(Hillary Clinton's name vanishes from State Department fellowship, WP 2018. 3. 20).

워싱턴 포스트에 의하면 '풀브라이트-클린턴 펠로우' 프로그램은 매년 30명 이상의 학생들을 선정하여 3~4천 달러를 지급하는 프로그램으로 2012년 당시 힐러리 클린턴 국무장관의 주도로 시작되었으며, 그 중점은 아프리카 지역 정부와 협력하여 그 지역 여성들의 역량 향상을 위한 것이었다. 미국 정부에서 재원을 부담하는 '풀-클' 장학금의 명칭에서 '클린턴'이 빠진 것에 대해 국무부 관료들은 공연히 '클린턴Clinton' 명칭을 남겨 두었다가 트럼프 대통령이나 집권층의 눈에 쉽게 띄거나 미움을 사서 더 큰 화를 자초할 수 있기 때문이라고 말한다. 예산을 지켜야 하는 공무원들의 시각에서라면 그럴 법도 하다.

2009~10년 매사추세츠에 머물 때 전미 풀브라이트 컨퍼런스를 잠시 떠올린다. 국무부 담당과장 등과 간담회 시간에 청중에게 질문을 계속 독촉하길래 필자가 일어나서 한마디 했다. 미국 연방 전체 예산의 30~40%가 국방비인데 그 중의 극히 일부라도 더 증액해서 풀브라이트 같은 국제 평화/문화/교육 교류에 사용하는게 대포/구축함을 더 만드는 것보다 미국의 국가안보나 세계의 평화에 더 효과적이지 않을까, 왜 그런 예산을 더 늘리지 않는가, 하는 취지의 질문이었다. 질문이 끝나자 책상에서 조는 듯 조용히 있던 담당 과장이 눈이 번쩍 뜨였다는 듯한 자세로 정반대

논리를 제시했다. 그냥 가만히 두면 괜찮을지 모르는데 안 그래도 여기저기서 예산 삭감거리를 찾아내려는 사람들이 수두룩한 판국에 풀브라이트 같은 얘기를 꺼냈다가는 "아, 그런 돈이 있었어? 그것도 깎아 버리고 탱크를 더 만들자" 하는 식으로 될 수 있다는 것이었다. 그때는 농담으로 들었는데, 이제는 그 모양새가 되어 버렸다.

사실 군 병력이나 무기 구입 등 눈에 보이는 하드웨어 측면의 비싼 국가안보 전략외에도 외교/문화교육 교류 등 이른바 저렴한 소프트 파워를 강조하는 전략/접근이 더 강조되기도 하는데 어디까지나 합리적인 균형이 중요할 것이다. 슬픈 일이지만 대부분 전자에 무게를 두는 경우가 많으며 실제로 예산/인력/조직 등 거의 모든 측면에서 비교가 안 될 정도인 것은 한국/미국이 마찬가지일 것이다. 워싱턴 포스트 기사에서도 지적된 대로 과거 민주당 집권기 즉, 클린턴 행정부에서조차 이러한 평화/교류 쪽 예산은 상투적인 레토릭과 달리 냉대를 받았던 모양이다. 트럼프 행정부가 들어서면서 그런 분위기가 노골적으로 더 심해진 셈인데, 풀브라이트 프로그램 및 유사한 학문/교육 분야의 예산을 전년도 2억 7천만 달러에서 8천 3백만 달러로 깎아서 편성했다. 3천억 원을 900억 원으로 줄인 것이다. 탱크 1대가 대략 8백만 달러쯤 된다고 하니, 세계 최강국 미국의 (풀브라이트 포함) 국제교류 프로그램 전체의 1년 예산이 탱크 10대 값으로 줄어든 셈이다.[7]

실은 이러한 내용도 갑자기 생긴 게 아니라 바깥세상 사람들이 주목을 거의 안 하는 상태에서 '슬쩍' 벌어진 일이 뒤늦게 알려진 것 같다. 너무 크고 센 흐름, 바람직하지 않은 정책방향, 무기력이 정말 안타깝다. 앞으로 우리 땅과 지구촌 풀브라이트 후배님들의 숫자도 심하게 줄어들지 않을까 싶다.

---

[7] 탱크값 관련 부분은 공식자료나 출처가 아니라, 필자가 잠시 구글 검색해서 찾은 것이니 함부로 인용하지 마시길 바란다.

🏛 1.1.5. 기숙대학 Residential Colleges

1828년 '예일 보고서Yale Report of 1828'로 미국의 리버럴아츠 교육을 주도한 지 100년이 넘은 1933년에 예일대는 또 한번 학부교육 시스템을 크게 바꾸는 실험에 앞장섰는데, 바로 레지덴셜 칼리지이다. 이 둘은 긴밀하게 연결되어 있는데, 레지덴셜 칼리지는 리버럴아츠 교육의 내용을 실현하는 핵심수단이라고 할 수 있다. 영국의 옥스퍼드, 케임브리지 대학 등에서 시작된 이 시스템이 비슷한 시기에 하버드, 예일로 수입되어 변형 발전된 것이다. 그 두드러진 요소는 소규모, 분권형, 지속성, 교수의 생활밀착형 지도, 교육/문화/체육의 융합 등이며, 단순한 기숙사 생활을 넘어선다. 기숙대학 체제는 아이비리그는 물론 켄터키, 플로리다, 테네시의 대학 일부에도 이식되었고, 우리나라에서도 연세대와 이화여대 등에서 초기 모습으로 수입하여 실험되고 있다.

예일의 기숙대학은 1933년에 처음 문을 열었는데 예일의 심장으로 핵심가치를 유지하는 가운데 학교의 색깔을 가장 잘 드러낸다. 학부 1학년때 임의로 1개 칼리지 배정을 받은 후 4년 내내 거기서 생활하고 공부함을 원칙으로 하는 것이다. 여기서 '칼리지college' 용어는 좀 혼동스럽지만 보통 다른 많은 대학교 또는 단과대학을 지칭할 때 쓰는 말과는 무관하다. 또한 보통 학교에서 사용되는 기숙사dormitory와도 다른데, 결국 기숙사 아니냐고 쉽사리 말하면 아마도 예일 학부생들이 화를 낼지 모른다. 잠자고 먹는 것을 훨씬 넘어서 각종 교육, 학술, 네트워크가 직접 이루어지는 가운데 중요한 가치가 공유되는 현장이다. 하버드 대학이나 영국의 명문 캠브리지, 옥스퍼드 대학 등에서 아마도 가장 비슷한 유형을 볼 수 있을 것이다.

하버드도 12개의 기숙대학 시스템을 갖추고 있는데 전통이나 운영방식이 매우 비슷하다. 다만, 거기에서는 각각의 기숙대학 단위를 '칼리지'라 부르는 대신 '하우스house' 명칭을 쓴다. 예일-하버드 또는 예일-캠브리지의 기숙대학끼리 자매결연을 맺는 경우가 많다. 즉, 예일의 14개 칼리지 각각이 하버드나 캠브리지, 옥스포드에 있는 1~2개 기숙대학과 끈을 이어가며 어울리는 식이다(좀 나쁘게 말한다면, 머리 좋고 공부 잘하는 금수저끼리 어울리는 것 아니냐는 것인데, 이런 냉소에 뚜렷한 반론이 있을까).

14개 기숙대학 각각에 2명 이상의 현직 교수 보직자가 상주하는데 헤드head와 딘dean으로 각각 불리는 사람들이다(물론 영문으로 같은 dean이지만, 예일 칼리지 학장Dean보다는 당연히 격이 낮다). 이 교수들은 그야말로 온 식구가 다 캠퍼스 내의 14개 레지덴셜 칼리지 안의 주택으로 이사 와서 밥도 잠도 여기서 해결한다. 주택의 겉모양이 고풍스러울 뿐 아니라 내부시설도 매우 좋다고 한다. 직접 헤드로서 살아본 어떤 교수의 말을 빌리면 여러 개의 방이 있는 근사한 집에서 살다 보니 나중에 다른 데로 이사 갈 때 차이를 너무 느끼겠다고 할 정도이다. 행정 책임자인 헤드는 보통 정년보장을 받은 시니어 교수가 맡고, 교육/학술을 맡는 딘의 경우 상대적으로 젊은 교수가 맡는 모양이다. 예일 칼리지 마빈 천 학장의 표현대로 하면 두 사람/보직 간의 상하관계가 뚜렷하지는 않고 오히려 파트너 관계를 강조/권유한다고 한다(그래도 우리 같으면 위아래를 두는 게 편하니까, 시니어가 높다고 해두자. 아무래도 이런 계층제에 익숙한 필자가 예일 졸업생 교수에게도 다시 한번 학교 다닐 때 두 자리가 어땠느냐고 물었는데, 역시 불확실했던 모양이다. 어린 대학생 신분으로 그런 구분에 무슨 관심이 있었겠는가).

기숙대학 각각의 홈페이지에도 학생/교수들이 소통하는 모습이 일부 담겨있다. 학생이 어떤 사정으로 강의에 결석하면 그 사유서Excuse를 써 주는 사람이 각 칼리지 딘인데, 이 사유서를 어떤 경우에 어떤 경로로 받는지까지 '친절히' 설명되어 있다. 두 보직교수가 식구들과 함께 상주하고 있어 언제든 교육 또는 일상 상담과 지원을 받는다. 각 칼리지마다 1학년부터 4학년까지 총 400~500명의 학생을 수용하고 있는데 다양한 강연, 비교과 활동을 '신나게' 할 수 있을 만큼 예산이 넉넉히 지원된다. 얼핏 연간 백만 달러 쯤으로 들었다.

14개의 레지덴셜 칼리지는 독특한 건축 구조, 식당, 학생 공동공간(극장, 음악실, 댄스 스튜디오, 체육관 등)을 가지고 있는데 공히 안뜰을 가운데 두고 건물이 둘러싼 모습을 한다. 좀 나쁘게 말하면 외부와의 소통보다는 자기들끼리 잘 지내자는 내부지향의 뜻도 된다. 겉모습이 근사한 것 외에 칼리지마다 눈에 잘 띄지 않는 다양한 전통과 학생자치, 교육활동을 누린다. 4년을 같이 사는 학생들 간에 형성되는 우정이나 응집력은 당연한 산물이다. 각 칼리지마다 지하에 스낵바가 있는 건 외려 귀여울 정도다. 'College Tea'는 각 칼리지 헤드들이 1년 내내 오후에 학생들과 가지는 대화 시간이자 외부 저명인사를 모셔다 대화하는 기회이다. 우리나라 대학의 학생회에서도 중간/기말시험 기간 중 야식 마차를 운영하는 등 나름대로 선한 노력을 많이 하는 걸 봤는데, 예일에서는 시험기간 중 기숙대학 딘의 집에서 스터디 브레이크Study Break 시간을 이용하여 각별하고 다양한 지원을 한다. 음식, 차는 물론 페팅 동물원 petting zoo과 심지어 노래방 서비스까지 보인다. 14개 기숙대학 대항 체육행사에서 축구, 탁구 등으로 경쟁하며, 나름대로 챔피언 기록관리까지 하는 걸 보면 귀엽고 대단하고 어이없기까지 하다.

뭐니뭐니해도 이 기숙대학에서 가장 눈에 띄고 신나는 건 아마도 다이닝 홀일 것이다. 그런데 이 식당에는 아무나 갈 수 있는 게 아니다. 학부생들은 어디나 갈 수 있지만, 대학원생이나 다른 대학원 교수들에겐 문을 열어주지 않는다. 필자도 누군가에게 초대/에스코트 되어 몇 군데 간 적이 있었는데, 뷔페식으로 종류도 많고 세계 각지의 맛있는 음식으로 강추할 만한 게 많다. 2019년 여름에 예일을 경험한 우리 경북대 학생들 얘길 들어도 비슷했다.

예일의 기숙대학 체제는 리버럴아츠 교육과도 긴밀히 연결되어 단순히 먹고 자는 것을 넘어 교육의 중요한 연장으로 알려져 있다. 예를 들어 유명한 예일의 제2교과second curriculum는 정규 수업의 시공간을 넘어 저녁/현장 등의 기회에 온갖 저명한 외부 강사를 초빙하여 학생들과 만나게 한다. 1936년 처음 창설된 Chubb Fellowship 프로그램은 정치인, 외교관, 사회운동가, 예술인 등을 번갈아 초빙해 왔는데, 트루만/레이건/부시 전 대통령, 이스라엘 수상, 상원의원, 인디언 부족장, 노벨상 수상자, 영화배우 등을 모셔와 강연 또는 얘기하는 자리를 자주 마련한다. 어찌 보면 꿈같고 대부분 대학의 현실과는 동떨어진 얘기인데, 이런 모든 것에 행/

재정 뒷받침은 필수이다.

    학생의 관점으로 예일에서 경험한 것 중 가장 뇌리에 남고 선호하는 것이 레지덴셜 칼리지 경험일 것이다. 코로나19 사태로 미국과 세계가 아직도 엄중한 상태인데, 2020년 가을학기가 정상적으로 시작되지 못했다. 미국의 대학 중 특히 예일, 하버드 등 명문사립대학에서는 아마도 이런 레지덴셜 칼리지 경험을 제대로 할 수 없다는 이유만으로도 신입생들이 입학을 늦추거나 아예 포기할지 모른다는 예상도 많았다. 학교 측에서는 기숙대학의 경험을 일부라도 열어주고 있다. 2020년 가을학기에 원격수업을 받는 집단과 뉴헤이븐/기숙대학에 살면서 강의를 듣는 집단 모두가 온라인 수업이 가능하도록 한 것이다. 이른바 'residential/remote' 모델인 셈인데, 레지덴셜 칼리지 경험을 위하여 1학년 신입생들은 1년 간 기숙대학에 입주시키고 2학년은 봄학기, 3학년은 가을학기, 4학년은 1년 내내 가능하게 한 것이라고 한다. 하버드 등 기숙대학 체제를 갖춘 학교에서도 비슷하게 비상체제로 운영하고 있다.

예일의 14개 기숙대학

예일 칼리지Yale College 학부생으로 입학하면 아래 14개 기숙대학 중 하나에 임의 배정을 받아 4년 간 같은 곳에서 숙식하며 공부하는 것이 원칙이다. 각각의 연원, 현황은 알파벳 순으로 다음과 같다.

Benjamin Franklin College
미국의 건국 공헌자 벤자민 프랭클린(1706~90년)의 이름을 붙였는데, 새로 생긴 데라서 전통, 역사 등 쓸 것이 많지 않다. 이 명칭이 붙여진 것은 예일의 1954년 졸업생으로 대학 역사상 최대 규모의 기부금을 낸 찰스 존슨Charles B. Johnson이 강하게 요청해서라고 한다(필자가 처음 밥 먹은 다이닝 홀인데, 여기서 한국식 비빔밥도 내놓는 게 신기했다). 2017년 프랭클린 칼리지와 폴리 머리 칼리지가 개관하여 재학생 수용규모가 늘어나면서 예일대의 학부생 숫자가 5,400명에서 6,200명으로 늘어나게 되었다.

Berkeley College
초기 예일대의 공헌자인 버클리 목사Rt. Rev. George Berkeley, 1685~1753의 이름을 붙였다. 하버드대 기숙대학인 Dunster House와 자매관계라 하는데, 조지 부시 정권의 부통령이었던 딕 체니Dick Chenney가 여기서 살았다. 한때 월스트리트저널 신문이 미국 전체 대학 식당 중 최고라고 평가한 곳이 바로 이곳의 다이닝홀이다. 예일 칼리지 마빈 천학장께서 여기서 헤드를 역임했으며 그 당시에도 학생들로부터 존경을 받았다고 한다. 2019년 경북대 학생 17명이 처음으로 예일대 여름학기를 수강했는데 그들이 버클리, 에즈라 스타일스, 모르스에서 5주 간 거처했다.

Branford College
맨 처음 예일대가 설립된 코네티컷의 타운 명칭을 그대로 땄다. 예일의 상징이라 할 하크니스 타워가 붙어 있는 기숙대학이다. 2013년 노벨 의학상을 받은 로스만James Rothman 박사가 이 칼리지 선배 중 하나이다. 한때 시인 로버트 프로스트가 말하길 예일의 기숙대학 전체에서 가장 아름답다고 평가했다고 한다. 하버드의 퀸시Quincy House, 옥스포드의 펨브로크 Pembroke College, 캠브리지의 크리스트Christ's College와 각각 자매관계를 맺고 있으며, 예컨대 예일-하버드 연례 풋볼경기 때는 서로 초청해서 재워준다.

Davenport College
뉴헤이븐 도시의 설립자라 할 데이븐포트 목사Rev. John Davenport 이름이 붙었는데, 짧게 'D'port'로도 부른다. 하버드의 윈스롭 하우스Winthrop House와 짝으로 지낸다. 이 칼리지는 정치인 등 유명인사를 많이 배출했는데 조지 부시 대통령 부자, 에드윈 미즈Edwin Meese 법무장관, 지난번 대선에 출마했다가 지금 트럼프 밑에서 주택도시부 HUD 장관으로 있는 벤 카슨Ben Carson도 여기 출신이다(두뇌과 의사였던 벤 카슨은 잘 모르는 정부 일/주택 도시 업무를 하려다 보니 힘이 많이 부치는지 매우 허둥대는 모습으로 신문에 가끔 등장했다).

Ezra Stiles College
목사이자 12년간 예일대 총장을 했던 에즈라 스타일스Ezra Stiles의 이름을 붙였다. 위치가 예일대 페인 체육관 바로 앞에 있는데, 직각이 없는 좀 유별난 건물 구조/외면을 보인다. 건축 양식 측면에서 예일의 '미운 오리새끼ugly ducklings of Yale'라 불리는데, 잘 보면 꼭 그리 못 생긴것도 아니다. 대부분 다른 기숙대학의 고딕양식과는 확연히 다르긴 하다. 하버드 쿠리에Currier House, 영국 캠브리지 퀸즈Queens College와 사이좋게 지내며, 예일 북스토어와 가장 가까운 기숙대학이다. 2003년 이라크 전쟁 후 점령국 행정장관을 맡아 전후 뒤처리를 했던 폴 브레머

Paul Bremer 그리고 2018년 대법관 청문회 과정에서 고교 때의 성추행 의혹으로 미국을 뒤흔들면서도 결국 대법관이 되었던 브렛 캐버노 등이 여기서 살았다.

Jonathan Edwards College
신학자이자 프린스턴 대학의 설립자인 조나단 에드워즈Jonathan Edwards 이름을 간직하고 있는데 약칭 JE라 불린다. 자매 기숙대학은 하버드 엘리어트Eliot House이며, 국무장관과 상원의원, 대통령 후보였던 존 케리John Kerry가 여기서 4년을 지냈다. 90년대 필자가 시애틀에 살던 시절 워싱턴 주지사와 상무장관/주중 대사를 했던 개리 로크Gary Locke 그리고 80세가 넘은 현재 상무장관을 맡고 있는 윌버 로스Wilbur Ross가 이 기숙대 동문으로 얼마 전 중국과의 관세 등 문제로 큰 주목과 비판을 함께 받았다.

Grace Hopper College
예일대 박사이자 컴퓨터 분야 개척자인 호퍼 제독Admiral Grace Murray Hopper의 이름을 새로 붙였다. 여성으로 과학과 군대 양쪽을 제대로 경험한 사람으로 널리 알려진 이름이다. 2017년까지 이 칼리지는 동문 부통령의 이름대로 존 캘훈 칼리지로 불렸는데, 그의 인종차별 전력 때문에 명칭을 변경했다. 유명 배우인 조디 포스터, 노벨 경제학상 수상자로 대표적 진보 지성의 목소리라 할 폴 크루그만Paul Krugman, 또 그와는 대척점에서 왕보수로 악명 높고 북한 관련 강경파로 알려진 볼튼 전 국가안보보좌관도 이 칼리지 출신이다. 참 골고루다.

Morse College
예일 동문으로 모르스 코드를 발명한 사무엘 모르스Samuel Morse 이름을 가진 칼리지이다. 모르스는 예일의 아이콘인 하크니스 타워 윗부분에도 부조상으로 올라가 있다. 예일 드라마 대학원이 유명한데, 모르스 칼리지 출신 작가인 알랜 하인버그Allan Heinberg가 널리 알려진 드라마를 많이 썼다(섹스 앤드 더 시티Sex And The City, 길모어 걸스Gilmore Girls, 그레이 아나토미Grey's Anatomy 등). 또하나 유별난 사람으로 1971년 올림픽 마라톤 금메달리스트 프랭크 쇼터Frank Shorter도 여기서 학창시절을 보냈다. 2019년 경북대 학생들이 모르스 칼리지에서 5주간 여름학기를 지냈는데, 좋은 기억이 많지만 건물이 낙후되어 한여름 냉방이 안된다고 했다. 예일 학생들이 여름에 아예 학교에서 사라지는 이유가 여기에 있는 게 아닐까? 모르스 칼리지는 상징문양에 도끼를 그려두면서도 모토를 "무기가 아니라, 신을 믿는다(I trust in God, not arms)"로 하고 있다.

Pauli Murray College
흑인 여성 인권 운동가이자 예일대 법률학자인 폴리 머리Pauli Murray 이름을 가진 기숙대학이다. 2017년 개관한 최신 공간이라 눈에 띄는 게 별로 없다. 프랭클린 칼리지와 함께 굉장히 새로운 건물이지만 건축풍은 클래식을 따랐다. 프로스펙트Prospect 거리, 산림환경대학원FES 근처에 위치하여 필자도 자주 지나다니거나 식당 쪽으로 간 적이 있었다. 폴리 머리는 인종 이슈, 인권활동 등으로 예일 안에서는 지명도와 지지도가 매우 높으며, 예일 로스쿨에 가면 벽면에 사진이 따로 걸려 있을 정도이다.

Pierson College
예일대의 초대 교목을 했던 에이브러햄 피어슨Abraham Pierson 목사를 기리는 칼리지로서, 학생 수 500명의 예일 최대 기숙대학이다. 하버드의 로웰 하우스Lowell House와 자매결연을 맺고 있으며, 전 뉴욕 주지사 조지 파타키George Pataki, 전 버몬트 주지사/대통령 후보 하워드 딘Howard Dean 같은 선배들을 두고 있다. 타임 워너 회장이었던 제프리 뷰크트Jeffrey Bewkes 역시 여기서 4년을 살았다. 보통 칼리지 헤드head, 딘Dean의 임기는 2~3년에 그치는데, 피어슨 칼리지에는 상상을 넘도록 오래 딘을 했던 사람이 있다. 크리스타 도브Christa Dove이다. 그는 예일 76학번으로 이 곳에서 22년간(1983~2005)을 딘으로 지냈다고 하는데, 참 희한한 모습으로 역사에 기록을 남겼다.

Saybrook College
초기 예일이 잠시 소재했던 코네티컷의 한 지역인 세이브룩에서 유래했다. 다른 13개 칼리지가 1개의 안뜰을 두고 있는데 여기만 2개이다(하나는 잔디, 하나는 돌로 된 바닥으로). 영화감독 올리버 스톤Oliver Stone, 전 예일대 총장/메이저리그 총재 지아매티A. Bartlett Giamatti, 〈포린 어페어즈〉 편집장 기드온 로즈Gideon Rose 등이 여기서 살며 예일을 졸업했다. 다른 칼리지도 각각의 전통을 가지고 있지만, 세이브룩 학생들은 조금 괴상한 전통을 이어가는데 이른바 'the Saybrook Strip'이라 불린다. 풋볼 경기의 3쿼터가 끝나면 단체로 등장하여 바지를 내리는 것이다. 어떤 4학년 생들은 하버드-예일 정기전에서 아예 통째로 벗어버리기도 했다고 하는데, 필자가 관람했던 2017년 경기에선 (아쉽게도) 못 봤다. 아울러 이 칼리지는 학점이 최고인 기숙대학에 주는 김벨 컵Gimbel Cup을 가장 많이 수상한 것으로도 알려져 있다. 공부 잘하는 터가 따로 있는지...

Silliman College
과학자이자 예일 교수였던 벤자민 실리만Benjamin Silliman 이름의 기숙대학으로, 필자가 가봤던 예일 다이닝홀 중 가장 좋았던 기억이다. 넓이로는 14개 기숙대학 중 최대인데, 뉴헤이븐 도심부의 블록 하나를 통째로 차지하고 있다. 워낙 널찍하니 다른 기숙대학과 달리 신입생 전체를 자신들의 안뜰에 모두 수용할 수 있는 유일한 곳이다. 하버드대 Pforzheimer House(PfoHo), 캠브리지의 Trinity, 옥스퍼드의 Brasenose 칼리지 등과 자매관계를 맺고 있다. 원교근공(遠交近攻)의 흐름인지 바로 길 건너 위치한 티모시 드와이트 칼리지와는 전통의 라이벌로 서로 인정한다. 타임 기자/브루킹스 연구소장을 지냈던 스트로브 탈보트Strobe Talbott, 1950년대 트랜스젠더 테니스 선수 레니 리차즈Renée Richards 등의 친정이다.

Timothy Dwight College
예일대 총장 2명의 성이 드와이트Dwight 였는데 이 둘을 한꺼번에 기리고 있다(Timothy Dwight IV, 손자인 Timothy Dwight V). 코네티컷주 지사와 또다른 예일대 총장, 2002 올림픽 피겨스케이팅 금메달리스트인 새라 휴즈Sarah Hughes 등을 배출했다. 다른 곳도 튀는 구호가 있지만 이 칼리지의 모토가 유별나다. "언젠가는, 아마도, 이런 것조차도 기억하는 게 기쁠 것이네(Someday, perhaps, it will be pleasant to remember even these things.)." 기숙대학끼리의 체육대회에서 우승컵Tyng Cup을 예일에서는 가장 많은 13회나 차지했음을 크게 내세운다.

Trumbull College
18세기 코네티컷 주지사 조나단 트럼불Jonathan Trumbull이 예일 기숙대학에 이름을 남겼다. 트럼불은 하버드 출신으로 미국 독립혁명을 지지한 유일한 식민지 주지사였다고 한다. 예일의 중앙도서관 격인 스털링 도서관 앞에서 잔디광장을 바라보면 바로 오른쪽에 위치한 기숙대학이 바로 여기로서 위치를 정말 잘 잡았다. 또한 필자가 하크니스 타워에 올라가서 내려볼 때도 트럼불 칼리지의 안뜰과 함께 그야말로 환상적인 전망을 가진 곳으로 기억한다. 예일 전임교수로 봄학기 세미나 강좌를 함께 했던 게이브가 이 칼리지 출신인데, 같이 갔던 다이닝 홀이 매우 아담하고 편안했다. 예일대 신문 외에 각 기숙대학에서는 자체 신문을 발행하는데, 트럼불은 14개 기숙대학 중 가장 오래된 기숙대학 타블로이드 〈The Trumbulletin〉을 디지털로 발간한다. 전 국방장관 애시턴 카터Ashton Carter, 현재 CNN 앵커인 앤더슨 쿠퍼Anderson Cooper의 모교이다. 이 칼리지의 모토가 매우 간결하고 강력하다. "행운은 용감한 자를 더 좋아한다(Fortune favors the brave)."

1.2. 예일대 사람들

"존 케리가 민주당 후보 경선에서 하워드 딘을 이긴 것은 대통령 선거의 판도를 완전히 바꿔 놓은 것이다. 예일 출신으로 현재 백악관의 주인인 백인이, 예일 출신의 버몬트 부자 백인이 아니라 예일 출신의 매사추세츠 사람과 한 판 붙게 생겼다. 이제 완전히 다른 게임이다." – 토크쇼 진행자 제이 리노Jay Leno가 2004년 미국 대선이 예일대 동문 잔치가 된 것을 풍자하며

1.2.1. 예일대 사람이 되는 길

예일대 사람이 되거나 인연을 맺는 방법은 매우 다양하겠지만, 의미 있는 접근으로 6가지를 꼽아 보겠다. 우선 예일대학교의 학사 단위는 크게 3개로 묶인다. 이 세 가지 핵심 단위를 중심으로 행정 조직 및 기관들이 지원하는 형태이다.

1) 예일 칼리지(학부) Yale College
2) 예일대 일반대학원 Graduate School of Arts & Sciences
3) 예일대 12개 전문대학원 Professional Schools (2022년 1개가 추가될 예정)

예일대 사람이 되는 길은, 우선 예일대 학생으로 위 3개 학사 단위 중 어느 하나에 입학하는 방법이 있다. 다음은 교수나 직원으로 채용되는 것 그리고 아이를 키워 학부모가 되는 방법이다.

첫째, 가장 일반적인 방법으로 4년 학부 과정에 입학하는 것이다. 예일 칼리지를 말하며, 아마도 가장 어려운 일이 아닌가 싶다. 우선 해마다 전체 응시생의

5~6% 쯤을 합격시키는데 이는 하버드/프린스턴 등 아이비리그 학교는 물론, 서부의 명문인 스탠퍼드/버클리 등도 비슷한 정도로 경쟁률이 심하다. 여기서 시험 점수나 학교 성적이 얼마나 높아야 한다는 등의 이야기를 하지 않더라도, 아마 이 책을 읽는 사람 정도면 이미 알고 있을 것이다. 학과 성적은 물론 스포츠, 봉사, 리더십 활동 또한 밀도있게 해야 하고 응시생 각자가 쓰는 에세이의 중요성은 말할 나위도 없다. 예일의 풀타임 학부생 말고도 예일 캠퍼스에서 미국과 세계의 청년들이 제법 눈에 띈다. 별도 프로그램으로 1년쯤 다니는 교환학생들과 여름학기 5주만 수업하는 학생들 그리고 영어연수과정 등이 사례이다.

둘째, 대학원생으로 입학하면 예일 대학원 소속이 된다. 우리나라 경우와 비슷한 일반대학원의 전업 과정이다. 일반대학원의 경우 3~5년까지 등록금을 포함한 학비와 생활비 일체를 지원받는 경우가 많다. 웬만큼 이름있는 미국 대학원, 특히 박사과정에 다닌다고 하면 반쯤은 직업처럼 여겨지는 가운데 넉넉하지는 않더라도 생계는 일단 보장된다고 보면 맞을 것이다. 석박사 과정에 진학하려는 경우에는 기본적인 학점/시험성적/논문 기타 역량을 증명해야 함은 물론, 미리 전공 관련 교수들과의 사전 접촉 또는 상의를 하는 것이 보통이다.

셋째, 전문대학원은 많이 다른 얘기인데, 우리나라에도 주간에 전업으로 운영하는 법학전문대학원과 의학전문대학원 등 전문대학원의 사례가 있다. 그러나 미국에서는 분야별 전문대학원의 숫자와 밀도가 훨씬 높다. 예일대의 경우 2020년 현재 12개 전문대학원을 두고 있는데, 곧 1개가 더 추가될 예정이다. 가장 유명한 것은 물론 예일 로스쿨Yale Law School, 경영대학원Yale School of Management, 의학대학원Yale School of Medicine 이며, 이외에도 건축대학원, 신학대학원, 산림환경대학원, 드라마대학원, 간호대학원, 음악대학원 등 독특한 분야에서까지 강한 전통과 영향력을 자랑한다. 일반대학원과 달리 전문대학원의 경우 졸업 후 바로 일자리를 찾을 수 있으리라는 기대로 인해 장학금 등 재정지원이 매우 제한되어 있다. 변호사, MBA, 의사, 건축사, 성직자, 간호사, 음악가 등 커리어와 바로 연결된다는 얘기이다.

넷째, 교수로 예일에 자리 잡는 방법이다. 예일대에는 4천여 명이 넘는 풀타임 교수진이 있는데, 물론 말할 것도 없이 연구역량이 최고 수준이다. 특히 전통적으로 문과 계열, 예를 들면 법학/정치/경제/철학/역사 등의 영역에서 타의 추종을 불허할 정도로 교수진의 역량과 영향력이 가히 월드 클래스이다. 눈에 띄는 점은 굳이 하버드나 예일 등 명문대학에서 학/석/박사를 하지 않은 사람들도 의외로 많다는 점이다. 여기서 세계의 일류 대학과 우리나라의 경우를 어쩔 수 없이 비교하게 되는데, 일단 학문의 순혈주의를 거부하는 분위기 까닭인지 본교 출신 교수를 특별히 환영하지 않는 분위기도 있다.

보통의 시각으로는 그리 대단한 명성을 가진 학교에서 학위를 받은 게 아니지만, 논문 등 연구역량이 뛰어난 이유로 예일대 교수가 된 사람이 많다. 우리나라 대학에서 학/석사를 받은 분도 세계적으로 저명한 학자가 되어 예일 교수나 학장을 하시는 분도 있다. 학부는 물론 석박사도 미국 내륙의 이름없는 학교에서 받았지만, 객관적인 연구역량을 인정받거나 학장/처장급의 경우 행정역량까지 인정받은 경우이다. 물론 하버드/예일 등에서 학부를 마치고 그대로 모교의 강단에 서는 예외도 있긴 하다. 전임교원full-time faculty 외에도 파트타임 강사lecturer, 겸임교수adjunct professor, 연구교수research professor, 방문교수visiting fellow 등 명칭, 역할, 처우가 다양하다.

다섯째, 예일대의 행정직원으로 자리잡는 경우이다. 통계가 잘못되지 않았다면 2018년 자료상 앞서 얘기한 학생/교수/강사 등을 전부 제외한 행정직원의 숫자가 9천 명을 훨씬 넘는다. 전업 행정직원 외에, 시설관리나 청소 등의 아웃소싱에 의한 인력은 물론 고려하지 않은 것이다. 나중에 이 거대한 대학관료제에 대해서는 따로 얘기하겠지만, 대학의 행정직원들은 경제적/사회적 보상은 물론 전임교원보다 못하겠으나 직업적 안정성이나 업무 밀도 면에서 비교적 선호되는 것으로 알려져 있다.

마지막으로 자녀를 예일대에 보내면 된다. 굉장히 간편하면서 무책임하게 들릴 것임을 인정한다. 본인이 예일 맨/우먼이 직접 되는 것보다 기분은 더 좋을 수 있다. 필자가 아는 어떤 분이 자신이 예일대 교수라는 것보다 자신의 아이를 예일에 보낸다면 훨씬 더 기쁘리라 말한 것을 기억한다. 물론 그렇게 하려면 상당한 노력과 자원, 기회비용을 치러야 할 것이다.

🏛 1.2.2. 예일대 현직 교수들

폴 케네디Paul Kennedy, 로버트 실러Robert Schiller 등 세계적으로 저명한 예일 교수들을 다만 몇몇이라도 골라서 소개하는 것이 얼마나 어려울까? 일단 숫자가 너무 많다. 자연계나 공과 계열 등 필자의 전공 영역이 아닌 분들은 설령 노벨 화학상 수상자라도 잘 모르는 것을 이해하시라. 2020년 코로나 사태 와중에 국내외 언론에 등장했던 사람들은 어쨌든 눈에 띈다. 한국계로서 코로나 백신 개발과정에 적극 참여 중인, 예일대 의대 출신 국제백신연구소IVI 제롬 김Jerome Kim 사무총장이나, 코로나 사태로 교통량과 차량 배기가스 배출이 줄어 중국 베이징의 대기 질이 개선되었다는 것을 알아낸 예일대 보건대학원 첸 카이Chen Kai 같은 경우다. 어쨌든 이렇게 연구년 때 직간접으로 대해 봤거나 책이나 언론 등에서 널리 알려진 몇몇 소수만 살펴본다.

■ **폴 케네디, 로리 산토스, 셸리 케이건: 세계사, 행복, 죽음 철학의 거두**

유명인사를 직접 만나는 일은 누구에게나 신나는 일이다. 특히 세계적으로 이름난 책을 쓴 사람이고, 그 책을 두 번쯤 읽어보았고 마침 그 사람이 예일대 교수라면 더욱 그렇지 않겠는가? 케네디 교수는 우리나라에서도 〈강대국의 흥망〉The rise and fall of the great nations을 쓴 저자로 유명하다. 이 책은 논픽션 〈뉴욕타임스〉 최우수 도서 등의 명망 아래 전 세계에서 널리 읽혀온 책이다. 그의 많은 저서가 베스트셀러에 올랐지만 지금 다시 보더라도 보통 사람이 느낄 재미와 학자가 누리는 지적

즐거움이 동시에 가능하니, 오래된 책이지만 꼭 기회를 잡아 보기 바란다. 필자는 1990년대 중반쯤 이 책을 도서관에서 빌려 읽고는 한참 뒤에 구매했었는데 2018년 봄에 폴 케네디 교수 강연에서야 저자 서명을 받는 데 성공했다. 어쨌든 이 교수는 학술 업적과 함께 대중성을 동시에 갖춘 모델인 셈이다.

이 책의 큰 줄기는 지난 500년 간 이른바 강대국으로 세계를 누볐던 나라들에 대한 분석이다. 주로 군사력과 경제력의 관계를 짚어내는데, 지나치게 군사력을 확장함으로써 쇠퇴하는 사례와 2000년 당시의 중국처럼 적정한 군사력으로 경제성장을 유지하는 '모범 사례' 등이 제시된다. 이른바 '쇠퇴학파 School of Decline' 관점에서 미국과 서양의 몰락을 큰 맥락에서 전망하고 있는데, 그 예상이 꼭 맞았다고 하기는 어렵지만 여러모로 지금도 시사하는 바가 크다.

강연은 그리 길지 않았고 엄밀하게 말해 학술적인 의미가 크거나 실제 임팩트가 대단하다는 차원은 아니었다. 전체 컨퍼런스 프로그램의 기조 연설자로서 그간의 논의를 크게 짚으면서 토론 방향을 제시하는 정도였다. 그러면서도 이른바 큰 그림을 노학자의 권위로 보여준다. 앞서 간략히 소개한 책의 제목과 이어지는 맥락에서 오늘의 주제가 "신흥 강국의 거대 전략(The Grand Strategy of Rising Powers)"으로 새롭게 등장한/등장하는 강국들의 전략이 어떤 것인가? 거대 담론일 수 있고, 실제로도 그랬던 강연이다. 16세기 합스부르크 왕조까지 거슬러 올라가면서 지난 수백 년 세계를 지배해 온 나라/왕조/세력을 대구분으로 보여주면서 각 시대마다 지배국가에 도전하는 2인자 그룹을 함께 소개한다. 너무 멀리 갈 것 없이 20세기 초반 영국 중심의 세계에 독일이 도전장을 내밀었는데 결국 경제력에서 밀렸고, 1980년대 미국 중심의 세계에서 도전자는 경제적 힘을 가진 일본이었는데 결국 일본은 여러 국내외 요인으로 인해 국제정치 무대에서 수그러들었다.

군사력/경제력 두 가지가 강대국을 판단하는 핵심 요소인데 현대에 이르러 1, 2위권 다툼으로만 보는 것은 너무 단순하다. 그러니 이른바 다극화가 대세가 된다. 물론 미국은 여전히 중요하고 결정적인 한 꼭지를 차지한다. 미국의 시대가 언제까지 갈 것인지는 잘 모르겠지만, 140만 명의 미군 병력 중 45만 명이 해외에 주둔하고 있으니 이런 게 바로 쇠퇴를 부르는 지나친 군비확장이 아닌가 싶다(세계 133개국에 미군/군속이 나가 있다고 한다). 그러면서 세계지도를 크게 3개의 동그라미로 구분하여 미국, 중국, 인디아(United States, China, India)로 묶어 버리고 만다는 내용이다.

강연자가 군데군데 언급한 사소한 의견/태도도 거장인 만큼 의외로 크게 다가올 때가 있다. 초반에 케네디 교수가 청중을 향하여 현 트럼프 행정부의 외교전략상, 예컨대 비스마르크 시대에 취했던 정교한 외교적 접근으로 평가해줄 만한 요소가 혹시 있는지 슬쩍 질문한다. 강사나 청중 대부분이 피식 웃는데 딱 1명이 손을 들어 다수와는 전혀 반대 소리를 내었다. 강연은 전체적으로 나름대로 유머를 섞어가며 편안히 얘기하는 노교수의 노력에도 불구하고, 영국 출신이라서인지 뭔가 발음/강의방식/용어/호칭 등에서 경직된 느낌이 드는 건 어쩔 수 없다.

질문 시간은 여유 있게 주어진다. 청중석에 있던 한 중국인 학자가 "중국이 미국과 대적할 역량과 의도가 있는 라이벌인지, 오히려 여러 숨겨진 요소를 보건대 인도가 그렇지 않을지"하는 미묘한 질문을 던지는데, 케네디 교수는 인도의 잠재력을 높이 평가하는 정도로 넘어가고 만다. 가만히 보니 청중도 보통이 아니다. 예일 로스쿨 교수들은 물론 강의주제의 전문가 그룹도 눈에 띈다. 또 한 번은 로드아일랜드에 위치한 해군대학Naval College 교수가 손을 들고 "소국가, 소형 집단이 핵무기를 지닐 때 국제정세에서 가지는 의미에 대하여" 예리하게 묻기도 했는데 시간관리 때문인지 답변은 그리 충분하지 못했던 듯했다.

강연 후 대부분 청중이 빠져나간 후에도 한국인으로 보이는 학생이 최근 북미정상회담 관련 질문을 따로 했는데, 나름대로 성실히 대화가 오갔다. "당연히 희망을 품어야겠지만, 참여 주체의 출발점과 지향점이 서로 다르니 속단할 수 없는 가운데 나쁜 결과도 가능하지 않을까"하는 정도로 답한다. 오히려 학생이 그 정도보다는 더 희망을 품고 싶다고 덧붙였는데, 필자도 꼭 같은 마음이었다.

2018년 예일의 봄학기는 대학원 수업 부담이 마음 한구석에 자리 잡고 있음에도 불구하고 끊임없이 이어지는 좋은 강좌나 프로그램을 놓칠 수 없으니 늘 몸이 바빴다. '예일 웰Yale Well'이라 이름 붙여진 정신건강지원 학생동아리가 주최한 행복/삶에 대한 특강이 그중 하나였다. 강의하는 로리 산토스Laurie Santos 교수는 2018년 봄학기 예일대에서 가장 많은 수강생이 등록한 인기교수 중 하나로서 〈뉴욕타임스〉, 예일대 신문 등에서 크게 다루어졌을 정도이며, 온라인 코세라Coursera에서도 〈웰빙의 과학〉The Science of Wellbeing 강좌로 대단한 인기를 끌고 있다. 2012년 그는 예일대 최고 강의 상인 렉스 힉슨상Lex Hixon Prize을 받기도 했는데, 연구와 강의 역량이 모두 탁월하다.

수강생 1,200명을 두고 알맹이 있는 수업을 할 수 있을까? 물론 우리나라 또는 필자가 속한 대학에서도 비슷하게 인기를 끌고 있는 강좌가 있는 것을 알지만, 직접 참관해 본 적은 없었다. 산토스 교수의 〈행복한 삶과 심리학〉은 예일 캠퍼스에서 유명한 콘서트나 졸업식 등 주로 행사가 이뤄지는 울지 홀Woolsey Hall에서 수업이 이루어졌다. 〈예일 불독 주간〉이라고 하는 공개강의 주간에 직접 들어 본 산토스 교수 강의는 내용도 내용이지만, 일단 스케일 면에서 압도적이었다. 강의 시작 및 마무리 때 시끄러운 것은 어쩔 수 없다. 학생들이 워낙 많으니 어쩔 수 없지만, 일단 수업이 시작되면 확 분위기가 달라진다. 이 사람의 말하는 품새 또는 스타일이 매우 독특하다. 파워포인트 자료를 띄워 놓지만 거의 그와 무관하게, 마치 어디다 쌓아 두었다가 한꺼번에 터뜨리는 듯 엄청나게 많은 말과 개념과 논리를 속사포처럼 쏟아냈다.

산토스 교수는 40대 중반의 여교수인데 〈타임〉, 〈뉴욕타임스〉 등 저명 언론에도 자주 등장했고 TED, 유튜브로도 널리 소개되고 있다. 점심을 함께했던 한 학부생의 기숙대학인 실리미안 칼리지Sillimian College 헤드라고 하며 친근감을 표시하는 걸 보니 산토스 교수는 여러모로 훌륭한 모양이다.

학생이든 어른이든, 행복이라는 주제에 대해서 더 깊이있게 공부하면서 분석해 보고 싶은 사람은 관련 링크를 더 찾아보기 바란다. 우리 대학에서도 그렇지만, 이렇게 대단한 젊은 교수를 만나기도 어렵지 않은가? 상쾌한 경험이었고, 공부를 한

참 더 해야겠다는 생각이 든다.

주제 상 통하면서도 대비될 만한 사람이 셸리 케이건Shelly Kagan 교수인데 이 사람은 '죽음death' 강의로 예일은 물론 한국에서도 유명해진 명사이다. 하버드대 마이클 샌델Michael Sandel 교수가 〈정의란 무엇인가〉 책과 더불어 하버드 명강의로 유명세를 타고 있는 것과 딱 견주어지면서, 미국과 아이비리그를 대표하는 현대 철학자로 두 사람이 나란히 평가된다. 저서 〈죽음이란 무엇인가〉가 2012년 한국어판으로도 번역 출간되었는데, 이는 '예일대 17년 연속 최고의 명강의'로 광고될 정도이다. 1990년대 중반부터 이어온 같은 명칭의 교양철학 정규강좌에서와 마찬가지로 죽음과 삶의 본질을 고민한다. 그러면서도 가벼운 느낌에 유머까지 섞여 있는 것이 신기할 정도였다.

죽음에 관한 2가지 관점은 문인가 벽인가(gate vs. wall)의 이슈인데 육체가 힘을 다하여 영혼의 세계로 들어가는 것인가, 아니면 그런 건 없으며 사람은 죽으면서 모든 것이 글자 그대로 벽에 부딪히는 끝인가 이다. 유튜브에서도 케이건 교수의 강의를 많이 볼 수 있으며, 역시 공짜인 예일 공개강좌Yale Open Course에서도 가능하다. 이렇게 어렵고 민감한 논제에 관하여 종교의 시각을 벗어나 오로지 이성과 논리로 관찰하는데, 당연히 종교인들로서는 쉽게 공존할 수 없는 사고일 것이다. 필자 가족이 1년을 다녔던 뉴헤이븐 한인교회의 목사님과 전도사님들이 예일 신학대학원Divinity School 출신인데, 가끔 케이건 교수 얘기가 나오면 양립이 어렵다며 거북해하시던 기억이 있다. 60대 중반인 이 저명교수의 강의를 참관할 기회가 2018년 봄학기의 예일대 불독 오픈강좌Yale Bulldogs Day 때도 있었건만, 청강 신청까지 다 해둔 상태에서 몬태나 대학 강연 일정이 겹쳐 듣지 못한 것이 지금도 아쉽다.

■ 마빈 천 학장, 캐런 시토 교수: 심리과학과 도시 시스템의 거장

이 책 곳곳에서 언급되는 예일 칼리지 마빈 천Marvin Chun 학장은 그만큼 중요한 인물로 한국계 미국인이다. 처음엔 이런 분이 있는 줄도 몰랐고, 예일대 신문의 학

장 취임기사와 사진을 보고도 중국계 아닐까 짐작만 할 뿐이었는데,[8] 나중에 진실을 알고는 너무 반가워서 우선 영어/한글 두 버전으로 '신고' 인사차 이메일을 보냈다. 그 후 멋진 고딕첨탑 건물인 SSS홀의 학장실로 가서 만나 뵈었는데, 필자가 대단한 공식임무로 미팅을 한 것은 아니고 편안한 마음으로 인사를 했다.[9] 물론 필자도 대학의 몇몇 보직을 경험했기에 예일의 학사제도, 예컨대 단과대의 위상 및 역할, 프로보스트Provost 직위의 실제 역할, 기숙대학 운영, Yale-NUS 케이스 등 많은 것을 논의하고 싶었지만, 시간이 많지 않았고, 보기에도 바쁠 지경이어서 충분한 대화를 나누지 못했다.

천 학장께서는 연세대에서 심리학사/석사를 하신 후 미국으로 돌아와 1994년에 MIT 박사를 받았다(개인 신상이라 조심스럽지만, 이미 우리나라 언론과 인터뷰도 하고 해서 많이 알려져 있음). 인지신경과학 전공으로 인간의 시각, 기억, 행동과 관련한 두뇌활동을 연구한다. 본인도 심리학과에 속해 있지만, 자연과학 쪽도 아우르며 의대 겸무도 하고 있다고 말했다. 예일칼리지 320년 역사상 최초의 아시아계 학장으로 2017년 부임했으며, 가히 자랑스런 코리안 어메리칸의 대표라 할 것이다.[10] 이미 언론에도 많이 나온 것인데, 천 학장의 부인 역시 대단한 학자로서 예일대 교수이며, 예일대 재학생인 딸과 함께 유명세를 탔다. 두 사람 다 심리, 신경과학 분야의 대가이며, 학생들에게 인기도 대단하다고 알려져 있다.[11]

예일대 심리학과 홈페이지를 잠깐 들러 교수진 명단을 보면 기가 막힐 정도이다. 29명의 전임교수 규모가 일단 대단하고, 학과 교수 중에 예일대 전체 서열 1위,

---

8) 2017.8.31. 예일대신문 Yale Daily News 1면에 예일 칼리지 신임 학장을 인터뷰한 기사가 올랐다. http://yaledailynews.com/blog/2017/08/31/chun-settles-into-deanship/

9) 원래 예일대 총장실이 우드브릿지 홀Woodbridge Hall에 있었으나, 캠퍼스 리모델링 계획에 따라 2017년 예일칼리지 학장실이 소재했던 셰필드-스털링-스트랫코너홀Sheffield-Sterling-Strathcona Hall(SSS)로 총장실을 옮기고, 학장실은 뒤편의 워너하우스Warner House로 이사하였다.

10) 미주한국일보 (2017.4.30) http://www.koreatimes.com/article/1053266

11) 미주중앙일보 (2019.9.11) http://www.koreadaily.com/news/read.asp?art_id=7592665

3위가 있다(총장, 예일 칼리지 학장). 피터 살로비 총장은 크리스 아지리스 석좌교수Chris Argyris Professor로서 경영대학원, 정치학과, 사회학과, 공공보건학과 교수도 겸임하고 있다. 또 앞에 언급한 예일대 최고 최대의 인기강좌를 맡고 있는 로리 산토스 교수 역시 심리학과 소속이다. 여성이 11명에 중국계, 한국계도 섞여 있다.

예일 칼리지가 예일대학교의 가장 크고 중요한 단위이기 때문에 총책임자인 학장Dean 또한 학문/행정 역량과 함께 총장이 믿을만한 인품과 경험을 가진 사람에게 맡기는 것은 당연하다. 예일 칼리지뿐만 아니라 예일대 전체에서도 서열 3위에 해당한다.

학장실은 이를테면 행정조직으로 존재하며 공식적으로 'The Yale College Dean's Office(YCDO)'로 지칭되는데 YCDO가 예일 칼리지의 중심이다. 예일 칼리지 학장의 권한, 책임, 역할은 강력한데, 예일대 5천 여 학부생들의 교육과 행정을 책임지는 자리이다. 산하에 40개가 넘는 상설 위원회standing committees, 임시위원회ad-hoc 등이 활동하며, 많은 위원회에 학부생들이 포함된 것이 눈에 띈다. 아울러 예일 칼리지 학장 아래에 수십 명의 교수 보직자와 약 450명의 행정직원을 두고 있으며, 입학, 학사/강의 관리, 학생 생활, 학생조직, 국제업무 등을 총괄한다. 2017년 예일대 신문을 통해서도 크게 보도되었던 성적 평정제도의 대폭 수정, CR/D/Fail 제도의 변화 같은 것도 여기서 총괄 확정하여 발표한다.

2018년 예일대 전체 졸업식에서 보면 학사학위 졸업생 대표들에 대한 학위 수여에서 예일 칼리지 마빈 천 학장이 학부생 대표에게 먼저 학사학위를 주고 뒤이어 13명의 일반대학원장, 전문대학원장 각각이 자기네 졸업생 대표에게 수여하는 순서로 나온다. 우리나라와도 비슷한 포맷인데 학장/대학원장이 일일이 학위기를 읽으며 총장에게 상신하고 총장이 최종 승인하는 형식이다. 다만, 대부분의 우리나라 종합대학에서는 여러 명의 단대 학장들이 역할을 맡게 되는데, 예일 또는 상당수 미국 대학에서는 학부대 학장이 홀로 단대 학장이 되는 셈이다.

마빈 천 학장은 아마도 예일 전체에서 가장 바쁜 사람일 것이다. 2021 클래스

입학행사에 살로비 총장과 함께 등장했는데, 편안한 표정과 유머로 좌중을 압도하면서 '여우와 고슴도치'를 비교하는 얘기부터 시작하여 묵직한 내용까지 묶어 신입생들을 격려했다. 특히, 2017년 당시 처음으로 예일 칼리지 학장 임기를 시작하는 천 학장에 대하여 총장이 직접 신입생들의 환호를 유도하기도 했다.[12]

실제로 예일의 핵심, 학부과정을 총괄하고 있는 예일 칼리지 학장 역시 할 말이 많을 텐데, 'Class of 2021' 신입생을 향한 진정성을 담으려 한 듯하다. 전공인 두뇌심리학에 기대면서 매우 구체적인 사례를 들어 충고하고 있다. 가볍지만 구체적으로 확 와닿는 말은 폰/이메일/SNS 등을 가급적 덜 쓰라는 부분이었다. 한국계로서 미국이나 세계무대에서 성공한 분들을 보면 진정 부럽고, 자랑스럽고, 믿어지지 않을 정도로 감동이 왔다.

캐런 시토Karen Seto는 현재 예일대 산림환경대학원FES 교수로 연구부문 부학장associate dean for research을 맡고 있다. 관련 학계나 예일 캠퍼스에서 워낙 알려져 있어 조금만 구글 검색을 해도 상세한 논문이나 강의자료를 무료로 볼 수 있다. 교수직의 정식 타이틀이 굉장히 긴데(The Frederick C. Hixon Professor of Geography & Urbanization Science), 미국의 저명한 국립과학원National Academy of Sciences: NAS 회원이기도 하다. 초명문 예일대의 현직 교수로도 5명만이 NAS 회원의 영예를 나누고 있을 정도이다.

이 사람은 필자를 예일대 방문펠로우Visiting Fellow로 받아 준 당사자host professor였다. 2017년 예일 연구년 추진 당시, 가능성 여부를 문의하면서 접촉했을 때 먼저 산림환경대학원 학장에게 이메일을 보냈었고, 학장이 전공을 보아 캐런과 연결해 준 것이다. 두 사람과 전혀 면식이 없었던 참이라 개인 소개서, 연구제안서, 연구논

---

12) 예일대 총장의 2017 입학식 연설
http://president.yale.edu/speeches-writings/speeches/thinking-fox
예일 칼리지 학장의 2017 입학식 연설
http://yalecollege.yale.edu/deans-office/messages/dean-chuns-opening-address

문/저서 목록 등 모든 것을 다 보내고, 어느 새벽 스카이프 온라인 면접까지 거친 후에야 예일대행이 성사됐다. 많은 미국 대학에서 외국의 교환교수들에게 비자처리 비용, 사무공간 등 명목으로 상당한 비용을 요구하는데, 예일대에서는 단 1달러도 내지 않고 1년을 신세 지게 되었다. 최근 코로나19 관련해서도 근심과 성원을 서로 나누며 몇번 교신하기도 했다(캐런이 이 글을 읽을 수는 없겠지만 거듭 감사한다).

어떤 이들은 하버드, 예일, 스탠퍼드, MIT 등 유명 대학 출신이라야 뭔가 세계적인 명사로 대우하려 할지 모른다. 캐런은 캘리포니아대 산타바바라University of California-Santa Barbara 졸업 후 보스턴 대학Boston University에서 석/박사를 받았다. 스탠퍼드에서 8년 교수를 하다가 2008년에 예일로 와서 자리 잡았고, 지금 도시생태시스템urban ecology 분야의 최고 학자로 인정받는다. 스스로는 도시지리학자urban geographer라고 자리매김하는데, 자신의 주전공 외에 특히 도시 영역에서 공학/자연과학을 넘나든다. 위성원격이미지satellite remote sensing 기법을 이용하여 선구적인 역할과 기여를 했다. 홍콩 출신 중국계이지만 영어를 훨씬 더 잘하며, 말투나 행동 역시 전형적인 미국인 교수이다. 지리학자 출신으로 도시화, 도시인구 변동, 기후변화 이슈 등을 정밀 분석한다. 세미나 때마다 이 사람 또는 그 학생들의 발표 때는 기술적/전문적 내용이 많아 못 알아듣는 게 많았지만, 적어도 그 접근 방식이나 연구성과는 대단해 보였다. 중국, 인도 등과의 현지 협력연구도 매우 활발하여 방학 중은 물론 학기 중에도 상당 기간을 해외에서 보낸다. 점심 세미나 등에서 자주 보지만, 늘 쉽지는 않다. 언젠가는 점심 먹자고 연락했더니 전혀 다른 공간에서 답이 오기도 했다("I am in India now…").

최근에 자신의 책 〈도시 시대, 지구적 토지이용의 재고〉Rethinking Global Land Use in an Urban Era를 서명과 함께 선물하면서 다른 좋은 책도 가볍게 소개해 줬다. 〈도시과학의 주요 사상가들〉Key Thinkers on Cities이 그것이다. 가볍게 보기 좋은 책이며, 캐런을 포함한 도시 관련 세계의 대학자 40명을 선택하여 그들의 학문세계와 연구업적 등을 요약한 것이다. 혹시 도시 생태 시스템, 도시인구 이동, 기후변화와 도시,

도시현상의 원격이미지 연구 등에 관한 전문 내용을 더 알고 싶다면 캐런이 매사추세츠 주립대에서 한 예일대 맥밀란 보고서MacMillan Report 내용 등을 유튜브에서 찾아보는 것도 좋을 듯하다.[13]

더 놀라운 것은 그가 학생과 동료교수를 대하는 태도에서 느낄 수 있다. 자신의 실험실lab 박사과정생, 박사후연구원post-doc 등은 물론 필자나 훔볼트대학, 칭화대학 교수 등 방문학자들도 함께 참여하는 주례 세미나에서 보면 정말 편안한 분위기에서 내용이 진지하기 그지없다. 서로 돌아가며 발표하고 토론하는데, 웬만한 수업보다 낫다. 박사 논문에 대한 건 물론이고 컨퍼런스 참가 경험, 교수공채 면접 예행연습, 새로운 강의 및 연구방법론 토론 등 다양하다. 우리나라에서도 비슷하게는 해봤지만, 이런 밀도는 아니었다. 물론 우리 땅, 우리 대학의 형편상 대학원생의 숫자나 풀pool 자체가 매우 다르고, 각종 연구환경을 고려하면 어려움이 많기는 하다.

딱 하나 아쉬운 건, 너무 일이 많고 열심히 하다 보니 밥 먹을 시간도 별로 없어 보인다. 모처럼 보통의 점심 약속을 했다가도 미루거나 짧게 끝내는 경우도 많았다. 박사논문 최종발표 시간을 잡는 것조차 만만치 않은 모양이고, 대학원생 정례 세미나 때조차 초반에 앉아 있다가 자신의 지도학생 발표가 끝나자마자 일어서는 일 등이 흔했다. 그 와중에도 챙길 사람을 다 챙기는 게 정말 놀라울 정도이다. 아마 우리나라에서도 저명하고 학술역량이 있는 다수 학자들이 비슷한 사정이 아닐까 싶다. 학기마다 지도학생 전체를 자신의 집에서 남편/아들과 함께 저녁 식사 겸 소개 모임을 하며 시간에 상관없이 이메일에 꼬박꼬박 답장해 주기도 한다. 또한, 출입이 제한된 예일 학부생 식당에서 점심식사 기회를 일부러 만들어 필자 같은 방문교수들을 대접하기도 했는데, 예일에 머무른 지 초반 몇 달간 예일대 동아시아그룹

---

13) Karen Seto 교수의 이름으로 검색해도 좋고 폭을 더 좁히려면 주제별로 찾을 수도 있다. 몇몇 강의/연구주제로는: What can urbanization science learn from and contribute to sustainability science?; Urbanization, Global Change, and Sustainability; Human transformation of land and the links between urbanization, global change, and sustainability 등이 있다.

Council of East Asian Studies 주관의 이벤트, 대학 단위의 행사 등을 빠짐없이 내게 포워딩forwarding하거나 의견을 달아 연결해 주기도 했다.

미국 학생들, 특히 예일 대학원생들은 노골적인 공치사를 잘 안한다. 두어 문장만 들으면 의례적인 인사인지 아닌지를 알 수 있는데 캐런의 지도학생들은 그렇지 않은 듯하다. 개인적으로 또는 학술 발표 때 하는 말에서 진정성이 느껴지는데, 자신의 지도교수에 대하여 학문적/개인적으로 존경한다고 스스럼없이 얘기하는 걸 자주 봤다. 심지어 캐런이 없는 자리에서도 그렇다. 어쨌든 이런 교수를 함부로 따라 하면 매우 힘들어질 것 같지만, 그럼에도 능력/체력이 된다면 비슷하게 하고 싶은 모델이다. 진정한 프로가 가까이 있었다!

수강신청, 학점 인플레 논쟁

대학과 교수들이 학점을 너무 후하게 준다는 주장은 전혀 새롭지 않다. 예일대에서도 마찬가지인데 대학신문에서 학생들이 주도한 기획기사에서 이 문제를 제기했다. 2017년 가을 예일의 문리대격인 FAS(Faculty of Arts and Sciences) 교수 314명을 대상으로 대학신문이 주관하여 조사한 결과, 92% 응답자가 학점 인플레grade inflation가 예일대에 존재한다고 했으며, 62%는 A학점을 받기가 너무 쉽다고 답했다. 반면 단지 30%만이 인플레가 존재하지만 그리 심각하지는 않다고 했고, 전혀 그런 현상이 없다는 의견은 3%에 불과했다. 예일 칼리지를 비교적 최근에 졸업한 학생들의 말을 빌리면, 예일 학부성적GPA의 중간값이 아마도 3.5 이상이 아닐까 한다. 매우 높은 숫자 아닌가? 예일/하버드 등 초명문일수록 더 심한 느낌도 든다.

이런 현상은 우리나라의 대학에도 비슷해 이를 예방하는 수단으로 보통 등급 간 강제배분이 채택되고 있다. 예컨대, 필자 소속인 경북대의 경우 보통의 학부과목에서 A는 30%로 제한하며, C이하를 30% 이상 두어야 한다고 의무화한다. 예일에서도 이 이슈에 대응하려는 노력이 없었던 게 아닌데, 2013년 특별위원회를 구성해서 몇몇 대안을 마련하기도 했다. 예컨대 A-B-C-D-F 등급제를 0-100점제로 바꾸는 방안이 있었지만, 우선 많은 학생들이 반대했고 캠퍼스 내에서 압박이 지나칠 것이라는 반대논리 때문에 거둬들여야 했다. 학교의 제도와는 별도로 개별 교수들 수준에서는 나름대로 일관되고 강력하게 자신만의 기준을 고집하는 사람도 꽤 있는 것은 우리 대학이나 예일이나 비슷하겠다. 신문에서는 케이건Kagan 교수 사례를 드는데, A학점은 20-25%로 제한하고 B학점은 50%로 제한하자는 것이다. 이렇게 되면 한국 대학의 강제배분 비율과 비슷해진다. 프린스턴 대학에서도 A학점을 35%로 제한하도록 했다가 5년 전 이를 포기한 사례가 있었다.

어쨌든, 예일이니만큼 한 수 접을 여지는 있다. 이 학생들은 거의 예외 없이 고등학교 때까지는 날고 기던 성적을 자랑했을텐데, 대학에 와서 C 또는 그 이하를 받는다는 현실을 받아들이기 힘들 것이다. 하물며 교수들 상당수가 실제로 자기 클래스 학생들이 A, B를 무조건 받을 만큼 다 똑똑하다고 자신하는 정도이니 어쩔 것인가? 물론 여기서도 이른바 80:20 법칙은 나타나는데 극단적으로 천재와 바보가 공존할 수도 있다.

예전 매사추세츠대에서 3학기를 강의하던 시절에 필자가 맡은 과목에서 C는 물론 F까지 준 기억이 있다. 시스템상 A+를 매길 수 없도록 만든 것이 신기했는데, 아직도 정확히는 그 이유를 모르겠지만 학부과목에서 A+를 둔다는 특별하고 예외적인 상황이 혹시나 일반 상황이 될까 하는 우려의 산물이 아닐까? 우리 땅에서 대학원생에 대한 성적은 학부보다 더 후하게 나가는 경향이 있다. 석박사 과목에서조차 적어도 C학점이 가능함을 학생이나 교수나 인식해야겠지만, 실제로는 쉽지 않다. 한참 전에 특수대학원 강의에서 상당히 고위직에 있는 직장인 학생에 대하여 C를 매긴 적이 있는데, 엄청난 하소연과 항의를 받은 기억이 아직도 새롭다. 그게 왜 이상한 일일까? 하여간 오래된 이슈, 새로운 논쟁이다, 예일에서조차 말이다.

🏛 1.2.3. 예일대의 학생조직, 학생회 Yale College Council

2020년 코로나19로 캠퍼스가 문을 닫은 상태이니 학생회 이야기를 하는 것이 안타까울 정도인데, 원래 예일대의 학생조직은 양적으로 매우 많고 질적으로도 활발하다. 2020년 4월 현재 공식 등록된 학생조직Yale student organizations의 숫자는 544개에 이르는 것으로 보인다. 유형별 최다 단체의 순위로는 서비스/자원봉사service/volunteering 75개, 문화cultural 69개, 학술academic 35개, 출판publication 27개 등이 제일 많으며, 종류와 무관하게 수십에서 수백 년의 오랜 전통을 가진 자생 동아리들이

다.[14]

　세계 각 나라와 지역별 단체도 많은데 한국계 미국학생회Korean American Students at Yale, 일본계 미국학생회Japanese American Students Union가 있는가 하면, 아시아학생회Asian American Students Alliance도 있다. 예일대 총학생회Yale College Council, 1학년 학생회First-Year Class Council도 포함된다. 이외에도 LGBT 학생회, 전입학생회Transfer Students, 북한인권모임There's Hope in North Korea 등 쉽게 볼 수 없는 모임도 눈에 띈다.

　예일 칼리지에는 수많은 위원회가 구성되어 운영되는데, 거의 모든 위원회에 학부생 위원을 두고 있다. 주제 자체가 대부분 학생, 강의 등과 관련되는 만큼 당연한 일이다. 우리나라에서도 대학평의회, 등록금 심의위원회 등에서 학생대표 참여가 당연시 되지 않는가? 예일 칼리지의 상설위원회 중 하나인 학장자문위원회Dean's Advisory Committee 같은 경우, 위원장인 학장을 제외하고는 13명 위원이 전원 학부생으로 구성되어 있다. 이 위원회의 목적은 학생의 관심사와 우선순위에 대하여 학장에게 알리고 조언하는 것이다.

　물론 가장 큰 학생조직은 학생회이다. 예일대 총학생회Yale College Council는 1972년 시작된 학부생 단체이다. 우리나라도 그렇지만 보통 총학생회 또는 총학이라 하면 대학원생을 제외한 학부생들만의 모임을 말하는 경우가 대부분이다. 총학생회의 역할과 가치를 객관화/절대화하기는 쉽지 않겠지만, 공식적으로 예일대는 매우 심각하게 받아들인다. 절차적/상징적으로 학내 의견 수렴의 창구로 활용함은 물론, 내용적인 면에서도 의미있는 아이디어와 비판을 받아내려 하는 것이다.

　무엇보다도 학생회 구성의 가장 중요한 단계는 매년 봄 열리는 학생회 선거인데, 여기에 학부생들도 적극 참여하도록 예일 칼리지 학장이 직접 대학신문에 권고 칼럼을 따로 쓸 정도이다. 2018년 4월 예일 학생회장 선거가 진행되었는데, 조금이나마 그 과정을 살필수 있었다.

---

14) 예일 칼리지의 학생조직 리스트: https://studentorgs.yalecollege.yale.edu/directory (2020.4.5 검색)

시대가 많이 바뀌면서 우리나라 대학의 학생회/학생회장 선거에서도 이념의 색깔이 대폭 줄어든 것은 이미 알려져 있다. 출마자가 줄어들거나 단과대학 등 어떤 경우는 후보자를 찾기도 어려운 게 현실이다. 그러면서도 대학자치, 학생자치의 가치와 의미가 결코 줄지 않았다는 것을 우선 받아들여야 얘기가 쉽다. 대학과 학생회가 어떤 일을 어떻게 같이 하는가? 20세기 우리 땅에서 학생집단이 일제 강점과 군사독재에 맞서며 나라의 민주화 과정에서, 또 대학공동체 자체를 바꾸는데도 의미있는 역할을 한 것을 부정할 수 없다(이런 자명한 사실에도 냉소를 보내면서 학생을 어린애 취급하려는 사람들과는 얘기를 이어가기가 쉽지 않다. 자신들도 한때 학생이었으면서). 시대가 빨리 바뀌는 지금은 좀 더 구체적/실용적 역할을 자임하며 학생 복지, 사회/학교 발전 쪽으로 가고 있는데, 예일 캠퍼스에서도 비슷한 것 같다. 예컨대, 구체적인 학사관리 제도가 학생들에겐 큰 관심사인데, 학생회를 창구로 이런 문제를 논의한다. 또한 학생회가 잘 정제된 훌륭한 내용의 정책보고서policy reports를 내는데 이는 모두 학생회 홈페이지에 공개되고 실질 가치를 인정받는다. 학생회와 상의할 목록에는 기숙대학 운영, 수강 예비신청기간, 구내식당, 캠퍼스 일자리, 안전 및 건강 등도 포함된다.

총학 격인 학부 학생회YCC의 선출직 간부로 부학생회장, 이벤트 국장, 3학년 회장, 2학년 회장을 둔다. 학생회의 예산을 보면 그리 많지 않은 게 오히려 놀랍다. 2017~18년도의 경우 총예산 34만 9천 달러, 즉 4억 원에 미치지 못한다. 물론 여전히 학생들이 쓰기에는 많다고 여길수도 있지만, 우리나라 대학의 총학과 비교할 만하다. 총학생회 홈페이지에 공지된 대로 수입의 약 89%가 학생들이 내는 학생활동비Student Activities Fee로부터 나오며 나머지가 대학 예산으로 지원된다. 이 예산의 대부분 90% 이상이 학생 행사, 특히 봄축제에 큰 뭉치로 지출되는 건 이 땅이나 저 땅이나 비슷하다. 봄축제Spring Fling는 캠퍼스내 댄스파티 등이 포함된다. 2020년 팬데믹으로 예일 캠퍼스뿐만 아니라 세계의 거의 모든 대학이 문을 닫았으니 이러한 외부 활동도 정지되고 말았다. 예일대 홈페이지에는 총장/학장 등의 메시지와 코로나 관련 메시지만 가득하다(이 땅이나 바다 건너서나, 특히 2020 신입생들이 참 불쌍하다).

학부 학생회와는 별도로 14개 기숙대학 각각의 학생회가 따로 있는데, 이를 단순히 기숙사 대표자를 뽑는 정도로 얘기하면 예일대 학생/교수 다수를 매우 기분 나쁘게 만드는 일이 된다. 기숙대학 각각에서 의미있는 학술/학생 활동이 이루어지며, 실제로 연간 경비도 각 칼리지마다 1백만 달러까지 지출될 정도이다(이 돈을 개별 칼리지 학생회가 다 쓰는 건 아니고, 14칼리지 2명의 헤드와 딘이 각각 책임지고 관리한다).

학생회 선거의 중요한 이슈는 후보자들의 공약, 선거운동 방향, 학생들의 반응, 여러 학생단체의 지원여부 등이다. 우리나라 대학에서처럼 여기서도 크고 작은 이벤트, 학생 모임 연설, 토론 등을 통해 지지를 호소한다. 2018년의 경우에 공식 선거운동 기간은 4월 5일에서 12일까지 1주일이었지만 실제 예비홍보기간pre-information session 등을 합하면 3월 말부터 시작된다고 봐야 할 것이다. 기존의 학생회 부회장을 위원장으로 하여 선거관리위원회를 만들어 선거를 최종 관리한다. 학생들의 투표 참여율은 우리나라와 마찬가지로 그리 높지 않은 것 같다. 어느 해인가 전체 학생의 20% 남짓만 표를 던졌을 정도인데, 물론 해마다 약간 차이가 있어서 2018년에는 43%를 넘었으니 대표성이 괜찮은 정도였다.

직접 후보자를 접할 기회가 많지 않을 일반 학생들로서는 아마도 중요한 결정 포인트가 수많은 학생조직의 지지endorsement 여부일 것이다. 한편 대학신문에서는 특별판으로 회장/부회장 각 후보자의 정견을 담아 낸다(YDN 2018.4.11). 신문 편집진은 후보자 개인의 장단점을 각각 평가하고 나름대로의 절차를 거쳐 그들 개개인의 의견을 모아 발표하는데, 후보 개인과 특정 관계가 있는 학생은 스스로를 결정과정에서 배제할 정도로 나름대로 원칙을 지키려 한다.

학내 다른 학생조직에서도 각각의 지지 후보를 밝힌다. 2018년도의 경우에는 11개 학생단체가 지지 의사를 표시했다. 왕Shunhe Wang 학생이 이 가운데 5개 단체의 지지를 받았는데 아시아학생협회, 일본계학생협회, 모르스 칼리지 학생회, 예일 과학올림피아드the Yale Undergraduate Science Olympiad, 타이완미국인협회the Taiwanese American Society 등 다양하지만, 특히 아시아계 학생들이 강력히 힘을 모아주고 있었다. 어딜 가나 지연이 따라다닌다고 해야 하나 아니면 실제로 이들이 느끼는 가치/희망이 비슷하다 해야 하나. 그런데, 학내 메인 언론이라 할 예일대 신문은 다른 의견을 내놓았다. 영향력이 큰 이 신문이 누구를 지지하는가는 언제나 중요했는데, 신문이 공식 사설란을 통해 지지한 라오Rao 후보가 2,500표 중 962표, 즉 38%를 얻어 당선된 것이다. 2위 왕 후보와 400표 이상의 차가 난 셈인데, 1위와 2위 모두가 아시아계 학생들이다. 이벤트 국장Events Director의 경우 단독출마한 학생을 이 신문이 지지하였다. 확신은 아니지만 이름/얼굴로 봐서 신임 회장은 인도계 여학생, 부회장 역시 아시아계 여학생 같았다.

  예일대 신문이 사설을 통해 3명의 후보에 대해 공식지지를 선언하며, 상세한 이유를 표명하는 것은 미국에선 흔한 일이다. 학생회장 후보, 부회장 후보, 이벤트 국장 후보 각각에 대해서이다. 회장으로 라오 후보를 지지하는 이유로 경험, 능력, 열정을 든다(NEWS' VIEW: Rao '20 for YCC President). 일부 타 후보와 달리 공약의 현실성을 강조하는데, 예를 들어 신입생에 대한 학비보조를 대폭 늘리는 것이 어려우니 점진적으로 접근하자는 것, 또는 캠퍼스 전반에 걸쳐 문제되고 있는 정신건강 이슈와 관련하여 아이비리그 대학들과 협력해서 정신건강협의체mental health coalition를 구성하자는 제안 등이 현실성을 갖추었다는 것이다. 일부 유력한 타 후보에 대하여는 나름대로의 칭찬과 함께 지지할 수 없는 이유도 밝힌다. 타이완 출신으로 아시아 학생회의 공식지지 등 가장 많은 학생단체의 지지를 이끌어냈던 왕 학생의 경우 경험도 많고 좋긴 한데 공약의 현실성이 떨어진다고 비판했다. 캠퍼스 웰니스 센터Campus Wellness Center를 설립하겠다고 했는데 기존의 'Breathing Space'와 차이가 없다는 것 등이었다. 흑인 여학생인 킹Azaria King의 경우 흑인이 학생회 지도부에 없는게 안타까워 출마했다는 취지를 이해하겠다면서도 제시한 정책 공약에서나 대학신문 인터뷰 때나 구체성/실현가능성이 약했다고 판단했다. 5명 후보 각각에 대하여 같은 학생 입장에서 객관적으로 평가한 것이다.

  어디까지나 학생 언론의 시각에서 이렇게 논거를 제시하며 매몰차게 학생회장 후보를 평가할 수 있다는 게 놀랍다. 어쨌든, 결론은 대학신문이 공식 지지한 3명이 모두 회장/부회장/이벤트 국장으로 당선되었다. 학생회장 당선자의 경우 총 961표를 얻었고 지지율로는 38%였다. 학내 언론의 힘이 얼마나 강력한가? 학년별 회장과 14개 레지덴셜 칼리지 별 회장 14명도 쉽게 뽑혔는데, 단독 입후보자가 아니더라도 대개 60% 이상의 득표율로 큰 이의 없이 당선된 것으로 보였다.

1.2.4. 대학원생 노조

우리에겐 아직 생소한 말이지만, 대학원생 노조가 미국의 대학에서는 그리 귀한 말은 아니다. 예일대 대학원생 사이에서 정식 노조를 만들려고 하는 시도가 있었다. 2017년 지역신문 뉴헤이븐 레지스터에 실린 내용에 따르면(Criminal charges against 23 Yale graduate students dismissed following community, New Haven Register 2017.8.25.) 23명의 예일대 대학원생들이 대학원생 노동조합 구성과 관련하여 5월 예일대 졸업식이 열리던 날 대규모 시위를 했는데, 질서위반 등 이유로 체포, 형사 입건되었다가 벌칙으로 부과받은 지역사회봉사community service 의무를 다 이행함으로써 기소조치가 취하되었다.

2016년에 예일의 대학원생들 일부가 'Unite Here Local 33'을 구성하여 정식 노조로 인정받기 위한 활동을 시작했다. 물론 이들의 목적은 여느 노조와 마찬가지로 강의조교, 연구조교 역할을 하는 대학원생들의 임금 등 처우개선, 복지 증진이 목적일 것이다. 이 친구들은 공부와 강의/연구를 병행하는 가운데 미국 내/코네티컷 주내 정치인들은 물론 국제 노동단체와도 연결하여 운동을 해왔다. 2016년 8월 연방 노동위원회National Labor Relations Board에서 이 단체에 대하여 단체교섭권collective bargaining rights을 인정하기 이르렀지만, 정식 노조로 인정받기 직전이라고 당시에 보도되었다.

대부분 대학에서는 대학원생 노조에 대하여 차가운 눈길을 보냈다. 기본적으로 대학원생은 학생이고, 학생에 대한 보상은 장학금 성격과 함께 일부 노동에 대한 대가가 섞여 있는 것이 사실이다. 학생에 대하여 노동조합을 인정할 경우 이슈가 매우 복잡해지기 때문이다. 미국의 명문대학 대부분이 그렇지만 총장/교수집단 대부분의 성향은 진보적이라 할 수 있다. 그러나 학교 내에서, 특히 학생 노조 이슈에 이르면 다들 조심하는 정도가 아니라 공식적으로 반대하게 되는 모양이다. 연구조교RA, 강의조교TA를 하는 대학원생들이 노동자 자격으로 임금, 근무조건 등에 대하여 단체교섭을 요구하였는데 이를 인정할 수 없다고 한 것이다. 예일대 차원에서도 2016년의 단체교섭권 결정에 반발하여 이의를 제기해 놓은 상태였다.

그리고 2017년 5월 말 졸업식 때 이와 관련한 대학원 노조의 항의시위가 진행된 것으로 보이며, 단식투쟁까지 이어졌다. 실제 미국의 전체 사립대학 가운데 정식 노조가 출범한 곳은 뉴욕대학NYU 뿐인 것으로 알려져 있고, 예일에서 성사된다면 두 번째가 되는 셈이었다. 몇몇 대학은 현재 완전히 마무리되지 않은 논쟁, 쟁송이 진행 중이라고 한다.[15]

이런 비슷한 고민은 다른 대학에서도 마찬가지이다. 이듬해 〈월스트리트저널〉의 사설(2018. 2. 1)에서 보듯이 뉴욕에 있는 콜롬비아 대학이 비슷한 고민을 하고 있었다. 아니, 그저 학내에서 고민하는 것을 넘어 2016년 미국연방노동위원회National Labor Relation Board가 이 대학 대학원생의 노조 결성을 허용했던 바 이에 대학 측이 반대하여 법원으로 끌고 간 것이다(Columbia vs. United Auto Workers, WSJ 2018.2.1.). 이 기사에서 "아이비리그 대학원생들이여, 연합하라!"라는 부제를 단 것처럼 이런 현상은 당시 웬만한 명문대마다 공통의 이슈였다고 본다(2018년초 예일, 하버드, 시카고 대학 등 명문대학이 거의 비슷한 입장과 여건에서 대학원생 노조를 공식 반대하는 가운데 관련 쟁송 절차가 진행중이었다).

그러던 중 2018년 2월에 모든 것이 갑자기 끝나고 말았다. Local 33 예일대 대

---

15) "Local 33 members begin hunger strike"
    http://yaledailynews.com/blog/2017/04/26/local-33-members-begin-hunger-strike/

학원생 노조 결성을 위해 뛰던 사람들이 결국 공식 포기하는 성명을 발표한 것이다. 민주당 대통령 또는 민주당 의회였다면 다른 상황으로 바뀔 여지가 있었겠지만 현재 트럼프 행정부의 속성상, 구체적으로는 연방노동위원회의 인적 구성이 완전히 바뀌면서 대학원 노조를 인정해 줄 가능성이 거의 없게 된 현실을 인정한 것이다. 아쉬운 가운데 어쩔 수 없이 후퇴하는 모습인데, 조직 내부적으로는 여전히 갈등이 있어서 이 포기 결정을 하는 과정에서 반발하는 사람들이 상당했다. 어쨌든 미국에서 대학원 노조 운동을 하는 사람들이 큰 벽을 만났다.

■ 노조, 단체교섭 단식투쟁, 항의시위

"사람 사는 세상, 어디나 비슷하구나!" 노조, 단체교섭과 같은 말을 이 멀리 와서 지역신문, 대학신문에서 보게 되니 뭔가 어색하면서도 심지어 낯익기까지 하다. 오래된 얘기지만, 1990년대 말 필자가 워싱턴대 박사과정에 있을 때, 지도교수셨던 밀러Donald Miller 교수 시간에 필자가 강의조교TA를 맡고 있었다. 위와 비슷한 이슈로 학교가 뭔가 시끌시끌할 때, 이 양반이 나를 조용히 부르더니 하시는 말씀이 "자네도 대학원생 TA로 워싱턴대학에 고용되어 있고 지금 대학원생들의 파업이 진행 중이니, 그에 동조해도 좋다. TA일을 잠시 안해도 좋으니 전혀 부담갖지 말고 뜻대로 하라."라는 것이었다. 혹시라도 내가 모르고 있거나, 부담을 느끼고 파업에 참여 못할까봐 알려 주신 것이다. 그때 정말 이상한 느낌이었는데, 감사해야 하는지 혹시 내 의중을 떠보려는 것인지 혹은 나더러 뭘 어떻게 하라는 말인지 해석하기가 좀 어려웠던 기억이 있다.

필자는 어쩌다 노조와의 단체교섭 관련 업무를 직접 본 경험이 두어 번 있다. 물론 우리나라의 여건상 대학원생 대상은 아니었고, 2017년 비정규직 교수님들과 상대하며 뭔가 타결하려고 애쓰던 나날이 있었다. 그 힘든 시간을 기억하는 건 그리 어려운 일이 아니다(2019년 '강사법' 시행 이후 강사의 교원 지위가 인정되었지만 여전히 많은 과제를 안고 있다).

예일, 사계

Yale, The Four Seasons

chapter 2

Yale, The Four Seasons

2.1. 봄: 예일 사계의 시작 The Beginning

"배를 건조하고 싶으면, 사람들에게 나무를 모아오고 연장을 준비하라 하지 마시오. 대신, 그들에게 끝없는 바다에 대한 한없는 그리움을 불러 일으키시오." – 생텍쥐페리 Antoine Marie Roger De Saint Exupery: 1900~1944

"볼로냐 대학에서는 학생들이 대학을 통제했다. 교수를 고용하고 해고했다. 무단결근이나 지각 또는 그들의 강의 주제에서 벗어나거나 어려운 질문을 회피하면 벌금을 매기기도 했다." – 모리스 비숍 Morris Bishop 〈The Middle Ages〉: 1968

많은 사람에게 예일은 꿈이다. 춥고 눈 내리는 계절에 꿈이 시작된다. 예일대 탄생 꼭 100년 후인 1801년에 하이든이 오라토리오 '사계 The Seasons'를 완성했다. 〈천지창조〉에 이은 작품으로 당연히 종교적 색채가 짙으며 계절의 변화, 자연에 대한 경외를 바탕에 둔다. 농부와 인간의 일대기를 사계에 비추어 노래하면서, 사람이 모름지기 덕을 쌓아야 행복이 성취된다는 것을 성악곡으로 표현했다고 평가받는다. 비발디의 '사계The Four Seasons'에서는 봄이 따뜻하고 부드러우며 기쁨을 주는 것으로 묘사 연주된다.

예일이든 어느 대학이든 꿈은 학생들이 더 크게, 더 많이, 더 새롭게 가진다. 930여 년 전 설립된 볼로냐 대학을 언급하지 않더라도 대학의 주인은 학생이다. 예일의 꿈도 봄에 학생으로부터 시작한다.

2.1.1. 봄학기의 시작, 눈 덮인 캠퍼스

출처: Yale Univ.

[그림 2-1] 겨울의 예일대 올드캠퍼스

눈 얘기로 이어가는 게 뭔가 어긋나는 듯하지만, 예일이나 뉴잉글랜드에서는 굉장히 잘 어울리는 조합이 된다. 정초에 예일대 캠퍼스에서도 역시 눈을 자주 보게 되는데, 이제 봄학기라는 신호도 된다. 눈 덮인 캠퍼스, 어느 대학이든 아름답지 않으랴마는 필자도 수십 년 전 아름다운 캠퍼스에 감동 받아 대학을 선택한 적이 있다. 올드 캠퍼스, 하크니스 타워, 스털링 도서관 등은 예일대의 대표 사진에도 자주 등장하는 모습인데 겨울의 포토존으로 매우 좋다.

뉴잉글랜드에서 정말 겨울같은 겨울을 느낀다. 기후변화 탓에 세계적으로나 한국에서도 겨울이 자꾸 따뜻해진다는 말을 많이 듣곤 하지만, 미국 동부의 겨울은 폭설과 추위로 여전히 매섭다. 뉴욕시장이 눈을 제대로 못 치우면 재선이 어렵다 할 정도이다. 10년 전 매사추세츠 주립대 애머스트캠퍼스UMass Amherst에 머물 때도 경험했는데 눈이 무릎 높이로 오면 당장 이동에 문제가 생기고 걱정이 되었다. 다행히 눈 치우는 것만큼은 그곳 사람들이 잘했다.

뉴헤이븐이나 애머스트나 사방팔방 눈만 보이던 날이 있었다. 아마도 대구나 서울에서 평생 볼 눈을 한 철에 다 경험할 정도였을 것이다. 10년도 더 된 어느 겨울날 폭설 예보로 인해 매사추세츠 주립대 캠퍼스 전체가 폐쇄되었는데, 그 이튿날에는 눈 한송이 날리지 않고 햇빛을 볼 수 있었던 날도 있었다. 예보가 그리 잘못되는 것도 드문 일일 것이다. 예일에서도 악명높은 북동부 폭설이 심할 경우 아예 캠퍼스 문을 닫아버리는 일도 있었다.

예일대나 뉴헤이븐 사람들 역시 눈을 잘 치운다. 새벽에 폭설이 내리면 출근 전에 비상 작업반이 동원되어 여기저기 다니며 제설작업을 하는데, 그 소리 때문에 잠이 깬다. 아침 시간이면 간선도로는 자동차가 다니기에 불편함이 별로 없을 정도가 되는데, 물론 이면도로나 개인주택 주변, 주차공간 등은 각자의 책임이며 이를 이행하지 않을 때는 벌금 등의 페널티가 주어진다. 염화칼슘을 주로 쓰는데 눈이 쌓이기 전에 미리 잘 예측하여 뿌려두면 내리면서 많이 녹아 버리게 된다. 기온이 뚝 떨어진 가운데 차량통행이 이미 많은 낮시간에 눈이 연이어 내리는 경우에는 제설이 만만치 않다.

미국의 지방정부 체제가 파편화된 것은 학자들 사이에서 널리 알려져 있는데, 행정/재정적으로 지나친 독립성이 강조되다 보니 빈부 격차가 지역 간에도 심해서 눈이 많이 올 때 확연히 드러나기도 한다. 눈은 돈이다. 어떤 곳은 빨리 깨끗이 제설되는 반면에, 이어지는 간선도로인데도 재정이 어려운 도시에는 눈이 여전히 쌓여 있는 모습이 눈에 띈다. 가끔 언론에도 심각하게 묘사되는데 콜로라도, 미네소타 등 중부의 어떤 곳은 폭설기간 중 하루에 눈을 치우느라 1년치 제설예산을 다 써버린 사례도 있다고 한다. 염화칼슘 등 재료는 물론 인부들의 초과근무비를 지급할 길이 없어서 울상인 경우도 있다. 재정이 어렵고 평균치보다 눈이 훨씬 많이 올 경우 고속도로interstate highways, 주간선도로 외에는 제설을 제대로 하지 못해 자동차나 사람 모두에게 힘든 겨울이 될 때가 흔하다.

눈 치우기는 자본이며 예술이며 과학이고 철학이다. 예컨대 유럽이나 일본의 많은 선진도시에서 이미 하고 있는 방식으로 주요 도로의 밑에 열선을 깔아두는 것은 돈이 많이 들지만 좋은 방법으로 이미 알려져 있다. 충분한 염화칼슘 등 약품과 첨단 제설장비를 갖추어 두는 것도 기본이다. 가끔 길에서 무시무시하게 생긴 '몬스터' 제설차량을 볼 때가 있다. 그러나 눈이 많이 내리지 않는 광주나 대구 같은 데서 1년에 2~3번 쓰자고 비싼 장비를 사서 관리하는 것도 불합리하긴 하다. 합의가 이루어진다면 겨울철 몇 번만 그냥 버티면 된다. 즉, 진짜로 큰 눈이 오면 단체로 혹한기 훈련하듯 가끔 고생하는 게 경제적으로 낫다는 데 동의한다(그런데 누가 비교 견적을 내보긴 했을까? 이런 시민적 선택에 대한 고민은 또다른 문제). 또 중요한 것은 보이지 않는 시스템이며 거버넌스라고 생각한다. 눈이 언제 얼마나 내리더라도 상황에 따라 대응하는 체제가 상시로 갖추어지고 늘 연습이 되어 있어야 한다. 주민 각자가 집 앞 눈을 치워야 한다는 것은 시민사회의 상식일 뿐만 아니라 이제 우리나라에서도 법률적 의무인데, 이러한 민간부문의 총체적 제설 역량을 조직화하는 것 역시 체계적인 기법과 철학이 동원되어야 하는 것이다.

겨울 어느 날에 예일의 동료 교수 게이브로부터 점심 초대를 받았다. 가을에도 몇 번 만나긴 했지만, 절친이라 하긴 어려운 백인 교수이고 예일 학부 출신으로 똑똑함이 넘치는 사람이다. 칭화대, 훔볼트 대에서 온 방문교수들과 우리 호스트 교수 등 몇몇이 캠퍼스에서 함께 식사하기로 했다. 중앙도서관 올드캠퍼스 쪽의 눈덮인 모습이 시원히 보이는 이동 길에 예일 출신인 게이브에게 예일대 비밀결사 해골단Skull and Bones 건물에 대한 사연도 들었다. 대형 석조무덤같이 생긴 음침한 건물로 창문이 없다. 뭔가 비밀스런 의식을 하기에 좋아 보이는 구조로, 음모론에 기대지 않더라도 뭔가 섬뜩했다(해골단에 대한 얘기는 이 책 뒤에서 얘기한다).

어쨌든 눈이 덜 녹은 캠퍼스를 천천히 걷는 느낌이 좋았고, 연구실에서 걸어오니 20분 쯤 괜찮은 운동이 되었다. 우리 목적지인 트럼불 칼리지Trumbull College 학부생 전용 식당은 다이닝 홀 규모로는 아마 제일 작은 축에 속하며, 분위기는 아늑함 그 자체이다. 아무나 들어가는 데가 아니니만큼 FES/예일 칼리지 겸임인 캐런이나 게이브가 문을 열어주어야 했다.

밥은 잘 먹었는데 끝나갈 때쯤 예일 사람들이 꺼내는 본론에 분위기가 갑자기 썰렁(?)해졌다. 곧 시작될 봄학기에 정규 과목을 팀티칭으로 함께 운영하자는 제의인데, 교수당 2~3세션 정도를 담당하여 강의하고, 연구 프로젝트로 학생을 분담 지도하자는 것이었다. 물론 연구실 상담office hours 같은 것도 함께 진행되도록 계획되었다. 대상이 된 강좌는 세미나/강의가 복합된 형태로 그간에는 보통 학생들의 발표와 토론으로 이어졌는데 여기서 한발 더 나아가려는 모양이었다. 학기 내내 학생 지도의 부담까지 더해지지만, 웃으며 먹는 밥을 앞에 두고 별로 반대할 분위기도 아니어서 다들 그렇게 하자 하고 말았다. 점심 메뉴는 매우 건강하고 맛도 훌륭했지만, 그럴 줄 미리 알았다면 수제 버거라도 하나 더 먹는건데 아쉬웠다(There is no such thing as a free lunch!).

🏛 2.1.2. 예일대 2018년 봄학기 수업

1월 초에는 여전히 심하게 추운데 이제 봄학기 시작이란다. 마틴 루터 킹 목사 기념공휴일을 지내고 나면 바로 공식적인 봄학기Spring Semester 시작이다. 당초 계획에 없던 강의 참여 부담에 약간 긴장했지만, 시작하면 어찌되었든 굴러가기 마련이다. 크리스마스 및 신년 휴가를 보내고 나서 다들 새롭게 만나는 분위기이고 갑자기 캠퍼스 전체가 활기에 넘치는 가운데, 며칠 전과 비교가 안될 정도로 바빠졌다. 도서관, 체육관, 올드 캠퍼스, 하키경기장 옆 등 곳곳의 포장마차 거리와 산림환경대 본관인 크룬 홀 등 모든 곳이 그랬다.

봄학기 산림환경대학원FES 수업은 세미나 강좌이며, 공식 강좌코드 FES 749B에 명칭이 〈도시환경의 이슈와 연구방법론〉Contemporary Issues & Research Methods on the Urban Environment으로 되어 있었다. 포맷은 이를테면 팀티칭으로 예일 전임교수와 방문학자Visiting Fellow 4명이 합동으로 진행하게 된다. 다른 교수 강의 시간이라도 별일 없는 한 모두 참석해야 했다. 몇 시간을 강의하거나 2~3명을 분담해서 지도하더라도 어쨌든 상대가 예일대 학생들 아닌가? 혼자 맡는 강좌가 아니라 예일 교수가 주도하는 가운데 방문교수의 경우 캔버스Canvas 시스템에 이름이 오르기는 하지만 부분 기여이며 위상/권위 측면에서 아무래도 애매하긴 하다.

첫 주는 비교적 쉬웠다. 간단한 강좌 소개에 이어 교수와 학생들이 각자 연구주제, 프로젝트 대상과제를 발표하여 서로서로 감을 잡도록 했다. 학기 초 '쇼핑 기간'인 만큼 약 20명이었던 학생이 중반 이후에는 상당수 빠져나간다. 세미나 과목이니 크게 놀랍지는 않고, 나중에 들으니 메이저 과목 1~2개와 시간도 겹쳤던 모양이다.

일단 본격 수업 단계에 들어가게 되면 내용상 많이 심각해진다. 읽을거리도 훨씬 늘어나고, 교실내 토론도 활발해지는 것이다. 팀티칭에 참여하는 예일 전임교수와 방문교수들의 이력이나 연구분야를 볼 때 다양한 연구영역 자체를 소개하고 각자의 연구 방법이나 실무경험을 나누는 것도 꽤 시간이 걸리지만 내용은 괜찮았다.

필자와 연구실을 공유했던 갈리나Galina는 러시아 출신으로 독일 훔볼트 대학의 교수인데, 원래 수학 전공이어서 숫자가 나올 경우 함부로 말 걸지 않기로 했다. 최근의 연구분야는 도시탄소urban carbon이며, 역시 필자가 잘 모르는 영역이다. 오히려 갈리나의 남편은 같은 시기에 예일대 정치학과에 교환교수로 와 있었는데, 전공영역이 조금 통했다. 중국 칭화대에서 온 젊은 웨이치Weiqi 부부는 캐런과 마찬가지로 위성 원격이미지를 이용하여 물리적 도시현상을 분석했다. 예일 전임 게이브는 학부에서 화학을 했던 만큼 현재의 연구 역시 도시의 물관리, 대기 보전 등에서 우리가 쉽게 접근 못 할 내용을 다루었다.

우리 땅에서나 미국에서나 수업이 있는 날은 아무래도 힘들다.[1] 어느 날이던가, 오후 3시간을 예일 학생들 앞에 두고 강의했더니 목이 다 잠길 정도였다. 전반부 도시성장, 그린벨트 케이스 얘기 때는 학생들이 초롱초롱하더니만 연구방법론research methods 부분에서는 분위기가 조금 달라졌다. 미리 얘기해 주었건만 조금 지루하고 세부적인 계량방법론, 특히 로지스틱스 회귀분석logiistic regression, 탄력성 분석elasticity analysis 차례에서는 아무래도 일부 학생들에게 부담이었던 모양이었다. 아무리 예일대학원이라지만, 전공이 워낙 다양한데다 특히 통계분야의 경험이 없는 친구들에겐 생경한 얘기일 수 있다. 함께 한 전임교수가 중간중간에 학생들 힘을 실어 주는 멘트도 하고 일부러 강의속도를 늦추면서 여러 번 "Back to the basics!"을 되풀이하기도 했다. 천천히 진행했지만, 아무래도 속도가 잘 나지 않았다(물론 필자의 시원찮은 발음도 한몫했을 것이다).

예일대의 수강신청 과정도 눈여겨 볼 만하다. 2018년 봄학기의 경우에 1월 30일까지 학생들이 수강신청과 관련하여, 이른바 강좌 '쇼핑'을 끝내고 수강과목을 확

---

[1] 이 책의 관점이나 내용과는 약간의 차이가 있지만, 미국 명문대의 수업 분위기나 학생들의 일상을 소개하는 책이 우리말로도 제법 있다. 예컨대 한국에서 직장을 다니다가 하버드 대학의 케네디 스쿨Harvard Kennedy School 또는 예일대 로스쿨Yale Law School 수업을 정규 대학원생으로서 직접 경험한 경우가 대표적이다(강인선, 2007; 봉욱, 2017; 김화진, 2018). 미국 학생들의 공부방식, 수업 참여, 시험 준비 스타일, '비교과' 활동, 학사운영 등을 소개하고 있으므로 많은 도움이 될 것이다.

정하도록 되어 있다. 매학기 초 3주를 이른바 쇼핑 기간shopping period으로 부른다. 필자는 강사 자격으로 수강신청 사이트인 캔버스 강의관리시스템LMS에 로그인할 수 있었다. 과목별로 강사부터 학생까지 이름/사진 등이 뜨는데, 쇼핑 기간 중 수강을 확정한 경우 'student'로, 아직 미정이거나 그냥 돌아보기만 한 경우는 'shopper'로 표시된다. 전혀 강의와 무관한 행정담당자까지도 'observing'으로 표시되어 부분적인 접근권을 부여한다. 물론 필자를 포함한 강의자의 경우 'instructor'로 뜨며 강의계획서syllabus, 읽기자료readings 등을 업로드 할 수 있다. 캔버스 시스템은 비교적 이용하기에 편리한데, 교수자 또는 학생 입장에서 모두 그렇다. 신입생, 신임 교수 등을 위해서 간단히 이 시스템을 온라인으로 소개하고 있다.

■ 강의관리시스템LMS

LMS는 대부분의 한국 대학에서도 일반화되어 있는데, 10년 전에는 그렇지 않았다. 2009년 매사추세츠 주립대에서 교환교수로 강의하던 시절에 교수/학생의 강의관리시스템인 SPARK를 직접 이용하면서 부러워했던 기억이 난다. 강의계획서는 물론 각종 자료, 학생발표, 토론, 공지 등을 모두 사용자 인터페이스로 쉽게 관리하는 게 인상적이었다. 지금은 당연한 얘기인데, 실시간으로 어떤 학생이 로그인해 있는지 필자가 금방 알 수 있어서 즉시 채팅도 가능했던 게 기억난다. 꼭 바람직한 건 아니지만, 좀 '악용' 한다면 SPARK 이용 빈도를 성적 평가의 한 기준으로도 이용할 수 있었다.

예일대 강의관리시스템Yale Canvas 역시 비슷하지만 조금 다르다. 2018년 봄학기 FES 강좌의 경우에도 예일 전임교수 주도로 개설하되, 강좌 내용의 설계, 교수 간 역할, 학생지도 분담, 읽을 거리 준비 등 전체 과정을 우리가 협력하여 만들어냈다. 캔버스 시스템에 강사와 학생 모두 자신의 사진과 간략한 프로필을 올리게 되어 있다. 필자도 물론 이 사이트에 강의할 주제와 관련하여 미리 읽을 책/논문/데이터 등을 'Files' 항목에 업로드 했다.

우리나라 대학도 학부생과 대학원생의 수강신청 시기, 방법, 학기당 수강학점 등이 약간의 차이를 보이는데 예일도 마찬가지이다. 아무래도 대학원의 경우 수강생 숫자가 적지만, 예일대는 교수/학생 비율이 워낙 좋으니 학부에서도 소규모 강좌를 매우 많이 찾을 수 있다. 어떤 통계에 의하면 예일대의 학생 대 교수 비율이 6:1쯤 된다고 하며, 이공계 STEM의 경우 3:1쯤으로 낮아진다는 사실이 정말 놀랍다. 우리나라 대학이 차마 견줄 바가 아니다. 소수 정예일수록 교육의 품질이 높아지는 건 당연하다. 어쨌든 일반적으로 과목당 학생 수를 얼마로 제한해야 하는지(상한 및 하한선), 극단적으로 1명의 학생을 놓고도 수업을 해야 하는지 등을 논의할 수 있다. 실제로도 벌어지는 일이고, 아마도 다들 한 마디씩 할 수 있을 것이다.

수강생이 적으면 제대로 공부를 할 수 있다는 것은 진리이다. 예일 수업 때 한 학생이 개인과제 문의차 몇 번 연락하고 만나기도 했는데, 서울시 자치구에 관한 질문을 매우 상세하게 했다. 언젠가는 자신이 연구에 사용할 서울의 자치구별 지역소득GRDP 데이터를 못 구하겠다고 하소연하는데, 그건 이 학생의 잘못이 아니었다. 우리나라의 기초자치단체별 소득은 공개되지 않기 때문이다. 세금, 소비 등 다른 대안 지표나 기준으로 바꾸어야 한다는 등 구체적 질문에 개별상담까지 연이어 할 수 있는 것은 오로지 학생이 몇 명 되지 않기 때문일 것이다.

"한 과목에 최대 몇 명까지 수강할 수 있는가?" 역시 쉬운 질문은 아니다. 2015년 예일대 신문에 의하면, 당시 〈컴퓨터학 입문〉Computer Science 100, Introduction to Computing and Programming 과목을 510명이 수강했다고 한다. 2018년 봄학기에 더한 기록이 세워졌다. 〈심리학과 행복한 삶〉Psyc 157, Psychology and the Good Life 과목에 1,200명의 학생이 수강 신청했는데, 이는 예일대 전체 학부생의 25%에 달하는 숫자인데, 이는 〈뉴욕타임스〉 뉴스로도 소개되었다(Yale's Most Popular Class Ever: Happiness, NYT 2018.1.26). 비슷한 맥락에서 하버드 대학의 유명한 마이클 샌델Michael Sandel 교수의 〈정의론〉Justice 과목에 1천여 명의 학생들이 몰린다는 것은 한국에서도 잘 알려져 있다(잠깐 구글 검색을 해보면 하버드에서 경제학입문, 컴퓨터학 입문 등이 꾸준히 수백 명의 학생을 끌어

모으고 있다).

우리 대학에서도 인기 과목을 가르치는 교수들이 널리 알려져 있다. 다만, 수강생이 많으면 품질관리가 당연히 문제될 수 있고 학생들 가운데는 이른바 무임승차자도 늘어나게 마련이다. 전체 과목의 학점을 관리하려는 '똑똑한' 취지로 대형강의를 신청하는 경우도 있을지 모른다. 우리 땅에서뿐 아니라 예전에 매사추세츠 주립대에서 강의할 때도 몇몇 학생이 출결, 과제 등에서 대형 강의를 악용하는 것을 본 적이 있었다.

수강신청은 대개 봄, 가을에 한 번씩 일어나는 일이지만 전공 선택은 훨씬 더 중요하고 학생에게 중장기 영향을 미치는 결정이다. 어쩌면 고교 졸업 후 대학을 선택하는 것만큼이나 또는 그보다 더 중요한 것이 전공을 결정하는 것인데, 우리나라 대학에서는 대부분 입학과 동시에 전공을 선택하여 졸업까지 가게 되는 경우가 많다. 물론 예외가 있다. 1년을 자율전공 등의 이름으로 지낸 후 2학년 때 소속 학과/전공을 선택하는 경우도 있고, 대학혁신의 이름 아래 학생/교수가 자율적으로 졸업 전공을 설계하는 케이스도 늘어나고 있으며, 재학 중의 '전과' 역시 기술적으로는 가능하다. 그렇지만 어디까지나 예외적인 경우일 것이다.

미국의 많은 대학에서는 2년을 폭넓게 수업한 후 3년 차에 전공을 선택하도록 허용하며 그에 맞추어 수강하고 학점을 따는 일이 많다. 예일 역시 비슷한데, 매 학기의 수강 신청이 모여 전공학점을 모두 이수했는가가 결정되는 것이다. 2018년 봄학기에 대학신문에 관련 기사가 하나 떴는데, 예일 칼리지에서 학부생들을 위하여 보기 쉽게 그래픽 이미지로 전공과목 이수경로를 준비해서 내놓았다. 이른바 비주얼 맵 Visual Maps 명칭으로, 전공별로 수강 경로를 로드맵화하여 쉽게 보여주는 것이었다.

예일 학부의 경우 75개 전공이 있는데, 신입생 또는 2학년생의 경우라도 자신의 삶, 공부, 직업경로를 100% 확신하고 선택하긴 어려울 것이다. 보통 자신의 장점, 취향, 선호, 사회적 요구 등을 묶어 결정하게 되는데 자연스럽게 다른 전공의 이수 과목/경로 등을 비교할 수 있다. 생명공학 Bio Engineering, 국제문제 Global Affairs 전공을 비롯한 11개 전공에서 우선 시범으로 비주얼 맵을 내놨는데 실제 그림으로 간명하게 볼 수 있었다. 비주얼 맵 자체가 대단하다는 뜻은 아니다. 이런 그림 없이도 웬만한 우리 학생들이라면 자기 전공에서 무엇을 수업해야 하고 필수/선택/교양 등 과목을 어찌 배분해야 하는지, 다른 의무요건은 무엇이 있는지 대략 인식하고 있을 것이다. 예외로 잘 모르는 두 집단, 즉 신입생과 교수집단만 잘 챙기면 될 것 같다.

매사추세츠 주립대, 2010년 봄학기 수업

천학비재인 필자가 무슨 복인지 해외 대학의 강의 경험이 많은 편이다. 예전 유학시절에 박사과정생으로 워싱턴 대학Univ. of Washington의 학부 수업을 홀로 맡은 것이 시작이었다. 그 이후에는 필자가 훨씬 더 잘하는 한국말로만 수업하다가, 2009~10년 기간 중 매사추세츠 주립대University of Massachusetts Amherst에서 3학기 학부 수업을 맡게 되었다. 그 후 2018년 예일대의 봄학기에선 대학원 세미나 강좌를 맡게된 것이다.

2010년 봄학기, 2개 강좌를 끌고 가려니 쉽지는 않았다. 아마도 외국인 교수의 과목이라선지 강좌 자체가 너무 늦게 웹에 올랐다. 충분한 학생이 없다가 뒤늦게야 각각 20~30명 쯤의 수강생이 모였다. 〈아시아 공공정책〉Asian Public Policy, 〈아시아의 도시〉Asian Cities 2과목이었다. 매사추세츠 주립대 학생들 뿐만 아니라 연합대학 시스템인 'Five College'로 다른 학교 수강생들도 함께 했는데 Mlclm, Amy, Gng, Ahra, Joan 등 애머스트/스미스/마운트홀리요크 칼리지의 학생들이 뛰어났다(이하 익명 처리함). 애머스트 칼리지 학생 하나는 학기 시작 전에 미리 면담신청을 하더니 연구실로 찾아와서 이런저런 내용을 물어보는데, 학생이 선생님을 면접하여 사전 평가하는 기분이 들 정도였다. 매사추세츠대가 아닌 타 학교 학생들은 당시 강의관리시스템 'SPARK'에 접속이 잘 안 된다며 초반 수업용 읽기자료를 미리 달라고 각자 따로 요청해 왔다. 학기초부터 그 많은 읽기자료를 몽땅 프린트하여 열심히 읽고 있는 아이들이 많았고, 어떤 친구는 가볍게 수업시간에 진행했던 퀴즈Trivia Quiz까지 나중에 따로 연구하여 심각하게 이메일로 추가 질문해 왔다.

매사추세츠에서 만난 학생들은 전원 학부 3~4학년이었는데, 몇몇의 경우 특별한 기억으로 남아있다. 당장 다음 학기에 아프가니스탄 파병을 앞두었다며 복잡한 심경을 드러냈던 Tm, ROCT 소위로 임관되어 잘하면 주한미군으로 근무할지 모른다며 친근함을 보였던 Mlssa,

청각장애이면서도 정말 열심히 공부하고 페이퍼도 잘 썼던 Jms, 캠퍼스 여기저기서 묘하게 자주 만났던 Psh, Zck, Ern, 수업시간의 토론에 너무 열정적이었던 Allsn, Mtthws, Jhnns 등이 기억나는 친구들이다.

대다수가 백인 학생들이었으니 국적/피부색이 다른 경우 당연히 두드러지는데, 동아시아는 물론 소말리아, 이라크, 콜롬비아, 멕시코, 인디아, 독일 출신 등 다양했다. 중국/일본/베트남 학생들은 거의 한국인처럼 느껴졌다. 특히 30명 이하의 소규모 클래스인데도 3학기 동안 한국 출신 학생들이 꼭 1~2명은 끼어 있는 게 신기했는데, 이들은 마치 경북대 학생처럼 느껴져 슬쩍 따로 밥을 사주기도 했다. 백인 남학생 한 명은 몇 년이 지난 후 대구까지 찾아오기도 했다.

봄학기 한 친구는 선천성 청각장애 학생이었는데, 강의 시간마다 교수/학생의 대화내용을 도우미가 거의 100% 따로 받아 적고, 그는 바로 옆자리에 앉아 자신의 노트북 화면에서 실시간으로 보면서 수업에 참여했다. 이는 〈미국 장애인법〉Americans with Disabilities Act 덕분인데, 이런 장애학생들이 강의/시험 등에서 불편을 최소화되도록 의무화한 것이다. 특히 이 친구는 성격이 활달하여 자주 손들고 질문까지 하며, 과제에서 괜찮은 점수를 받았는데도 어떻게 더 개선하면 되는지를 알려달라고 부탁할 정도였다. 개인의 책임을 최대한 강조하지만 사회적 약자에 대한 지원/아우름이 최소한 보장된 모습이었다. 이 모습을 보면서 우리의 대학도 많이 나아졌지만, 여전히 휠체어가 다니기 어려운 계단/강의실이 많은 현실을 떠올리게 된다.

당연한 일이지만, 당시 학생들이 선생보다 영어를 더 잘하는 건 이해해 주어야 한다. 물론 언어가 전부는 아니고, 강의 내용이나 특히 현장/직업 경험으로 얘기하면 그 활발하던 미국 학생들이 대부분 조용해진다. 학생들이 하는 강의평가 결과는 국내 강좌와 별로 차이가 없었다. 학생들이 받는 성적도 C 등급과 A 등급이 비슷하게 분포되어 나왔고, 어떤 경우엔 출석/과제물 등의 문제로 F도 주었던 기억이다.

🏛 2.1.3. 예일 공개강좌 주간 Faculty Bulldog Days

예일대 공개강좌 주간 또는 불독주간Yale Bulldog Day 얘기를 해 둘 가치가 있다. 원래 학부 신입생들이 가을학기 입학 훨씬 전에 예일 칼리지의 각종 강의와 행사에 참여할 수 있는 시간이다. 여기에 보통의 교수들도 참여하여 다른 교수의 강좌를 청강할 수 있게 하는 것이다. 예일이 입학허가를 해주었으면 하버드, 프린스턴 등에도 합격했을 가능성이 있으니 이들이 예일을 선택하도록 맛보기 경험을 해주는 의미도 있다. 보통 4월 말에 진행된다. 환영, 캠퍼스 투어, 동아리 소개를 넘어 재학생들과 짝지어 기숙대학 체험도 하도록 해준다. 또한 불독 주간에 미리 신청하고 정해진 강의실에 직접 들어갈 수 있는데 이런 공개강좌에 예일의 일반 교수들도 참여하는 기회를 주는 것이다.

"교수가 배울 차례(It's the teachers' turn to learn)"라는 슬로건만으로도 분명하다. 강의에 들어가 노트도 하고 질문도 하며 학생 입장에서 조용히 듣기도 한다. 가끔이지만 발언을 요청받기도 한다. 2015년 봄부터 시작된 패컬티 불독데이 주간 프로그램은 첫해에는 살로비 총장까지 직접 몇몇 강좌에 들어가 참여하면서 열기를 높였다고 한다. 해마다 대략 100개의 강좌가 오픈되며 수백 명이 청강한다. 물론 강의담당 교수가 자진해서 여는 것이며 의무사항은 아니다. 2017년 가을학기에도 같은 이름의 프로그램/이벤트가 진행되었는데, 그때는 필자가 예일에 온 지 얼마 안 되어 정신이 없을 때라서 참여하지 못했다. 하지만 더 바쁜 봄학기에 어찌된 일인지 마음 가는 대로 등록하게 되었다. 짧은 봄방학 이후 몬태나 강연을 다녀온 지 얼마 되지 않아 거의 1주일 내내 내가 전혀 모르는 7명의 교수 강좌에 등록하여 함께 자리하는 진귀한 경험을 하게 된 것이다.

이런 유형의 프로그램을 총괄 기획하는 곳은 예일대 교수학습센터Yale Center for Teaching and Learning이다. 우리나라 대학에 설치된 비슷한 명칭의 조직처럼 교수들에게 강의기법, 모니터링, 온라인 강좌개발 등 다양한 교수법을 알려주고 공유하는 곳이다. 학기 중에도 이메일 등 여러 채널로 교수들에게 중소 규모로 교수법 워크샵 등을 알려주고, 점심까지 제공하며 참여를 독려한다. 직접 참여한 강좌 중에 시간이 아깝지 않을 정도로 좋은 게 있어 몇 가지를 소개한다.

■ 레슬리 브리스만 교수, 〈문학으로서의 성서〉

영문학/철학과 학부 과목인 〈The Bible as a Literature〉 강의는 과목명이 시사하듯 매우 진지하면서도 차분하게 진행된다. 담당 브리스만Leslie Brisman 교수는 가히 성인처럼 생긴 노신사인데 말도 비슷하게 한다. 9명의 수강 학생에 더하여 함께 참여했던 예비 예일대생 한 명도 담당 교수의 마음에 꼭 드는 코멘트/질문을 한 것이 기억에 남는다. 평생 이 사람처럼 말을 조용조용히 하면서도 뜻을 확실히 전달하는 경우를 별로 못 본 듯하다. 인문학 교수의 폭과 깊이를 다시금 확인하게 해준다. 우리 대학의 선배 교수님 중에 두어 분 비슷하게 있지만, 말씀하실 때의 넉넉한 표정이나 드러내지 않는 자신감이 남다르다. 이 사람의 내공을 감히 짐작할 수 없는데, 안에 든 품성이 겉으로 드러나는 학식/지성과 같다면 진정 닮고 싶은 사람이었다.

누가복음 5:37-39, 마태복음 9:17 구절을 시작으로 문학적 배경, 수단, 가치를 천천히 그렇지만 깊이 있게 다루었다. 성경의 사례/표현/개념 등이 이렇게 문학의 시각에서 다루어질 수 있다는 것을 처음 알았다. 필자도 교회를 다니는 사람이지만 그동안 '엉터리'로 다녔던 듯하다. 예컨대 예수가 십자가에 못 박히는 장면 부근에 나오는 "주여, 주여, 왜 나를 버리십니까My God, my God, why have you forsaken me?" 같은 대사와 관련 내용이 끝이 아닌 새로운 시작을 뜻한다고 이야기하고, 몇몇 장면을 멜 깁슨 주연의 〈패션 오브 크라이스트〉The Passion of Christ 영화와 연결 짓기도 했다. 예수가 40일 간 광야에서 사탄에게 시험받는 장면 및 각각에서의 표현, 스토리텔링이 가지는 의미를 종교 말고 소설같은 문학 구성의 관점에서 얘기했다. 사마리아인 비유에서 "누가 당신의 이웃인가Who is your neighbor?" 질문 같은 것도 비슷한 맥락으로 다른 시각에서 해석을 시도한다. 전체적으로 뭔가 신기하고 재미도 있었다. 성서를 읽는 방법이 참 다양함을 알려준다.

■ 다니엘라 캐먹 교수, 〈윤리-정치-경제학 고전〉

여러모로 기억에 남는 과목이다. 나중에 알게 된 것인데 이 과목은 물론 이 강좌를 개설한 전공 또한 유별나다. 통칭 EP&E로 불리는데 글자 그대로 윤리학/정치학/경제학Ethics, Politics, Economics 3개의 전공을 합쳐 놓은 것이다. 그냥 합친 게 아니고 전공에서 가장 어렵고 수준 높은 과목만을 선별하여 이 EP&E 전공의 핵심 과목으로 짜놓았다. 유별나게 우수한 학생들이 이 전공을 선택한다고 한다. 예일 칼리지에 들어온 자체가 보통이 훨씬 넘는다고 할 텐데, 그중에서도 도전정신이 남다르고 학구열이 정말 뛰어난 소수가 노닐 공간을 만들어 둔 셈이다. 당초 이 과목을 청강 신청할 때에는 그냥 정치학과의 한 강좌인 줄 알았는데 그게 아니었던 것이다. 아마도 국제문제Global Affairs 전공과 함께 인문사회계 전체에서 가장 경쟁력있고 어려운 전공이라 알려져 있다. 그런 사정도 모르고 필자가 감히 발을 들여놓은 것이다.

어쨌든 이 〈윤리-정치-경제학 고전〉Classics of Ethics, Politics and Economics은 EP&E 전공의 필수과목이며, 다른 필수과목과 마찬가지로 학부 강좌지만 세미나 형식이다. 벤담과 밀의 저작을 미리 소개해 줄 때 알아봤어야 했다. 강의 초반에 내가 자연스레 노트북을 열었더니, 캐먹Daniela Cammack 교수가 난처한 듯 얘기를 하는데 이 시간, 이 강의실에서는 일체의 컴퓨터 사용을 안하기로 약속했단다.

내용도 어려웠는데, 솔직히 철학/정치 사상 쪽 배경이 약할 경우에 우리말로 해도 쉽게 따라가기 어려울 것 같다. 학생들이 20대 초반이 맞는가 싶을 정도로 말이나 내용이 꽉 들어차 있다. 1월부터 약 3개월 동안 진행되어 온 강좌이니 더욱 그렇다. 고문같은 시간이었지만, 덕분에 짧은 시간 요약 공부가 좀 되었다. 어쨌든 유일한 청강자인 필자를 위해서 지난 3개월 공부하고 토론했던 것을 약 20분에 걸쳐서 교수/학생이 번갈아 가며 요약해 주었다. 학생들의 참여도는 굉장히 높았다. 원래 미국 학생들이 손을 잘 들지만, 이 과목은 유별났다.

■ 엘리후 루빈 교수 〈미국의 건축과 도시계획〉

필자의 전공영역과 가장 가까운 과목이다. 원래 유럽/미국의 많은 대학에서 건축과 도시계획은 연결되어 있으며, 학계의 인맥 역시 두루 이어지는 것 같다. 필자가 처음 연구년을 위해 접촉했던 쪽도 예일 건축학과와 연결된 〈도시설계 실험실〉 Urban Design Workshop 이었는데, 여건이 맞지 않아 산림환경대학원FES으로 돌린 셈이었다.

예일대의 건축대학원School of Architecture 역시 명성 높은 곳으로 좋은 교수들이 많은데, 이 과목 〈American Architecture and Urbanism〉을 맡은 엘리후 루빈 Elihu Rubin 교수도 그중 하나이다. 알림 메일로 보면 10명의 교수/연구원 등이 청강을 신청했고, 의외로 예일대의 보직교수들이 많은데 아마도 실제 좋은 강의로 소문난 듯하다. 강의장소가 예일대 미술관Yale University Art Gallery 실내로 특이한 세팅이었다. 건축 뿐 아니라 예술 분야의 전공 교수/학생들이 강의실을 벗어나 미술관, 건축현장, 도시공간 등 다양한 곳에서 강의와 교육을 하는 모습이 보기 좋았다.

이 강좌도 그렇고, 패컬티 불독데이 강의에는 전혀 전공이 다른 교수들이 상호 참여할 수 있기 때문에 경우에 따라서는 전혀 사전 지식 없이 들어갈 수도 있었다. 물론 미리 어떤 자료를 보내주며 읽어오도록 하거나 아니면 반대로 자료 목록은 주지만 아예 읽지 않아도 좋다는 식의 안내를 친절히 해주기도 했다.

■ 도널드 엘리어트 교수 〈보수주의의 행정국가론 비판〉

이 과목은 로스쿨 강좌, 즉 대학원 수업이다. 2명의 청강자 중 하나인 필자가 소개되자마자 뜻밖에도 애머스트 칼리지 출신의 학생이 반갑게 손인사를 청했다. 여기서도 자기 동네 살았던 사람을 반기는 모양이다.

도널드 엘리어트Donald Elliott 교수가 맡은 〈보수주의의 행정국가론 비판〉 Conservative critiques of administrative state은 글자 그대로 행정국가에 대한 보수 쪽의 비판이다. 하이에크Hayek 교수, 스칼리아Scalia 대법관 등 이름만 대면 다 알만한 유명한 보수 학자/법관 등의 이름을 빌려 1930년대 루즈벨트 대통령의 뉴딜 정책부터 비판한다. 행정부의 기능이 지나치게 강화되었다는 것인데, 현대에 들어서도 그 흐름이 여전하며 지금이라도 뒤바꿔어야 한다는 것이다. 이 교수는 워싱턴 DC에서 활발히 일하는 저명 변호사로서, 나중에 들으니 필자 주변의 예일 법대 학생들 중에서 이 사람 강의를 들었다는 학생들이 꽤 있었다. 수강생은 8명뿐이었고, 당연히 학생들이 미리 논문과 케이스 자료를 읽고 와서 알차고 활발한 토론으로 바로 연결되었다. 이 과목에선 청강 교수에게도 직접 참여를 요청했다.

전체 강의의 주제와도 어울려 자연스레 경제학 관점, 시장의 논리를 얘기하는데, 마침 그 수업에서는 공공선택론public choice 입장에서도 논의가 진행되었다. 워싱턴 DC에서 주당 2시간 강의를 위해 멀리 예일까지 날아온다는 엘리어트 교수는 왕년에 한국과의 인연을 언급하면서 (SK 기업쪽 일을 자문해 주었다고 자랑한다) 필자에게도 각별히 친근감을 표시했다. 수업 후 이 사람이 따로 상세한 강의자료를 보내 주었다.

예일에 와서 '행정국가론'이라는 말을 접하게 될 줄은 꿈에도 몰랐다. 마침 이 수업 며칠 전 〈월스트리트저널〉 사설에서도 행정국가 개념이 비판적으로 사용된 것을 본 적이 있었다. 주된 논조가 그간 미국의 행정기관 특히 연방 정부 관료제의 기능이 지나치게 강화되었던 바, 이를 견제하기 위해 사법부가 관여할 수 있고 또 그래야 한다는 것이었다. 실제 트럼프 행정부 또는 보수 공화당 정권에서 관료제에 대하여 어떤 스탠스를 취하는지, 행정 규제에 대하여 일단 줄이고 없애자는 분위기라는 것을 파악하기가 어렵지 않다 (WSJ 2018.4.5.). 이 강좌 역시 그와 발맞추는 비판 논조로 보면 될 것인데, 아마 행정학을 공부하는 학생/교수라면 대략 무슨 말인지 더 잘 알 것이다. 개인적으로도 필자에게는 각별하게 다가왔다.

청강 교수로는 EU국제관계 전공 교수와 필자 뿐이었다. 우리 둘 다 처음부터 계속 발언/코멘트를 요청받았다. 미국에서 시작되어 전세계에서 대중화되고 있는 우버Uber 서비스의 적법성 논의에 참여했다. 갑작스런 요청에 좀 난감했지만, 조금씩 끼어들었다. 예컨대 우리나라에서는 불법 상태인 우버 택시, 그런 규제의 법적 성격과 함께 불법으로 취급되는 이유 등이었다.

대한민국에서 행정학과를 가진 대학이 120개가 넘는다고 들었다. 미국의 대학 학부과정에는 행정학과가 있는 곳이 많지 않다. 오히려 일반적으로 정치학과 등에 행정학 전공의 형태로 함께 더부살이 하는 것을 봤는데, 10년 전에 머물렀던 매사추세츠 주립대의 경우도 그랬다. 예일대에도 학부 행정학과나 행정학 전공은 없으며, 정치학과나 로스쿨 같은데서 유사한 과목을 일부 다루고 있다.

불독 주간에 예외적이지만 펑크가 나는 경우도 있어 보인다. 신청해 놓고 아예 오지 않는 'no-show'도 별로 드물지 않다. 담당교수가 날짜를 착각하여 외부 초청 강사가 오는 날을 하필이면 불독데이로 잡아서 일정이 바뀌는 경우도 있었다. 그러나 전체적으로는 좋다. 지난 2017년 통계를 보면 88% 참여교수들이 이 프로그램의 경험에 대해 만족을 표시했다. 교수학습센터의 홍보 문안에 나오는 광고용 평가를 굳이 들지 않더라도 괜찮은 경험이었다.

교수라고 다 같은 교수인가? 퇴임하신 선배 교수님들 가운데 같은 건물에 근무했다는 것만으로도 필자가 영광으로 여길 만큼 존경할만한 분들이 참 많다. 말이 같은 교수이지 늘 배우는 자세로 회의, 식사, 세미나 등을 같이 하지 않았는가? 이곳 예일에서도 마찬가지인 듯하다. 참 배울만한, 배우고 싶은 교수들이 많다. 나보다 나이가 더 어린 교수들에게도 마찬가지였다. 불독주간에 직접 대했던 분들 중 이미 언론/유튜브/Coursera 등을 통해 널리 알려진 사람도 많았는데, 언급했던 '죽음' 강좌로 한국에서도 유명한 케이건 교수, 예일대에서 1,200명의 수강생을 모은 최고의 인기강좌 '심리학과 행복한 삶' 산토스 교수, 노벨 경제학상 수상자인 실러 교수, 역사학계의 태두 폴 케네디 교수 등이 그 예이다.

🏛 2.1.4. 예일대 졸업 행사 Yale Commencement

4월에 몬태나 출장 강연을 다녀오니 금세 5월, 졸업 시즌이다. 예일대 졸업행사는 기간이 길고 종류도 많다. 2018년 5월에 예일의 317회째 졸업 행사가 1주일 간 열렸다. 우리나라 대학의 경우와 비슷한 측면도 있고 다른 이벤트도 많다. 특색있는 몇몇만 소개해 본다. 시간 순서대로 학부생 졸업행사 중 바칼로리이트Baccalaureate, 예일대 전체 학위수여식, 그리고 필자가 속했던 산림환경대학원FES 학위수여식을 소개한다.

그리고 또 하나 중요한 것이 예일 클래스데이Yale Class Day인데 학부생 학위 수여식인 셈이다. 전통적으로 전체 졸업식 직전 날인 일요일에 열린다. 참석 요청 공지가 뜨는 순간부터 가기로 예정하고 있었는데 며칠 전 천둥번개 예보가 잘못 뜨는 바람에 대학 측에서 실내 연주홀인 울지홀Woolsey Hall 행사로 바꾸면서 일반 교수/일반인 참석을 막았다(당일, 천둥은 커녕 비도 제대로 안 내렸다). 어쩔 수 없이 직접 못 보고 유튜브 참관으로 만족해야 했다. 원래 이 행사는 '모자 쓰는 날Silly Hat Day'이라 불리는데 글자 그대로 온갖 괴상한 종류와 색깔의 모자를 졸업생들이 경쟁적으로 만들어 쓰고 와서 참석했다. 이날의 하이라이트는 물론 힐러리 클린턴 전 대통령후보/국무장관의 연설이었다(이 사람은 웰슬리대 학부 출신에 로스쿨을 예일에서 다녔고, 남편인 클린턴을 거기서 만났다). 예일 클래스데이는 전체가 함께 부르는 'Bright College Years'로 마무리가 되는데, 이 노래가 예일대의 교가쯤으로 여겨지고 있다.

■ 예일 바칼로리이트

우리말로 옮기기가 만만치 않은 학부 바칼로리이트Yale Baccalaureate Service는 여러 면에서 유별나다. 우선 'baccalaureate' 단어를 사전에서 보면 여러 뜻으로 나오는데, 학사학위bachelor degree, 고등학교 졸업시험 또는 졸업자격이라는 뜻이 있다. 미국에서 'baccalaureate service'로 붙여 쓸 경우에는 대학(학부) 졸업축하 예배행사쯤으로 보면 되겠다. 2016년에는 예일대 졸업식에 학부형 자격으로, 2018년 연구년 체류 중에는 방문펠로우visiting fellow 자격으로 참석하니 마음이 참 새로웠다.

이벤트 관리용 'AttendeeHub' 앱을 설치하면 스마트폰에 예일 졸업행사 전체가 일정별로 깨끗이 정리되어 개인별로 쉽게 관리할 수 있는데, 거기 보면 5월 중순에 약 1주일 간 진행되는 모든 관련 행사를 다 볼 수 있다. 도대체 무슨 이벤트가 그리도 많은지, 놀라지 않을 수 없다. 이 바칼로리이트가 1주일 간 이어지는 수많은 졸업행사의 초기 이벤트쯤 된다. 5월 19일~21일 사흘 간의 메인 일정만 봐도 10페이지 정도 되는데 머리가 어지러울 정도이다. 이 모든 행사에 다 참석하는 학생이나 교수는 없을 것이다.

바칼로리이트 서비스의 내용이 무엇인지는 우선 예일대가 공식으로 밝힌 내용을 보면 된다. 초창기부터 예일의 교수/졸업생들은 정식 학위수여식Commencement 직전 일요일에 성직자의 설교sermon를 들으며 격식을 갖춘 모임을 가져왔다. 현대에 들어서는 설교보다 총장/학장 등의 연설이 주된 요소이지만, 그럼에도 교목Chaplain 참석, 성가곡 합창 등 상당한 종교 색채/요소를 유지한다. 예일대 졸업식의 3대 이벤트(Baccalaureate, Class Day, Commencement) 중 첫 번째 행사로 보면 된다.

예일의 14개 기숙대학을 기준으로 4학년 졸업생 전체를 3개 그룹으로 나누어 비슷한 축하예배를 3차례 갖는다. 단상에 앉는 사람들 중 총장/프로보스트/예일 칼리지 학장 등 주요인사는 겹치기 출연이고, 각 기숙대학의 총감/학장들도 물론 바꾸어 나타난다. 필자가 직접 참석했던 것은 Trumbull, Silliman, Branford, Jonathan Edwards 4개 칼리지 졸업생들을 위한 바칼로리이트였는데, 예일대 최대 최고의 공연시설인 울지홀에서 진행되었다. 순서에 나와 있듯이 전체적으로 예배 형식이고 성가 악보까지 포함되어 있다. 대략 순서대로 보자면 다음과 같다.

- **전주Prelude**: 장중한 파이프 오르간 연주로 분위기를 잡는다(울지홀Woolsey Hall에 여러번 들어왔어도 파이프 오르간 연주는 처음 들었다).
- **학사행렬Processional**: 피터 살로비 총장, 마빈 천 학장 등 보직 교수들이 입장하며, 이미 들어와 있는 학생, 학부모 등이 박수로 맞이한다(몇년 전 대학 보직할 때 맨 앞에서 행렬을 이끈 적이 있는데, 이제는 오로지 방문 관객의 입장에서 보니 훨씬 좋다).
- **환영사Welcome**: 예일 칼리지 학장이 아주 짧게 환영의 말을 하고 바로 예일 교

목을 짧게 소개한다.
- 경전 읽기Readings: 4대 주요 종교의 경전을 각각 짧게 4명의 학생들이 차례로 읽는다. 힌두교The Gayatri Mantra, 유대교Psalm 43:3-4, 기독교Matthews 5:14-16, 이슬람Quran 24:35 (학생들의 생김새나 옷차림만으로도 종교가 짐작된다)
- 성가 합창Hymn: 베에토벤 합창교향곡 일부, 성가곡("Joyful, joyful we adore thee")
- 경구 읽기Baccalaureate Readings: 마빈 천 예일 칼리지 학장이 다시 나와 축사 겸 덕담의 의미로 경구를 읽는다. 글자 그대로 덕이 되는 좋은 글을 읽고 해설하며 학생들에게 축하/고별인사 겸 미래를 위해 축복했다. 2018년 새로 개관한 2개 레지덴셜 칼리지의 명칭이 된 2명의 위인(Franklin, Pauli Murray)과 개칭된 사람(Grace Hopper)을 얘기했다.
- 합창Anthem: 예일 글리클럽The Yale Glee Club 합창단원들
- 총장 연설Baccalaureate Address: 예일대 Peter Salovey 총장의 축하 연설
- 성가 합창Hymn: 두 번째 성가 합창곡으로 연주(God of all people)
- 축복Benediction: 첫날은 카톨릭, 둘째 날은 이슬람, 셋째 날은 기독교 성직자

경구 읽기|Baccalaureate Readings

첫째, 건국 당시의 만능선수 벤자민 프랭클린의 13가지 덕목 중 10개를 골라 읽는다.
절제Temperance: Eat not to dullness; drink not to elevation
질서Order: Let all your things have their places; let each part of your business have its time;
결의Resolution: Resolve to perform what you ought; perform without fail what you resolve;
검소Frugality: Make no expense but to do good to others or yourself; waste nothing;
근면Industry: Lose no time; be always employ'd in something useful; cut off all unnecessary actions;

2장. 예일, 사계 ❖ 93

> 진실Sincerity: Use no hurtful deceit; think innocently and justly, and, if you speak, speak accordingly;
> 중용Moderation: Avoid extremes; forbear resenting injuries so much as you think they deserve;
> 정의Justice: Wrong none by doing injuries, or by omitting the benefits that are your duty..
>
> 둘째, 예일 로스쿨 출신 흑인 민권변호사 폴리 머리Pauli Murray의 삶에서 단서를 찾아 중요한 교훈을 준다. "나의 개인적 삶이 대부분 실패였지만 결국에는 내 꿈이 정당화되고 성취되는 것을 보았다"
>
> 셋째, 여성 과학자/해군제독인 그레이스 호퍼Grace Hopper의 말을 인용한다.
> "배는 항구에 있는 게 안전하지만, 그게 배의 목적은 아니다. 바다로 나가서 새로운 일을 해야 하느니"
>
> 해마다 예일 바칼로리이트 서비스에서 예일 칼리지 학장은 이렇게 졸업생들의 삶과 미래에 도움이 될 만한 명구, 시 등을 묶어서 낭독해주며 이들을 축복 가운데 내보낸다. 뒤이은 총장의 연설도 그렇고, 정말로 졸업생이나 학부형/일반인이 들었을 때도 감동과 격려가 되는 내용이다. 많이 달라지긴 했지만, 우리 땅의 대학에서는 여전히 안 듣는 게 더 나은 형식적인 축사가 많은 게 씁쓸할 따름이다.

여기서 예일 총장의 연설도 잠시 되돌아볼 만하다. 평소 듣던 편안한 톤과 유머러스한 내용/흐름으로 졸업생들을 떠나보내는 말을 했다. 우선, 예일의 전통 중 하나라며 모든 청중더러 졸업생을 크게 축복하자고 부탁하니, 당장 우뢰와 같은 환호/박수/휘파람이 이어졌다. 이번에는 졸업생들이 모두 일어나서 2~3층에 앉은 부모님/가족의 수고에 감사를 표현하라 주문하니 역시 박수를 쳤다(첫 번째가 훨씬 더 높은 데시벨이었지만). 참 괜찮다 싶은 살로비 총장의 말을 몇 가지 기억나는 것만 정리한다.

사회과학을 하는 사람이면 익숙한 이름인 예일대 정치학과 로버트 다알Robert

Dahl 교수가 2014년에 98세로 타계했는데, 그의 학문 지향과 인성을 우아하게 칭찬하는 내용을 시작으로 예일대 최초의 흑인 로스쿨 졸업생인 민권운동가 폴리 머레이 얘기를 조금 더 한다. 예를 들어서 어린 시절 오빠들이 자신을 원 안에 가두려 하면 또 다른 원을 더 크게 그림으로써 외부적으로 강요되는 한계를 넘으려 노력했다는 일화를 들려 준다. 그러면서 총장은 졸업생들이 "자신의 원을 더 크게 그리라" 주문한다. 동시에 다른 사람도 원을 그리고 있음을 알라, 존중하라, 포용하라는 얘기로 이어간다. 이외에도 예일의 역사에 기록된 몇몇 동문, 학생, 교수의 사례를 더 들면서 가치/이념/의견이 다른 사람들과 마음을 열고 대화해야 하는 중요성을 특히 강조한다. 물론 이러한 연설문을 미리 써왔겠지만, 결코 행정직원 등을 시켜서 작성한 형식적 내용이 아니라, 대학자가 자신의 생각을 스스로 정리한 후 편안히 얘기하는 것임을 확신할 수 있었다(Peter Salovey 총장은 저명한 심리학자로서 학문적 업적도 뛰어나고, 직전에는 예일대 프로보스트를 하다가 총장이 되었다).[2] 예일의 오랜 역사, 엄청난 돈, 넘치는 인프라를 우리가 부러워하지만 그보다 더한 것이 인적 자원, 즉 훌륭한 교수/동문이 아닌가? 처음부터 끝까지, 사람이 제일이다.

■ **예일대 전체 학위수여** Yale University Commencement

순서에 의하여 굉장히 많은 사람이 등장해서 정말 여러 가지 이벤트가 이어진다. 예일의 전체 졸업식에 두 번째로 참석하게 됐는데, 당일 아침 행사장 가는 길에 경영대학원SOM 쪽으로 갔더니 아침부터 구름같이 모여든 MBA 졸업생 및 학부모들로 경영대학원Evans Hall 주변이 꽉 들어찼다. 시간이 흐르며 행사장인 올드 캠퍼스를 향해 수백 명이 행진을 한다. 미국이나 유럽 여러 도시에서는 이러한 대학행사 자체가 관광 상품이 아닌가? 혹시 우리나라의 대학 졸업식도 이렇게 캠퍼스 바깥이나

---

[2] 살로비 총장은 2017년 Bacalaureate Service 때도 "낯선 나라의 이방인Strangers in a strange land" 제하의 좋은 연설을 졸업생들에게 했다. 유대인인 자신의 종교/도덕 경험에 더하여, 힌두/이슬람 정신까지 포용하면서 이방인/손님/타인에 대하여 열린 마음을 가지라고 겸손하지만 강력하게 충고했던 것이다.

거리로 내놓을 방법은 없을까? 잠시 생각했다.

물론 가는 길에 예일 칼리지의 몇몇 기숙대학 졸업생들 그룹이 합류하는 등 거리마다 형형색색 사람들의 자취로 물들게 된다. 학부생들은 도심광장인 뉴헤이븐 그린New Haven Green을 가로질러 행진하는데, 이 날 하루만큼은 예일이 가히 온 도시를 '점령한' 느낌이다. 스털링 중앙도서관 집결지에서 로스쿨, 정치학과를 각각 졸업하는 한국학생들을 만나 거듭 축하해 주었다.

317주년 졸업식이었다. 예일의 초창기엔 대학교회Bartell Church에서 하다가 졸업생이 늘어나면서 울지 홀Woolsey Hall로 그리고 이제는 드넓은 올드 캠퍼스 잔디광장에서 행사를 열게 되었다. 약 2만 개의 의자가 놓였다.

학부모/일반 청중이 우선 입장해 있는 것이 보통이다. 늦게 가면 뒷자리뿐이거나 아예 의자를 확보하지 못한다. 초반에 한두 번 드나들었더니 자리가 사라졌다. 식장에서 두툼한 예일대 신문 특별판Commencement이 배부되는데, 일찌감치 동이 나는 듯하다.

졸업생들이 기숙대학, 대학원, 전문대학원 별로 3~4개 루트로 먼저 진입하여 대기하다가 잔디광장으로 들어와 자리를 잡는다. 전날 클래스데이 때 사용했던 모자를 한번 더 쓰고 오는 학생들도 있다.

깃발 입장이 진행된다. 미합중국, 코네티컷주, 뉴헤이븐시, 예일 대학교의 깃발이 펠프스 게이트Phelps Gate를 통해 광장으로 들어온다.

총장의 환영사로 시작한다. 참석해 준 가족/교직원에 대한 감사와 환영 특히 졸업생들이 지난 몇 년 간 수고하며 이룬 성취를 치하한다. 며칠 전 바칼로리이트에서의 길고도 육중한 연설과는 다르다. 총장의 경우 졸업예배 연설이 더 의미 있어 보인다. 그 다음 순서로는 예일대 교목University Chaplain Sharon Kluger의 간단한 기도가 이어진다.

하이라이트는 졸업생 대표들에 대한 학위 수여 순서다. 예일 칼리지 학장이 학부생 대표에게 먼저 학사학위를 주고는 뒤이어 13명의 일반대학원장Dean과 전문대학원장Dean 각각이 자기네 졸업생 대표에게 수여하는 것이다. 각 학장/원장이 일일이 학위기를 읽으며 총장에게 소개/상신하고 이를 받아 총장이 승인하는 형식으로 진행한다. 각 학생마다 정중하게, 신나게, 특이하게 받아가는 모습이 보기 좋다. 산림환경대 졸업생의 학위모에는 긴 나뭇조각을 부착되어 확실히 눈에 띄었다. 졸업장은 라틴어로 쓰여 있어서(전통이지만 꼭 좋은 일만은 아닌 것 같다) 이름 외에는 무슨 말인지 알 길이 없으나, 왼쪽은 학장, 오른쪽은 총장 임이 확실하다. 어쨌든 이 증서와 함께 학위 피수여자의 모든 '권리와 책임rights and responsibilities'을 함께 부여하는 셈이다. 자기네 대학/대학원 대표가 이를 받을 때마다 축하의 함성을 지르는데, 올해에도 매년의 전통처럼 온갖 색종이를 던지며 '괴성'을 선보인 간호대학원Yale School of Nursing이 압권이었다.

명예박사 학위에 대하여는 별지로 이름, 학위명, 공적사항 등이 기록되어 식장에서 배부된다. 당시 10명의 선정 작업은 예일대 재단Yale Corporation에서 맡았으며, 교수, 시인, 재즈 음악가, 유전학자 등이 포함되었다(학장/총장이 라틴어로 학위기를 읽는데, 물론 무슨 소리인지 아무도 모른다!).

예일대의 명예학위를 아무나 받는 것은 물론 아니다. 아마도 가장 유명한 수상자는 존 에프 케네디 전대통령일 것이다. 그는 하버드 출신 대통령으로서 1962년 예일대 졸업식에 참석하여 명예학위를 받은 후 하버드와 예일의 관계를 짐작할 수 있는 연설을 남겼다(1962년 6월 11일 예일대 졸업식에서).

"드골 프랑스 대통령이 가끔 말하기를 미국이 유럽의 딸이라 합니다. 이제 하버드의 딸인 예일대에서 학위를 받으니 기쁩니다. 하버드에서 배우고 예일의 학위를 받았으니 제가 마치 두 세계의 최고를 얻어낸 것 같습니다."

■ 산림환경대학원FES 학위수여식

산림환경대학원FES은 딱히 이공계라 하기도 뭣하지만 인문사회의 성격이 진하지도 않다. 연구비 측면에서 보면 수십 만에서 수백 만 달러까지 많이 따오는데도 의대/공대 쪽에 감히 비할 바는 아니다. 개인 정서를 떠나서 냉정히 보건대, FES는 다른 어떤 학문 영역에 비해서도 뒤지지 않는 공공성 측면의 강점을 지니고 있다. '환경' 또는 '지속가능성'을 주된 테마로 하고 있으니 당연한 일이기도 한데, 많은 논문이나 강의 연구 영역에서 이러한 성격을 들여다 볼 수 있다. 아울러 지역사회local communicy 연결성이 정말로 뛰어난데, 아주 사소해 보이는 프로그램 예컨대 도시공원urban park, 바이오스웨일bioswale 프로젝트 등에서부터 대형 환경연구까지 현장과 밀착된 모습이 늘 눈에 띈다. 해마다 입학 직전인 8월에는 'MODS'라 일컬어지는 신입생 오리엔테이션까지 도시와 산림 현장 중심으로 하는 것을 큰 전통으로 삼는다.

　FES가 어떤 프로그램인지, 이곳 학생들은 어떤 생각을 하는지, 또 심지어 본관Kroon Hall 안팎이 얼마나 아름다운지까지 졸업행사를 통해 다시금 깨닫게 되었다. 2018년의 FES 졸업식 역시 본관 옆 잔디광장에서 열렸다. 진행/연설 등에서 뭔가 일반 예일대 학생들과도 차별화된 느낌을 준다. 그 해 졸업생은 석사 156, 박사 12명이었다(각자 어디서 구했는지 다들 예외없이 나뭇가지, 잎사귀, 꽃 등으로 장식한 학위모자를 쓰고 펄쩍펄쩍 뛰면서 삼삼오오 입장했다).

　사실 FES 박사생들과는 제법 낯이 익지만, 석사 학생들은 봄학기 수업을 같이

출처: 필자

[그림 2-2] 예일대 산림환경대학원FES 크룬홀Kroon Hall, 2018 학위수여식

했던 몇몇 외에는 개인적으로 아는 친구들이 많지 않았다. 이번에 박사학위를 받은 2명은 지난 1년간 세미나, 강의 자리 등에서 자주 만나고 특히 캐런의 도시랩Urban Lab 미팅에서 정기적으로 보던 친구들이라 나름대로 각별했다. 크리스와 켈리인데, 대단히 똑똑한 독립 학자로 공인받은 셈이다. 둘 다 캐런의 학생들로 이들의 박사논문은 도시의 상호연결성, 토지이용 패턴에 관한 것이다.

2.1.5. 학비 부담, 가족의 기여

대학진학에서 부모의 경제사정을 고려하지 않을 도리가 없다. 공사립을 막론하고 입학 서류에서 재정 관련 내용을 작성할 때 등장하는 것이 '가족의 기여family contribution' 부분이다. 전체 학비cost of attendance 중에서 학교에서 주는 보조금 등을 제외하고 순수하게 학생의 가족이 부담할 수 있는 액수가 얼마인가이다. 소득, 세금, 자산 등 전체를 고려하여 절대 정직하게 작성해야 한다. 즉, 부모의 소득과 재산이 넉넉하여 충분히 모든 학비를 부담할 수 있으면 학비보조금을 신청하면 안 되는 것이다. 예일대에도 이런 유형의 가족과 학생이 매우 많다. 하버드/예일의 경우 소득 상위 1% 출신 학생들이 하위 50% 집단의 숫자보다 더 많다. 아이비리그 전체에서 신입생의 2/3가 소득 상위 20% 가정의 자녀들이다(Markovits, 2019; Sandel, 2020). 반대로 찢어지게 가난한 무일푼의 가정이라면 가족 기여분이 0%로서 학비 전체인 100%를 지원받아야만 진학할 수 있으며, 여전히 많은 명문대학에서는 이렇게 지원해 주고 있다.

미국 대학입시 때 재정 서류 준비와 관련해서 최근의 얘기를 들으면 10년 이상 전에 필자가 아이들을 위해 분주할 때보다 더 어려워진 느낌이다. 특히 2008년 이후 미국과 세계의 경제위기 탓으로 외국 학생들에 대한 지원이 격감했던 시대적 상황 그리고 최근 트럼프 행정부를 중심으로 한 미국 정치나 사회 분위기 등을 고려하여야 할 것이다. 2020년 현재 상황을 생중계할 능력은 안된다. 최근 몇 년의 흐름이 비슷하다면 미국 대학 학부에 진학할 경우 한국 국적 학생이 주립대학에서 장학금을 기대하기는 매우 어려우니 일단 접어둔다. 웬만한 주립대학은 등록금과 생활비를 더하여 연간 4만 달러 이상이며, 사립은 그 2배까지 생각해야 한다. 역설적으로 학비 자체가 비싼 사립대학, 특히 소규모 리버럴아츠 대학을 노릴만 한데, 예상치 않게 커다란 패키지의 학비보조를 받는 경우가 있다. 한국 국적이면 당연히 미국 연방정부의 학자금 지원은 꿈도 못 꾸니, 널리 알려진 연방학비지원신청Free Application for Federal Student Aid: FAFSA 신고는 아무 의미가 없다. 국제학생들을 위한 장학금 절차와 과정(ISFAA, CSS File) 등을 거쳐 온/오프라인으로 보내는 일이 엄청나다. 마감 몇 달 전부터 직장 및 거래 은행 등의 협조를 받아 관련 증빙 서류를 다 받아두고는 정직하면서도 최대한 상세하게 근거자료를 준비해야 한다.

잠시 얘기해 둘 것은 미국 대학이 학생들에게 주는 돈이 장학금scholarship인가, 아니면 글자 그대로 재정보조financial aid인가의 문제이다. 결국 똑같은 것 아닌가 할 수도 있지만 다르다고 생각한다. 전자는 뭔가 공부를 잘하거나 어떤 형태의 노력/성취에 대하여 학생들에게 주는, 메리토크라시의 발현이라는 느낌이 든다. '성적우수' 장학금, '근로' 장학생 등의 용어에서 볼 때도 그렇다. 학비보조는 글자 그대로 가정형편상 등록금을 가정에서 다 못낼 학생들에 대하여 학교측이 보조해 주는 의미가 강하다. 사실 이 차이가 교육적으로나 사회적으로 굉장히 큰 의미를 지니게 된다. 최근 고려대 등 몇몇 학교에서 성적을 고려하지 않고 가정형편 기준만으로 학비를 지원하기로 바꾼 것이 큰 의미가 있다. 필자도 학생들에게 주는 돈은 성적순이 아니라 가정형편을 기준으로 해야 한다고 믿는다.[3]

---

[3] 2020년 봄학기, 코로나 사태로 정상적인 강의와 평가가 사실상 거의 불가능할 때, 기말성적평가를 어떻게 할 것인가가 논란이 된 적이 있었다. 당시 많은 미국/유럽의 대학에서는 이른바 "Pass/Fail" 옵션을 택했는데, 우리나라 대학에서는 쉽게 그리 할 수 없었다. 여러 이유 중 하나로, 다음 학기 '성적' 장학금 산정을 위해서 차별화된 성적 등급이 필요했다는 것이다. 이번 기회에 성적 기반 장학금 제도를 확 바꾸어 대부분을 가정형편 기준의 학비보조금으로 전환하면 어떨까 생각해 본다.

과거 많은 미국의 대학들이 입학사정 때 학생의 재정형편을 고려하지 않았는데(need-blind), 이제는 미국의 전체 여력이 딸리는지 이른바 경제사정을 고려하는(need-aware) 학교가 많아졌다. 즉, 예전과 달리 입학성적과 가정형편을 함께 고려하는데, 너무 가난하여 학교의 재정보조가 필요할 정도라면 미리 떨어뜨리는 경우가 많아졌다는 얘기이다.

하버드/예일/스탠퍼드 등은 물론 우리나라 사람에게 익숙한 많은 명문대학의 경우 여전히 입학성적이 좋으면 일단 합격시키고, 다음 단계로 집안형편을 보아 재정을 보조해 주는 원칙을 오랜 전통으로 이어가고 있다. 어떤 집 아이가 공부도 잘하고 입학성적이 참 좋았는데, 부모가 가난하여 예일/하버드에 못 보냈다는 말은 사실이 아닐 수 있다. 주립대학 또는 학비 지원이 많지 않은 학교와는 경우가 다르다.

예일 칼리지의 경우에는 입학이 허가된 학생들에 대하여 재정 보조를 그야말로

출처: Yale Univ.

[그림 2-3] 예일대 중앙도서관과 기숙대학 등 크로스 캠퍼스Cross Campus 지역

넉넉하게 해 준다. 성적우수 장학금 같은 것은 없고 오로지 가정형편에 따라 결정되는데, 예일 칼리지가 공식으로 밝히는 표현에 의하면 "입학생이 재정수요를 입증만 하면 거의 100% 도와주며, 실제로도 전체 학생의 64%가 재정 보조를 받는다"고 한다.[4] 즉, 부모가 부자인 경우는 아예 보조금이 없을 수 있고, 극빈자의 경우 등록금tuition, 건강보험료, 책값, 생활비 등등까지 모두 학교 돈을 받아가며 공부할 수 있는 것이다. 아울러 다른 많은 대학의 경우와 달리, 이 돈은 나중에 갚아야 할 대출loan 지원이 아니라 그냥 받는 것으로 끝나는 학비보조금grant이다.

| 부록 | 토머스 프리드먼과 젭 부시 |

예일 캠퍼스에서는 봄과 가을에 외부 저명인사의 강연이 줄을 잇는다. 대학신문이나 오프라인 게시판에도 공지가 뜨지만, 제때 읽지 못할 수도 있으니 웬만한 단과대학이나 연구소 등의 메일링 리스트에 등록을 해두면 놓칠 일이 없다. 거기에 구글 캘린더를 연동해 두면 가만히 있어도 저절로 자신의 캘린더에 일정이 뜨고, 사전 예고까지 해 주니 참 좋은 세상이다. 문제는 그런 강연, 연설 등이 너무 많거나 자신의 강의 등 다른 일정과 겹치는 일이 자주 있다는 것이다.

■ 토머스 프리드먼Thomas Friedman

〈뉴욕타임스〉를 계속 읽는 독자는 물론, 그렇지 않더라도 책을 좋아하는 사람이라면 알 것이다. 〈렉서스와 올리브나무〉, 〈세계는 평평하다〉, 〈코드 그린: Hot, Flat and Crowded〉 등의 많은 베스트셀러 저자로 퓰리처 상을 세 번이나 수상한

---

[4] "Yale financial aid awards meet 100% of demonstrated financial need without any loans. 64% of students receive financial assistance." (Yale University 홈페이지, 2019.11.)

저명한 언론인으로, 또 미국의 주요 방송에 꾸준히 출연하는 시사평론가로 대단한 영향력을 가진 사람이다. 폴 크루그만Paul Krugman, 게일 콜린스Gail Collins, 데이비드 브룩스David Brooks와 함께 〈뉴욕타임스〉에 정기 게재되는 이 사람의 칼럼은 필자도 웬만하면 놓치려 하지 않는다. 그런 사람을 예일 캠퍼스에서 직접 볼 수 있게 되었으니 가지 않을 수가 있는가?

프리드먼의 예일대 강연은 자신의 베스트셀러 〈늦어서 고마워〉Thank you for being late 책을 바탕으로 현대 세계의 흐름을 짚어내려는 것이 주목적이었다. 이 책에는 '가속의 시대에 적응하기 위한 낙관주의자의 안내서An optimist's guide to thriving in the age of accelerations'라는 긴 부제가 붙어 있는데, 실제로 책 내용을 추가 묘사하기에 어울린다. 〈월스트리트저널〉에서도 '지금 읽어야 할 책 10권'에 선정하는 등 좋은 평가를 한 바 있다. 필자 또한 이 책을 읽었는데 지금껏 읽은 책 중 열 손가락에 꼽을 정도로 재밌어서 바다 건너 지인, 학생들에게 바로 권한 책이다.

이 시대를 움직이는 세 가지 커다란 힘, 즉 대자연Mother Nature, 시장Market, 무어의 법칙Moore's Law 즉 3M 얘기로 강연이 시작되었다. 기후변화와 같은 환경 측면, 세계화와 시장의 힘 그리고 현기증이 나는 속도로 빠르게 발전하는 기술 발전을 개관한다. 평소 생각하지 못했던 것인데, 2007년이라는 특정 시기의 엄청난 의미를 강조한다. 그 해에 아이폰이 비약적으로 발전해서 등장했고 페이스북과 트위터가 떴으며 아마존 킨들, 넷플릭스도 등장했다고 한다. 2007년 언저리에서 집중적으로 시대의 전환기라 명명할 만한 역사적 이벤트가 많이 벌어졌다고 보는 것이다. 되돌아보니 그렇다. 이러한 기술의 변화, 정보화, 디지털화 등으로 인해 직업세계가 엄청난 변화를 겪는 것은 자명한 일이다. 시간의 흐름(X)과 변화의 정도(Y)를 두 축으로 놓고 볼 때, 기술의 변화(T) 비율이 사람의 적응능력adaptability을 훨씬 앞서기에 문제가 생긴다. 그 간극을 메우려면 빨리 배우거나learning faster 더 스마트하게 관리해야 governing smarter 한다. 현대에는 평생 배우는 사람life-long learner이 되어야만 평생 피고용인life-long employee으로 살아남을 수 있다는 점이 당연해져 버렸다고 한다.

토머스 프리드먼은 본인 스스로 자신의 좌표를 〈뉴욕타임스〉에서 일하지만 진보/리버럴보다는 외려 약간 보수쪽으로 설정한다. 보편 의료universal healthcare를 지지하며 버니 샌더스에 공감하지만 시장/기업/세금 등에 이르면 자신은 〈월스트리트저널〉 쪽이라는 것이다. 그런데 이런 자리매김이 대자연에 대한 인류의 대응에서도 마찬가지로, 결국 좌우에 모두 걸치게 된다는 것이다. 이 사람, 정말로 글을 잘 쓸 뿐 아니라 말도 쉽게 잘한다. 영어를 그리 잘하는 사람이 아닌 필자가 듣기에도 정말 빠르면서도 완벽한 흐름으로, 적절한 케이스와 증거를 바탕으로, 그것도 제대로 압축해서 전달한다. 우리나라에서도 저렇게 말하는 분을 가끔 보는데 그냥 녹음기로 받아서 풀어쓰면 강의록/책이 될 정도로 깨끗하다. 언어의 성찬에 취해 있다 보니 금방 1시간이 지나버렸다.

문제는 강연 직후 질의응답 시간이었는데 특강 강사에게 예우를 취하는 것은 물론 질문의 내용과 강도도 적절히 체면을 세우는 선에서 그치는 우리나라와는 달리 (학생들 입장에서야 선배 대접을 해주거나, 아니면 강사의 내공/경륜에 밀려 별로 질문다운 질문을 못 하는 경우가 많을 것이다) 약 15명으로부터 받은 질문의 절반이 비판적인 내용이었다. 구체적으로는 6명이 직접적인 비판/부정/해명 요구를 했다. 6개 질문 모두 오늘 강의내용과는 직접 관련이 적은 며칠 전 〈뉴욕타임스〉 칼럼에 관한 것이었다. 우리나라 신문에선 자주 다루지 않는 데다 꾸준히 뉴스를 따라가지 않으면 낯선 내용인데, 사우디아라비아 왕세자 MBS가 내부 숙정작업을 전격적/폭력적으로 진행하던 시점이었다. 이란 및 중동 정세를 개관하는 가운데, 왕세자와 사우디 현정부의 '개혁' 움직임에 대하여 긍정적인 기명 칼럼을 이번 강연 오기 전 달에 썼던 것이다(NYT 2017.11.23).

그런데 중동의 복잡한 사정을 차치하더라도 이 나라는 결코 모범적인 인권국가라 할 수 없고, MBS 왕세자의 숙정/개혁 방식이 매우 과격한데다 특히 최근 예멘 인권문제, 폭격 등으로 국제적 비판을 받는 중인데 어떻게 그런 나라 그런 정권에 대하여 〈뉴욕타임스〉가 호의적으로 써줄 수가 있는가 하는 비판이다. 마치 짜고 치는 것처럼 학생들이 줄지어서 비슷한 맥락의 질문을 던지는 모양새라 기가 막혔는데, 나중에 알고 보니 역시 학생들이 미리 계획을 했던 모양이고 아예 질문 요지를 프린트해서 나눠 가지기도 했던 모양이다. 미국 여러 대학의 중동학자들이 연명으로 발표한 공개질문도 공유하고 있었다. 6~7명의 학생이 나누어 쪼아댄 질문의 표현이 사우디 사정을 잘 모르는 필자가 봐도 예리하고 강력하여 강사가 움찔할 만하다.[5)]

이 강연 후 한참 뒤의 얘기지만, 2018년 사우디의 왕세자 MBS가 연관된 것으로 알려졌던 일로 미국 체류 중인 사우디 언론인이 터키에서 피살된 엄청난 사건이 터졌다. 그러니 돌이켜 보면 위 학생들의 우려가 상당한 근거가 있었던 것 아닌가?

어쨌든 천하의 프리드먼이 예일에 와서 힘든 시간을 보냈는데, 그럼에도 내공이 어디로 가겠는가? 계속 여유를 잃지 않고 하나하나 답변을 성의있게 해준다. 프리드만의 대응은 대개 이랬다. 학생들의 항변을 이해한다, 중동의 많은 나라처럼 사우디가 모범국가는 아니다, 그러나 어쩌겠는가, 완전함이란 중동에 있을 수 없다 Perfect is not on the menu, 사우디가 내정을 안정시키고 현대 민주국가 비슷한 모습을 갖추도록 도와줘야 하지 않나, 그 모든 것이 중동의 정세와 관련되어 조심스레 접근해야 한다는 등의 답변을 했다.

필자도 하나 거들어 줄 겸 '우호적인' 질문을 할까 하다가 학생들이 워낙 기세등등해서 참았다. Q&A까지 1시간 반 쯤 되는 강연이 끝나고, 늦기 전에 나가서 악수, 사진 등등 할 일을 마저 하는 게 중요했고, 겸사겸사 그 일행이 가져온 페이퍼백 책도 하나 사서 저자 서명을 받았으니 보람있는 하루였다.

---

5) …you hail the advent of an "Arab spring" in Saudi Arabia. You contrast the bottom-up failures of other "arab springs" with the prince-led reforms in Saudi which you claim have arrived "at last?" Isn't this assessment presumptuous, dangerously teleological, and embarassingly ignorant of other voices of Saudi reform? What about those who have died challenging the abuses of the Saudi state from the bottom-up? What about those who have been imprisoned and exiled and for expressing dissent? Do their lives not matter in your projections of reform in Saudi Arabia?

대통령 후보로 나섰던 젭 부시Jeb Bush가 2018년 3월 예일 캠퍼스에 나타났다. 그날 아침 조금 바쁜 시간이었는데, 우연히 대학신문에서 'President' 뉴스와 'President' 될 뻔한 사람 얘기를 동시에 읽었다. 먼저, 예일대 살로비 총장이 아프리카를 방문했다는 이야기에 더하여 대륙 전체에 500명 남짓의 예일 동문, 아울러 현재 재학생이 133명이라는 것도 처음 알았다. 둘째는 2016년 대선에 공화당 경선에서 트럼프에게 밀려 떨어진 젭 부시가 특강을 하고 이틀 간 캠퍼스에 머물며 사람들을 만나고 있다는 얘기였다. 예일에는 주로 대통령을 이미 해봤거나 대선에서 2등한 사람들이 많이 오는 것 같다(빌/힐 클린턴, 존 케리, 앨 고어, 젭 부시 등).

예일대와 관련하여 이 사람을 꼽지 않을 수 없는 것은 우선 아버지와 친형이 예일 칼리지 출신 대통령이라는 점이다. 그런데 아버지, 형, 삼촌, 사촌, 이모까지 줄줄이 다녔던 예일이 아니라 텍사스 대학을 선택했으며, 히스패닉 부인을 두었다는 사실도 얘깃거리가 되었다.

2000년에 이 사람은 플로리다 주지사로서 그의 친형인 조지 부시와 앨 고어가 맞대결한 대통령 선거에서 역사에 남을 흔적을 남긴다. 당시 재검표 논란 과정에서 연방대법원까지 관여한 끝에 재검표가 무산되면서 불과 500여 표 차이로 형이 당선되는데 공헌한 결과가 되었다. 당시 당선자가 바뀌었다면, 미국과 세계 심지어 한반도의 역사도 바뀌었을지 모른다는 평가가 많다.[6] 트럼프 행정부 시대에는 젭 부시의 팬이 아니라도 이 사람이 성인(聖人)처럼 보일 때가 있다. 어쨌든 젭 부시가 강의실로 들어올 때 혼자서 제법 큰 가방을 들고 다니는 걸 보고는 2020년 대선에 또 나올지 모른다고 생각했는데 결과적으로는 틀린 예상이 되었다.

강연의 서두 외에는 주로 질의응답 형식이었는데 몇몇 인상적인 내용이 있었

---

6) 미국에는 한국의 중앙선거관리위원회처럼 나라 전체의 선거업무를 관할하는 기관이 없다. 대선의 경우 50개 주정부가 각각 관할구역만 총괄한다. 자신의 주에서 승리한 대선후보에게 주는 선거인단 인준서 Certificate of Ascertainment를 주정부가 발행한다. 당연히 2000년 플로리다 주 대통령선거인단 인준서에는 젭 부시가 서명하였다.

다. 그가 강조하는 미국 보수주의American conservatism, 나쁘지 않은 그 가치가 현 정부에서 많이 흔들린다고 얘기한다. 스스로에게 어울리는 듯한 개념, 즉 재정억제 financial constraint, 가족가치family value, 학교 선택school choice 등을 예로 들며 점잖고 확실하게 트럼프 정부와 각을 세운다. 제대로 되는 게 별로 없는 상황으로 본다면서, 이를테면 박사용 문제를 유치원생에게 맡긴 듯하다고까지 우려했다.

몇 가지 톡 튀면서도 점잖은 질문/응답 몇 개로 마무리했다. 지난 대선에서 가장 후회스러운 점? 내가 이기지 못했지. 젊은이에게 주는 조언? 젊음을 유지하라. 당신과 트럼프의 차이점? 그와 달리 나는 매일 저녁 '실제로 나를 사랑하는' 애들이 있는 집으로 돌아가지 않는가?

2.2. 여름: 오랜 빛, 새로운 지성 Lux et Veritas

"성인의 학문을 모아 집대성한 분은 공자이시고, 현인의 학문을 모아 집대성한 분은 주자이시며, 공자와 주자를 조종으로 삼아 동방성리학을 집대성한 분은 고려의 안자(安子)이시다." – 영주 〈소수서원〉에 봉안된 안향 선생 찬문(공자의 77대 종손 공덕성)

"나는 지성으로는 비관주의자이지만, 의지로는 낙관주의자이다."(로망 롤랑Romain Rolland의 말을 안토니오 그람시Antonio Gramsci가 대중화시킴)

1543년과 1557년에 각각 설립된 소수서원과 도산서원이 1636년과 1701년 출범한 하버드와 예일보다 더 오래된 사립대학이라는 주장은 별로 큰 실익이 없을지 모른다. 그렇더라도 2019년 '한국의 서원'이 유네스코 세계유산으로 등재됨으로써 오랜 지성의 빛을 현대에 계승한다는 의미가 크다. 우리나라의 일부 대학에서도 모토로 가끔 쓰이는 라틴어 표현이자 예일대의 모토인 'lux et veritas'는 글자 그대로 빛과 진리이다. 300년이 넘은 예일의 빛은 21세기의 새로운 지성으로 계속 업데이트 되고 있다. 때로 무겁고 어두운 분위기에서 학문을 추구하는 가운데, 유쾌한 젊음이 캠퍼스를 누빈다. 〈노찾사〉의 〈사계〉 여름 마디는 "흰구름 솜구름 탐스러운 애기구름..."으로 시작한다. 지상은 뜨겁게 달구어지지만 하늘 위에서는 구름 위의 정담이 가능하다. 이어지는 가사와는 무관하게 연상되는 이미지가 예일의 여름과 그런대로 어울리는 것 같다. 많은 미국의 대학에서 5월 졸업식과 함께 봄학기가 마무리되고 기나긴 여름 방학으로 들어가게 된다. 6월부터는 꽃과 나무를 사방에서 누릴 수 있는 가장 좋은 계절이다. 놀기도 공부하기도 제일 편안한 계절이다.

2.2.1. 1701년 "신, 조국, 예일을 위해"

예일이나 하버드가 세계에서 가장 오래된 대학의 반열에 끼지는 못한다. 근대적 의미의 대학으로는 1088년 설립된 이탈리아 볼로냐 대학University of Bologna을 꼽는데 큰 이견이 없어 보이며 이 학교는 모든 학문의 어머니라 불릴 정도이다. 이외에도 1096년 옥스퍼드 대학Univ of Oxford, 13세기 파리 소르본느 대학 등에 비하면 미국은 수백 년 이상 늦게야 대학이라 이름 붙인 고등교육 기관을 만든 셈이다. 어쨌든 초창기부터 종교색, 국가주의가 두드러지게 나타난 것은 특이하다.

예일의 아이콘인 하크니스 타워Harkness Memorial Tower 입구 브랜포드 게이트에는 "신, 조국, 그리고 예일을 위해For God, For Country, and For Yale" 글귀가 씌어 있는데, 이는 캠퍼스 여기저기서 눈에 띈다. 총장실이 있는 SSS 홀 정면 벽에 있는 대학의 모토 '빛과 진리Lux et Veritas' 역시 예일의 문서, 그림마다 등장한다. 지난 320년간 예일에는 성스러운 기운 가운데 빛과 진리만 존재했는가? 물론 그늘도 상당했다. 어쩌면 예일이 오랜 기간 미국 대학과 사회에서 작은 빛으로 출발하여 리바이어던이 되어 버리는 과정에서, 개별 예일 동문/학생들의 많은 노력과 성과에도 불구하고 묶음으로서의 이 대학은 사회의 평균과 저변을 제대로 돌아보지 못했던 것 아닌가? '화려하게' 누리기는 했지만, '치열하게' 고민하는 것은 모자랐지 않은가 생각해 볼 일이다.

1701년 설립된 예일대는 사립대학이지만 공적 가치를 추구함으로써 시작되었다. 대학 설립의 오랜 법적 근거는 대학헌장University Chart, 대학규정By-Laws, 지침Regulations 등에서 표현된다. 시간과 공간을 아울러 교차시키면 예일의 출범 초기부터 견지해 왔던 가치와 비전이 현재에 어떻게 구현 또는 변용되고 있는지를 부분적으로나마 알 수 있다.

미국은 처음 독립할 당시부터 주권이 주정부state government에 있었다. 즉, 13개로 시작해서 지금은 50개가 된 주정부에 기본적인 주권sovereignty이 있고, 주정부가 연합하여 새로 만든 연방정부에 주권의 상당부분을 이양한 모양새로 되어있다. 그리고 각 주정부의 권한 일부를 카운티/도시 정부에서도 행사하도록 허용하는 구조가 더해진 것이다. 이러한 거버넌스governance 아래에서 1776년 독립선언 훨씬 이전, 즉 1636년 하버드, 1701년 예일, 1740년 펜실베이니아, 1746년 프린스턴 등이 설립되었고, 이들은 당시 각각의 식민지 주정부가 인가하였다.

17~18세기 백인들이 점령해 가던 '신대륙'에서 하버드/예일 등의 시작은 기본적으로 성직자를 키워 내는데 있었다고 보면 크게 틀리지 않을 것이다. 320년쯤 전에 당시 코네티컷 식민정부/의회가 제정한 〈대학기관의 설립허용 법률〉Act for Liberty to erect a Collegiate School에서 식민지 사람들이 청원한대로, "전지전능한 하나님의 축복아래" 청년들이 인문예술과 과학을 배움으로써 나중에 교회와 정부에서 공공의 일을 할 수 있도록 코네티컷 식민지 입법Connecticut Legislation 형태로 대학 설립을 허용한 것이다. 설립 후 20년이 되지 않아 이 대학은 돈으로 말미암아 크게 바뀌게 된다. 1718년 엘리후 예일Elihu Yale이 엄청난 재산과 서적을 기부하면서 이름 자체가

예일대학Yale College으로 바뀐 것이다.

서구의 대학이 조국에 대한 충성을 강조하는 모습은 여기저기서 나타난다. 이른바 '노블레스 오블리주noblesse oblige' 의식은 고대 로마시대부터 귀족층과 왕족이 가져야 할 봉사와 희생, 솔선수범을 뜻하는 고귀한 정신임에 틀림없다. 영국의 귀족학교인 이튼 스쿨, 초명문대학인 옥스퍼드, 캠브리지 출신 학생들이 전쟁 시기에 비율상 가장 많이 희생당했다는 이야기가 거짓이 아니다.[7] 다만 상류층의 조국이 서민이나 사회적 약자층이 생각하는 조국, 나라, 국가의 의미와 항상 같은지는 의문이다.

맷 데이먼이 주연한 영화 〈굿 셰퍼드〉The Good Shepherd(2007)에는 명문 집안에다 예일대 출신 주인공이 학내 비밀 서클인 〈해골단〉Skull and Bones에 가입하고 오로지 '조국'을 위해 비밀 첩보활동을 하는 내용으로 가득차 있는데, 어떤 것이 조국의 진정한 이익인지는 해석이 다를 수 있겠다. 예일대 올드캠퍼스의 코네티컷 홀 옆에는 예일대 출신으로 미국 독립혁명 당시 전사한 네이션 헤일Nathan Hale의 동상이 서 있다. 그는 정보장교로 근무하다가 영국군에 체포당하여 1776년 처형되었는데 실제인지 논란이 있지만 그가 마지막 남긴 말이 새겨져 있다. "조국을 위해 바칠 목숨이 하나 뿐인 것만이 안타까울 뿐이라고(I only regret that I have but one life to lose for my country)".[8] 또한 예일에서 가장 큰 콘서트 홀이자 대강당인 울지 홀의 벽면과 뒷마당 구조물에는 세계대전 등에서 전사한 예일 졸업생들의 이름이 가득 새겨져 있다. 이런 모습은 오래된 명문대학에서 대부분 볼 수 있는데, 공사립 가릴 것 없이 대학의 이미지를 '조국'과 연결시키려 한다. 사립대인 예일 역시 국가를 앞세우는 것으로 시

---

7) 한국전쟁 당시 미8군 밴플리트 사령관 등 미군 장성의 아들 100명 이상이 참전했고 수 십명이 전사했다는 사실과 당시 중국 마오쩌뚱의 아들이 참전하여 목숨을 잃었다는 점 등도 노블레스 오블리주의 사례로 흔히 들어진다.

8) 그는 14세에 예일 칼리지에 입학하였고 21세에 목숨을 잃었다. 희생과 애국의 표상으로 그의 동상이 예일대 올드 캠퍼스뿐 아니라 코네티컷, 뉴욕, 매사추세츠(필립스 아카데미), 워싱턴 DC, 미네소타, 버지니아 등 미국 여기저기에 있다.

작했던 것이다.

🏛 2.2.2. 대학신문의 가치: 예일대 신문 Yale Daily News

해마다 예일대 학생회장 선거가 열린다. 투표율이 50%를 넘는 일이 거의 없으며 심할 때는 20%를 조금 넘는 정도까지 내려간다. 그러다 보니 조직의 힘이 중요해지며 학생조직, 동아리 가운데 대형 단체들이 공식 후보지지endorsements 선언을 하는 경우가 많다. 앞에 언급한 2018년의 경우 숫자로 가장 많은 단체의 지지를 얻은 후보가 아니라 예일대 신문이 사설로 지지선언을 해 준 인도계 미국인 여학생이 38%의 표를 얻어 당선되었다. 이외에도 직선 부회장, 이벤트 국장 모두가 대학신문이 힘을 실어준 후보들이었다. 대학신문은 당선된 후보를 지지한 이유로 경험, 능력, 열정을 들면서 특히 학비보조 자문, 정신건강 대응책으로 아이비리그 대학과의 실질 협력 등 공약의 현실성에도 점수를 주었다. 타 후보에 대하여는 칭찬과 함께 지지하기 어려운 이유도 밝힌다.[9]

예일대 신문은 보통 사람들이 보는 일간지나 주간지에서 볼 수 없는 특종 또는 희귀한 뉴스를 보도하기도 한다. 저명한 예일 교수의 획기적인 연구결과나 논문을 직접 인터뷰하여 어떤 일간지보다도 먼저 보도할 때가 있다. 안타까운 얘기지만 1980년대 캠퍼스 안에서의 학생 살인사건을 대학신문이 맨 먼저 알린 적도 있었다. 앞서 언급한대로 2018년 '예일 30조 원의 내막' 이슈로 대학의 엄청난 적립금을 엉뚱한 데 투자한다는 비판 등에 대하여 대학본관과 전혀 상반되는 의견과 사실 보도를 함으로써 그 자체로 큰 뉴스가 된 바 있다.

---

9) 미국 등 일부 외국에서 언론이 중앙 및 지방 선거/투표에서 특정 후보 또는 정책을 공식 지지하는 것을 많이 볼 수 있다. 그러나 우리나라에서는 현행 법령상 일반 신문이나 언론이 공직선거 후보자를 공식 지지할 수 없다.

예일대 신문은 대표자 및 편집기자 전원이 학생이며 대학으로부터 일체의 행정/재정 지원을 받지 않는다. 이 신문은 독립 언론으로서의 위상과 책임에 더하여 학생 대다수가 절대적 신뢰를 보인다. 예일대 측 주장으로는 1878년 1월 발간된 예일대 신문이 미국 대학 전체에서 '가장 오래된 대학신문'이라 주장한다. 실은 다른 역사가 깊은 대학들도 각자 편리하게 자랑하는데, 2009년경 필자가 머물렀던 매사추세츠 주립대는 그들의 대학신문 〈The Massachusetts Daily Collegian〉이 뉴잉글랜드 최대의 발행부수임을 내세운다. 하버드 대학신문 〈Harvard Crimson〉은 "가장 오랜 기간 끊임없이 발간되어" 왔다고 말하지만 여전히 논란이다. 어쨌든 역사와 스케일이 부럽긴 하다. 기록상 1883년 한성순보, 1896년 독립신문 등 이 땅에서 가장 먼저 발행된 신문들보다도 더 오래된 건 틀림없다.

대학당국으로부터 행정/재정/편집 모두가 독립된 것은 미국의 많은 대학도 비슷하다. 우리나라 대학의 학보와 달리, 발행인이 총장이 아니다. 예일대에서도 운영 예산 또는 주간교수의 지원(또는 간섭)을 받는 일이 없다. 온전히 학부생 중심으로 취재/제작/배포까지 되며, 무료지만 일반인/동문 등이 따로 배달을 원할 경우 1년 290달러를 받는다. 이는 대학신문에 대한 기부/지원의 의미가 더 크지 않나 싶다. 주된 수입원으로서 상업광고는 꽤 하는 편이다. 학기 중 월요일에서 금요일 동안 매일 발행하는데 주말판 WEEKEND, 월요 스포츠특집 Sports Monday을 내며, 별도로 잡지 〈Daily News Magazine〉도 따로 낸다. 특별한 이벤트, 예컨대 하버드와의 풋볼 정기전 Harvard-Yale Game Issue, 신입생판 Freshman issue, 졸업식판 Commencement Issue 등을 빼놓을 수 없다.

약 50명의 학부생이 자율적인 노력으로 신문을 만들어내는데 편집장이 최고 책임을 지고, 일반 신문과 비슷하게 오피니언/대학/도시/과학/문화/스포츠 등 주제별 그리고 생산/사진/일러스트레이션/웹디자인/광고 등 기능별로도 나뉜다. 경영 측면에서도 풀타임 일반인 관리직 1명을 제외하고는 전원이 학부생인데, 다시 말하면 기자 아닌 학생도 많다는 얘기이다. 글쓰는 자리의 경우에는 신입 6개월(heeling:

졸졸 따라다니기) 기간을 거친 후 차차 책임/자율의 영역이 넓어지는 건 아마 우리 대학 신문의 경우와 비슷할 것이다. 다만, 고등학생들을 위한 여름 저널리즘 학교도 개설한다는 등의 차이도 많다.

예일대 신문 졸업생의 면면은 화려한데, 여기에서의 기자/스탭 경험은 아마도 특별했을 것이다. 상하원의원, 장관 등 정치인도 많지만 역시 언론계 쪽으로 진출한 사람들이 눈에 띈다. 〈타임〉설립자를 비롯해서〈뉴욕타임스〉,〈워싱턴포스트〉,〈월스트리트저널〉등의 저명 기자, 칼럼니스트들이 줄줄이 나열된다. 미국 특히 동부권의 대형 신문의 다수 저명 칼럼니스트들이 여기 출신이라 한다.

예일대 신문이 다루는 기사/칼럼의 대상은 예일대, 뉴헤이븐, 코네티컷에 관한 것으로 제한한다. 주로 학생들이 글을 쓰지만 학장/처장급 등 학교 보직교수나 이른바 스타 교수들도 자주 필진으로 등장하는데 이들은 잦은 인터뷰의 대상이기도 하다. 지난해 8월 예일대와 싱가포르 국립대가 연합해서 만든 리버럴아츠 대학에 대한 비판성 기사/의견이 나가자 부총장급이 직접 반론 의견을 제기했다. 2018년 총학생회장 선거 때는 예일 칼리지 학장이 투표 권고글을 직접 싣기도 했다.

학생 편집진/기자들과 편집진의 노력, 실력, 희생이 대단하다. 학생이든 교수든 의견 초고를 쓴 후 최종 게재까지 2~3회 온/오프라인으로 논의하게 되는데, 사소한 행정사항부터 전반적 글의 흐름이나 사실관계 확인과 최종 교정에 이르기까지 놀라운 정성을 보여준다. 발간 하루 전날엔 직접 신문사로 와서 단어 하나하나까지 함께 최종 교정하도록 요구한다. 필자도 2017년 11월 예일대 신문에 칼럼을 하나 실은 적이 있는데, 학생 편집자가 편집에서 교정까지 성의껏 도와주었다(Hailing Yale, lamenting America, Yale Daily News 2017.11.9).

우리 땅, 우리 대학의 여건을 고려하지 않고 쉽사리 예일이나 외국 명문대학의 학생신문을 비교하면 안된다. 오랜 전통이나 대학의 연구/교육 역량도 쉽게 견줄 수 없다. 그럼에도 현실을 짚고 장기적인 꿈의 형태로나마 그려볼 만한 게 있다. 간단하게 자원, 시스템, 스토리로 나누어 본다. 가장 중요한 자원은 물론 사람이다. 대학신문의 주인인 우리 학생들이 워낙 바쁨에도 불구하고 매주 신문을 만들어내는 노력과 성과를 치하한다. 예일이나 다른 미국 대학처럼 주 5회+주말판 등은 현재의 자원으로는 무리임에 틀림없다. 대학 측에서 돈을 많이 대주고 장학금도 늘린다면 기자/제작 인력의 숫자와 품질이 더 좋아지지 않을까 싶지만, 단기적으로는 몰라도 중장기 재정/편집의 독립성 문제가 걸린다. 권위주의 시대와 달리 요즘은 대학 측이 직접 사설/칼럼 등 편집에 대하여 통제하는 일은 없겠지만, 논조와 재정/인사는 결국 연결되게 마련이다.

시스템은 자원과 연결된다. 재정 독립이 요원하고 당장의 형편이 빈약하니 쉽사리 기자나 독립 제작 인력을 더 뽑을 수도 없다. 자주 발간하지 못하고 방학에는 쉬니 목소리가 약하고 독자층도 제한되는 악순환으로 교수는 물론 많은 학생들조차 대학신문을 열독하지 못하는 것 같다. 결국 어렵지만, 열성 넘치는 학생자원을 뽑아서 좋은 시스템으로 교육시켜 훌륭한 학내 언론인이 되도록 할 수밖에 없다. 얼마간 기반과 성과를 먼저 보인 후에 외부 광고 확대, 별도 사업, 학내외 모금활동까지 구상할 수 있지 않을까? 대학신문을 경영수익 모델 삼아 벤처 투자의 대상으로 연구하는 학생모임은 없을까? 물론, 비판적 정론지로서 의미와 재미를 함께 더하여 스토리를 구성하는 것이 핵심일 것이다. 미증유의 코로나19 사태를 학생의 눈으로 관찰하고 스토리를 모으면서 대안을 내는 취재, 기획은 어떨까?

학생들이 특별한 보수 없이 자생 동아리처럼 운영하다 보니 시간과 에너지 동원에 한계가 있지만 결국 더 많은 정성과 시간을 들여 기사를 취재하고, 쓰고, 원고를 청할 수밖에 없다. 학생과 교수집단이 어떻게든 더 읽고, 더 써 보려고 만들어야 할 것이다. 예일대 신문에서는 가끔 특종, 독점취재, 기획 기사가 뜨는데, 일간지 등 다른 언론에 나오지 않거나 덜 다루어진 스토리이다. 2018년 적립금 투자관련 대학 CIO 논쟁, 학생회장 선거 기사는 물론 2016년 기사로 예일대 선배인 존 캘훈John Calhoun 전 부통령이 노예제도를 옹호했음에도 불구하고 그의 이름으로 붙여진 기숙대학 하나를 대학측이 그대로 유지하려 한다는 기사(얼마 후 기숙대학의 이름이 Grace

Hopper College로 바뀌었음), 심지어 2009년 대학원생 1명이 실험실에서 살해된 소식까지 제일 먼저 전했다. 초명문 예일 교수들의 수많은 연구 업적 요약소개, 앨 고어, 힐러리 클린턴, 레오나르도 디카프리오 등 세계적인 명사의 강연 전후 소식은 예일대 신문 지면에서 먼저 발견된다. 2018년 1월 기획기사에서는 캠퍼스 범죄 등을 주제로 예일대와 뉴헤이븐 시청과의 갈등/협력의 역사와 함께 교수/공무원 등 수많은 사람을 인터뷰하여 바람직한 방향을 짚어내기도 했다(반면, 주말판에는 '경망 발랄스럽기'까지 한 내용으로 뒤덮일 때도 많은데, 예일대생들도 여전히 학생이구나 하는 생각을 갖게 될 정도이다. 만화, 신변잡기, 맛집 순례, 심지어 어떻게 하면 어울리는 짝을 만날 수 있는가까지 쓴다). 대학신문! 빛을 지향하되 종종 재미있게 만들면 좋지 않을까?

2.2.3. 예일대 도서관 Yale Library System

"대학은 도서관을 중심으로 여러 건물이 모여 있는 것에 불과하다." "A university is just a group of buildings gathered around a library." — 미국의 작가, 언론인, 역사학자인 셀비 푸트 Shelby Foote: 1916~2005

대학의 도서관은 글자 그대로 대학의 중심이며 상징으로 학교의 정체성을 그대로 드러내는 공간이다. 많은 경우 캠퍼스의 중심에 자리잡고 있으며 면적도 넓게 차지한다. 학생들이 강의실 말고는 아마도 가장 많이 시간을 보내거나 보내야 할 장소이다. 도서관장은 학내에서 정치/행정적 영향력이 최고라 할 수는 없으나, 그 상징성으로 인해 학식과 덕망이 높은 분이 맡게 마련이다. 대학 공동체 누구든 공부를 위해서, 책을 빌리기 위해서, 그냥 시간을 보내기 위해서, 가장 많이 가는 곳이어야 하지 않겠는가?

■ 예일대 도서관

예일의 도서관은 일단 엄청 크다. 캠퍼스 전역에 걸쳐 단대, 학과별 도서관을 포함해서 모두 19개 도서관, 총 장서 1,500만 권, 사서 및 행정직원이 500여 명이다. 필자가 직접 가보거나 책을 대출해 본 곳은 중앙도서관 격인 스털링Sterling, 자연/사회과학 도서관the Center for Science & Social Science Information: CSSSI, 로스쿨 도서관, 바이네키Beinecke 희귀장서관 4곳 뿐이다. 이 거대한 도서관 시스템 여기저기에 고대 이집트의 파피루스, 구텐베르크 성경에서부터 현대의 전자 자료, eBook에까지 압도적인 학술자원을 보유한다.

가장 크고 유명한 곳은 스털링 중앙도서관으로 교수/학생 뿐 아니라 관광객도 가장 많이 들르는 곳이다. 대학의 도서관을 일반인이 구경 가는 일이 많지는 않은데 여기는 연중 관광객으로 붐빈다. 그러면서도 공부에 방해된다 생각한 적이 없으니 신기할 따름이다. 건물 외관이 고풍스럽고 장중해서 안팎으로 묵직한 느낌이 온몸으로 전해진다. 또한, 몇 시간이든 책읽기 좋은 자리가 많아서 특별히 대출할 일이 없어도 가끔 들르게 된다. 물론 교수진에게는 책을 주문하여 연구실까지 배달해주거나 특정 장소에서 픽업할 수도 있으며 복사 서비스를 제공하는데, 우리나라의 많은 대학에서와 같다.

도서관의 웅장한 로비는 관광객들이 들어와 사진을 찍는 높고 드넓은 공간이다. 캠퍼스 내부 쪽으로 빠져나가면 넓직한 잔디광장을 앞에 두고 그야말로 가슴이 탁 트이는 느낌을 받는다. 진짜 대학에 온 느낌이 든다. 커피 한 잔과 빵 한 조각만 있어도 잔디밭에서 점심 세미나를 할 수 있을 분위기이다. 예일 학부 출신의 어떤 교수와 점심 후 들은 얘기로는 이 멋진 공간에 한때 강의실 건물을 신축하려 했다가 학생들이 집단 항의하는 등 반대가 심하여 결국 포기했다고 한다. 얼마나 잘 포기한 결정이었는지, 이 잔디광장에 직접 서보면 알 수 있다.

도서관 여기저기에 독서방, 참고자료실, 회의장 등이 산재해 있는데, 정말 저절로 책을 읽고 싶게 만드는 편안한 자리와 공간이 널려 있다. 우리나라에서도 최근 서울대, 경북대 도서관 등에서 이런 효율성과 현대 감각을 조화시킨 도서관 공간이 늘어나고 있어서 학생들을 끌어들이고 있다. 물론 스털링 도서관은 건물 자체가 오래되다 보니 모든 공간이 효율적이지는 않은데, 예컨대 엘리베이터로 올라가야 하는 2~7층은 분야별 장서stacks 등으로 들어차서 고풍스럽다기보다는 많이 어둡고 침침하며 불편하기도 하다. 동아시아 섹션도 그런 셈인데 한국 책이나 자료도 별로 많지 않은데다 좁고 어두워서 올라가고 싶은 맘이 별로 생기지 않는다(동아시아 분야의 경우 버클리나 워싱턴 대학 등에 비해서도 장서규모나 시설이 열악한 편이다).

도서관 입구 벽면에 기억에 남는 명구가 2개 새겨져 있다.

"A LIBRARY IS A SUMMONS TO SCHOLARSHIP" [Sir Michael Sadler]
- 도서관은 학문으로의 초대장
"THE LIBRARY IS THE HEART OF THE UNIVERSITY" [Sir William Osier]
- 이 도서관은 예일대의 심장

사실 이 글귀는 좀 높은곳에 있는데다 나뭇잎 등에 가려져 일부러 노력하지 않으면 잘 보이지 않는다. 잠시 여기저기 검색했더니 정확한 글자와 출처가 나왔다. 약 90년 전 이 도서관에서 발행한 자료가 원전인데(The Sterling Memorial Library, 1931), 덕분에 주마간산 격으로나마 스털링 도서관의 역사/건축/미술 구조를 잠시나마 훑어보게 되었다. 그 시대에 건물 하나의 구조와 세부 조각, 벽면 글귀까지 상세하게 조사하여 99쪽짜리 보고서를 냈다는 게 신기하다. 축적의 힘, 선한 시스템의 성과가 이런 것이 아닐까? 아마도 당시 이 도서관에서 일했던 성실한 교수/사서/행정직원이 그저 평소 하는 대로 세밀히 관찰하고 남김없이 기록한 결과일 것이다. 이제는 책자 자체가 디지털화되어 영구 보존되고, 전문가는 물론 우리같은 사람까지도 지나가며 읽어볼 수 있게 된 것이다.

이 스털링 도서관 옥상엔 실제와 비슷한 미니 예일 캠퍼스가 만들어져 올려있다고 하는데 직접 보지는 못했다. 여러 번 관찰한 것은 도서관 앞 넓은 잔디밭의 특이한 원형 조형물인데, 솟아나는 샘물터 또는 그냥 맷돌 같기도 한 동그란 모양이다. 자세히 보면 소용돌이 모양의 원을 따라 연도 표시와 숫자가 쓰여있다(1870 — 0, 1880 — 30 등). 아무도 이게 뭔지 아는 사람이 없었는데, 예일 칼리지를 졸업한 동료 교수가 그 의미를 명쾌히 설명해 주었다. 예일에서 학위를 받은 여성의 연도별 숫자였다. 즉, 이 대학의 여학생 졸업생은 설립 이후 170년 이상 아예 없었고, 1873년에야 처음으로 13명의 여성 졸업생을 배출했던 것이다. 그나마 이들은 모두 대학원 졸업자인 것이 확실한데, 이는 불과 50여 년 전인 1969년이 되어서야 예일 칼리지가 여학생을 받아들이기 시작했기 때문이다. 1990년엔 석박사 모두 포함한 4,823명이

출처: 필자

[그림 2-4] 예일대 스털링 중앙도서관 Sterling Memorial Library

졸업했다. 알고 보니 의미가 남다르다.

스털링 도서관 근처에 있는 또하나의 귀한 자산이 바이네키 희귀장서관The Beinecke Rare Book &Manuscript Library이다. 건물 모양새가 예일의 평균적인 고딕 스타일과는 딴판으로 지나치게 현대적인 정육면체 스타일인데, 들어가 보면 그 풍모와 효율성에 놀라게 된다. 구텐베르크 성경 원본이 지하에 저장되어 있고(2층에 있는 건 사본), 1701년 예일대 설립 초창기의 관련 문서도 여기 보관되어 있다. 〈미국의 새들〉이라는 책은 실제 새의 크기를 보여줄 만큼 초대형 책으로 유명하다. 2018년에도 중세의 귀한 영문자료를 전시하고 있었다. 희귀장서관 답게 조명이나 온도/습도 조절도 굉장히 신경을 쓰는데, 그런 환경에서 조용히 책을 읽기가 편한 사람도 많을 것이다. 엄청난 분량의 고서적을 온전히 보존하기 위해서 눈이 많이 오는 겨울철 대비용으로 바이네키 장서관 주변에 열선을 깔아두었을 정도이다.

🏛 2.2.4. 금강산도 식후경, 예일에서 밥 먹기

여름 이야기를 밥 먹는 것으로 하기가 뭐하지만 매우 중요한 여름나기 수단이다. 어떤 사람에겐 특히 중요하다. 미국의 대학에서도 교수와 학생 모두에게 여름에는 공부보다는 뭔가 다른 일을 하는 시기로 느껴진다. 그런 가운데 식도락이 무게있게 다가오지 않는가? 이 기회에 예일대와 뉴헤이븐의 먹거리와 맛집을 잠시 순례해 본다.

2017년 여름에 연구실을 배정받았을 때 제일 먼저 든 걱정이 점심을 어디서 먹는가였다. 식당과 카페가 몰려 있는 올드 캠퍼스 쪽과 상당히 떨어져 있어 15분 이상 걸어야 하고, 사이언스 힐 구역에는 상가 같은 게 별로 보이지 않았다. 그래서 소개받은 것이 미국식 포장마차, 즉 푸드 트럭이다. 점심때면 주요 교차로나 공터에 몇몇 괜찮은 푸드트럭이 자리잡고 있는데 여름에도 학교의 연구실에 남아야 했던 교수/대학원생들을 붙잡는다.

　한창 더운 여름이라 숫자가 많지 않았지만 필자가 처음 택한 곳은 페루음식 포장마차다. 3~4가지 옵션중에서 치킨 버거 비슷한 것을 골랐는데 소스나 향료가 약간 특이했다. 그리고 아이스하키 링크 근처에 가면 대략 10개 이상의 식사차량 foodbenders을 볼 수 있으며, 음식값이 대략 7~8달러 쯤으로 먹을만하다. 8월 말 이후 개강을 하면 그 숫자가 훨씬 늘어났는데, 멕시코/일본/에티오피아/모로코 등 세계의 많은 나라 음식을 거의 다 골라가며 먹을 수 있었다. 한식 트럭도 캠퍼스 남쪽의 의대 쪽에 있었다.

　둘째 유형으로 예일대 학부생 전용식당 Dining Hall이다. 그런데, 앞서 얘기했듯이 여기는 아무나 갈 수 있는데가 아니다. 예일대의 14개 기숙대학 각각에 위치한 학생식당은 방문교수들은 물론 심지어 예일대 교수나 대학원생들에게도 매우 제한적으로 입장이 허용된다. 왜 그럴까? 직접 가보면 금방 안다. 일단 각 다이닝홀의 규모가 매우 작다. 음식이 엄청 잘 나오고, 고품질 식단에 무한정 먹을 수 있는 "All you can eat" 뷔페식이라 모두에게 풀어 놓으면 아마도 늘 꽉 찰 것이다. 무엇보다도 학부생 간 또는 교수와 학생 간의 공동체 의식, 밀접한 학문적/인간적 유대를 강조하다 보니 이용자를 제한하게 된다고 한다. 예일 칼리지 교수가 아닌 한, 누구든 학부생들이나 소속 펠로우 교수가 직접 에스코트해 주어야만 입장할 수 있다. 어쨌든 돈은 누가 내도 상관없으며 가격은 학부생 편에서 싸다고 하기는 어렵다(1학기 전체, 하루 3끼의 'Full Meal Plan'이 3,400달러로 끼니 당 계산하면 13달러 선).

　필자는 이런저런 기회로 다이닝홀을 여러 차례 이용했는데, 그때마다 예일의 전임교수 또는 재학생이 '에스코트'해 주었다. 다이닝홀마다 약간씩 분위기가 다르지만 어디서나 특유의 아늑함과 정돈된 모습을 볼 수 있다. 레지덴셜 칼리지의 입구부터 고풍스러움을 느끼게 된다. 고풍스런 건물이 안뜰을 둘러싼 모습으로 바깥세계와 확실히 구분되는 모양새이다. 다이닝홀마다 메뉴가 매일 다르며 학부생들이 자기 소속이 아닌 곳에 가서 먹을 수도 있기 때문에 글자 그대로 '발로 뛰는 투표 vote with feet' 현장이 되는 셈이다. 캠퍼스가 워낙 아름답고 공부하고픈 마음이 절로 생기도록 구성되어 있지만, 학생식당도 그에 못지않아 밥 먹는 것 하나만으로도 예일에 다니고 싶다 할 정도이다(이 얘기는 2019년 예일대 서머스쿨을 다녀온 경북대 학생들에게서도 비슷하게 들었다).

셋째, 공짜 점심이 많았다. 예일대에서 도서관, 인터넷, 온라인 학술자료 접근성에 더하여 단독 연구실까지 무료로 내어주는 등 온갖 편의를 제공해 주는데 대하여 감사한 마음이 컸으니만큼, 점심까지 일부러 돈을 안 내고 해결할 생각이 처음에는 없었다. 그러나 자리가 잡히면서 어쩔 수 없이 점심의 절반 정도를 그리 해결하게 되었는데 그것은 많은 세미나, 미팅, 특강 시리즈 등이 점심시간에 잡히고 자연스레 제법 괜찮은 식사까지 나오기 때문이었다. 간단한 샌드위치, 피자부터 거의 고급 도시락 수준까지 나오고, 한국식 양념치킨이 나올 때도 있다. 프로그램마다 또는 단과대학 별로도 약간의 편차가 있다는 것은 인정해야겠다. 로스쿨이나 경영대학원 쪽은 아무래도 부유해서인지 품질이 좋았다. 산림환경대학원에선 몸에 좋은 유기농 샌드위치 같은 것을 많이 줬는데, 어떤 날은 세미나 후에 컵라면으로 보충해야 했던 적도 있었다.

경영대학원과 로스쿨의 외부인사 초청 세미나가 매우 좋았다. 물론 앨 고어, 힐러리 클린턴 등의 특강에는 밥을 안줘도 사람이 넘쳐 나고 어떨 때는 시간을 애매하게 오후 3시경으로 하여 아무것도 없다는 표시를 내지만, 대부분의 소규모 강연/세미나는 다르다. 11월 어느날 유명한 강연시리즈에 필자가 강사로 나섰을 때도 메뉴가 괜찮아 보였는데, 정작 강의한 사람은 시간과 자리가 불편하여 손도 대지 못했다. 그날도 보아하니 열심히 듣는 어른도 많았고 질문도 줄을 이었지만, 무심하게 밥 먹으러 온 학생들도 꽤 있지 않았나 싶다. 금강산도 식후경, 잘 먹어야 공부도 잘 한다.

🏛 2.2.5. 예일대 로스쿨 Yale Law School

"로스쿨은 일종의 시험이다. 그런데 힘과 창조성과 지성이 아니라 인내를 테스트한다. 로스쿨 학생의 천적은 법적 개념을 이해하지 못하는 것이 아니라, 끝없는 공부에 동반하는 오랜 시간의 고독을 참아내야 한다는 사실이다." - 미국의 저명한 변호사/중재인/작가 킬로이 올스터Kilroy J. Oldster

국내외 많은 로스쿨 또는 법대의 공부는 힘들고 지루할 뿐만 아니라 오랜 시간 책상머리에 앉아있어야 하는 것은 물론, 두꺼운 법전과 판례집 공부를 해야하는 것이 기본이다. 예일 로스쿨은 조금 다른 관점, 즉 현장에 투신한 모범으로 우선 눈에 띈다. 앞서 소개한 'Dreamers' 보호, 즉 어린 시절 부모를 따라와 불법이민자가 되어 버린 청년들이 추방당하지 않도록 도와준 사건과는 별도로 예일 로스쿨의 역할과 가치를 드러낸 일이 많다. 2017년 초 무슬림 국가 출신 사람들의 미국 여행을 금지하려는 대통령의 행정명령에 대하여 예일 로스쿨 학생들이 짧은 시간에 조직적인 행동으로 법원의 집행금지를 이끌어냈다. 11월에는 이른바 '이민자 보호도시sanctuary cities'에 대하여 연방의 예산지원을 금하려는 행정명령에 대하여 역시 캘리포니아 연방법원을 통하여 영구 집행정지permanent injunction 명령을 받아 냈다. 예일 로스쿨은 예일의 빛이며 미국의 힘이다.

논란의 여지 없이 지난 수십 년 동안 미국 로스쿨 랭킹 1위인 이 프로그램은 〈US News & World Report〉등 다수의 로스쿨 평가에서 매년 랭킹 1위를 유지한다. 대학 전체로 또는 다른 많은 전공에서 하버드, 프린스턴, 스탠퍼드 등에 뒤지는 경우가 있는 것이 사실이고, 특히 상대적으로 이공 계열이 인문사회 쪽보다 순위가 떨어지는 것도 인정된다. 그러나 로스쿨만큼은 일관되게 최고를 자랑한다. 하버드 법대Harvard Law School의 경우 이 나라에서 스탠퍼드Stanford 로스쿨에 이어 3위로 여

출처: 필자

[그림 2-5] 예일 로스쿨 Yale Sterling Law Building

겨지지만, 우리나라 사람들의 인식에는 여전히 최고로 알려져 있는 것 같다. 하버드와 예일 법대를 모두 합격한 학생들 가운데 약 80%가 예일을 선택한다는 주장을 어디선가 들었다. 케임브리지를 버리고 뉴헤이븐으로 온 청년들의 평가에 의하면 일단 예일 로스쿨의 신입생이 200명 쯤인데 하버드는 그 3배로서 교수 숫자를 감안해도 교육 품질 면에서 예일이 훨씬 낫다고 주장한다. 세계적 명성이 더 높고 숫자도 훨씬 많은 하버드 쪽 얘기는 물론 다르거나 더 클 수 있겠다. 어쨌든 미국 연방대법관 9명 중 예일과 하버드가 각각 4명씩 나눠갖고 있는데, 학생 정원으로 따지면 확연히 비교되지 않는가?[10]

연구년 체류 중 예일 로스쿨 학생들을 자주 만나게 되었고, 뉴욕의 로펌 또는 국제기구에 변호사로 근무하는 예일 졸업생 등과 지금도 연락하는 가운데 그들의 경험을 나누어 가지게 되었다. 예일 로스쿨 도서관은 2017년 가을 한동안 필자의 단골 독서공간이었다. 언젠가 로스쿨 라운지에서 신문을 읽던 중 익숙한 한국말이 들려 귀가 번쩍 틔었는데, 한국인 또는 교포인 로스쿨 학생이 숙제 관련해서 친구와 전화하던 중이었다. 모른척했지만 매우 반가웠던 기억이었다. 나중에 들으니 로스쿨에만 10명 안팎의 한국학생들이 있었던 모양이다.

예일대 내부에서도 로스쿨의 위상은 상당해 보인다. 원래 어느 학교든 대학원보다는 학부가 정체성/전통 측면에서 중심인 경우가 많은데 예일도 마찬가지이다 (이른바 명문이라는 미국 대학의 경우 대부분 비슷할 것이다). 우선 학부 입학이 극단적으로 어렵고 특히 4년 학부과정을 14개 레지덴셜 칼리지 중 하나에 계속 머물게 되면서 쌓이는 응집력과 자부심이 하늘을 찌른다. 상대적으로 대학원은 조금 조용하다 할까 아니면 점잖다고 할까 하는 분위기인데 말이다. 예일의 명성을 오히려 더 높이고 있는 대학원 대표선수가 바로 로스쿨, 의학대학원, 경영대학원 등인 것 같다. 물론 필자가 속했던 산림환경대학원FES 역시 100년 이상의 전통과 학문적 명성이 대단한 전문대학원이다. 예일 학부 졸업생으로 로스쿨이나 의대에 진학하려는 학생도 많은데 물론 쉬운 일은 아니다. 어느 전공이나 단대이든 대학 내부에서 전체적으로 존경과 사랑을 받는다는 것이 참 힘든데 예일 로스쿨은 예외인 듯하다.

필자가 면담한 몇몇 졸업생의 얘기로는 로스쿨 교수들이 다들 최고로 바쁜 사람들이지만, 그런 가운데도 교수–학생 관계가 매우 좋고 인간적이었다. 소집단Small

---

10) 하버드 법대와 예일 법대 중 어느 쪽이 더 나은가 하는 논쟁은 두 학교를 나온 사람들의 자존심 이슈 외에는 우리에게 실익이 없다. 둘 다 너무나 대단한 학교이니... 대학 전체로는 하버드가 명성이 높다 하더라도 로스쿨 만큼은 경우가 다르다는 의견이 많지만, 물론 의견이 다를 수 있다. 넷플릭스에도 올라 있는 미국의 인기 드라마 〈슈츠〉Suits에서는 변호사 전원이 하버드 출신으로 구성된 뉴욕의 로펌을 대상으로 다루는 가운데 자존심이 하늘을 찌르는 하버드 로스쿨 졸업생들의 모습을 그리고 있다.

Group 지도교수 집으로 초대받아서 가는 일도 잦았다고 한다. 공부 분위기가 의외로 자유로운 편이어서 학과 공부에 그리 엄청난 압박을 받지는 않았다는 얘기를 여기저기서 듣기도 했다(물론 조금 에누리해서 들어야 한다. 워낙 똑똑한 학생들끼리 모여 있고 알아서 다들 잘하니까 그런 것 아닐까. 게다가 대부분 직장이 보장된 터인지라, 취업 걱정/부담이 우리 학생들처럼 심하지 않을지 모른다).

로스쿨에 다닌다 하면 J.D.(Juris Doctor) 공부를 뜻하는 것이 보통이다.[11] 예일대 로스쿨은 3년의 J.D. 과정 중 1학년 1학기 전체를 'Pass/Fail' 평가제로 하고 있는데, 모든 학생들이 패스하는 것이 당연히 받아들여지며 미국의 수많은 로스쿨 가운데 이렇게 운영하는 곳은 없는 것으로 안다. 첫 학기의 스트레스를 줄여주는 것은 이해가 되는데, 대신 2학기의 부담이 훨씬 커진다. 이듬해 여름의 로펌 인턴십을 결정하는데 이것이 결국 1학년(One L) 2학기 성적만으로 결정되기 때문이다. 전체적으로 예일 법대는 타학교에 비하여 평가 등급이 덜 세분화되어 있다. 즉 'Honor, Pass, Low, Fail' 4단계인데 대부분이 H와 P를 받는다. 다른 로스쿨에서는 A, A-, B+, B- 등등 등급을 상세히 나누어 학생 간 차이를 내는 것과 비교하면 확실히 학업성적 경쟁은 상대적으로 덜한 듯하다. 그 대신 어떤 유명 교수의 조교를 했는지, 어떤 네트워크가 있는지, 과외 활동은 무얼 했는지 등의 조건으로 경쟁한다는 것이다.

미국 시민권이 있는 어떤 청년은 현직 판사 밑에서 연구생으로 일했고 졸업 후에도 재판연구관(law clerk, 로클럭)으로서 장래 판사의 길을 걷고 있다. 한국 국적을 가진 한 졸업생은 그런 기회를 잡기 어려웠던 까닭에 유명한 법률저널 〈Yale Law

---

11) 나라마다 학교마다 약간씩 다른데, J.D. 외의 다른 로스쿨 학위과정으로서 L.L.M.(Master of Laws)은 미국 외의 나라에서 법학사 학위를 받은 사람들이 따려는 법학석사 프로그램이다. J.S.D.(Doctor of Juridical Science)는 보통 법학박사로 알려져 있는데, J.D. 학생들이 하는 경우는 거의 없으며, L.L.M. 학위를 가진 학생들이 교수가 되기 위해 공부하는 박사과정으로 이해하면 될 것이다. 이외에, 2016년 예일에서 도입한 'Ph.D. in Law'가 있는데, J.D. 학위를 가진 사람들이 학술지 논문을 더 쓰거나 진로전환의 과정에서 3년의 시간을 벌려는 취지가 크다. 예일의 일반대학원 Graduate School of Arts and Sciences 협동과정으로 운영하는데, 보통 생각하는 박사 즉 'Ph.D.'와는 느낌이 다르다.

Journal〉 편집을 맡아 고생을 많이 했다고 한다. 선정, 심사, 편집 등 과정에서 각자 8~9개 논문(안)을 맡아 에디팅까지 하는 부담이 매우 심했다. 이 저널은 1891년 창간 이래 미국에서 가장 저명한 학생발간 법률저널로 이름을 굳혀왔는데, 말이 학생발간이지 실제 심사 게재되는 논문, 노트, 서평 등은 학자, 법조인, 학생을 망라한다. 1년에 8회, 그러니까 학기 중엔 매월 1호씩 내는 셈이다.[12] 필자도 전국 학술지 편집위원장을 2년 하는 동안에 교수나 연구자로부터 좋은 논문을 모으고 엄정히 심사하여 교정 편집 발간하기까지 얼마나 시간과 노력이 들어가는지 익히 알고 있다. 물론 모두 무료 봉사이다(사실 학생들이 학술지를 운영하며 교수들의 논문을 심사 선정한다는 점은 문제 삼을 만하다. 아무리 똑똑한 예일/하버드 법대생이라 해도 여전히 학생이고 학술 기반이 탄탄하지 않음에도 불구하고 미국의 법률 저널 상당수가 그러한 모양이다).

예일 로스쿨은 캠퍼스 서쪽의 대학원동 부근에 있다. 건물은 고색창연 그 자체로 필자가 특히 좋아했던 공간은 3층 도서관이다. 신문 읽기는 경영대학원SOM 라운지가 깨끗하고 편안한 소파라 딱 맞춤이고, 보통 수준의 책을 읽기는 중앙도서관 Sterling Library이 괜찮다. 그런데 심각한 논문을 쓰거나 학술지를 집중해서 읽기는 로스쿨 도서관 만한 곳이 없다.

예일 로스쿨을 졸업한 동문들의 면면을 잠시 대하면 그냥 탄성을 낼 수밖에 없다. 대통령, 대법관, 상하원 의원, 장관, 대학 총장, 법학 교수 등 그 숫자를 다 헤아릴 수 없으니 대표선수 몇 명만 본다.

우선 미국의 대통령이 3명으로 태프트William Taft(미국 대통령 및 대법원장), 포드Jerald Ford, 클린턴William Clinton이고, 미국 대통령이 거의 될 뻔한 사람도 매우 많은데 최근 대선에서 밀린 힐러리, 존 케리 등도 포함된다. 2004년엔 조지 부시와 존 케리 예일 동문 두 사람이 맞붙었는데, 둘 다 예일의 유명한 비밀결사 〈해골단〉 회원이었

---

12) 서울대, 고려대, 경북대 등 우리나라의 대형 로스쿨에서도 학생 자율로 법률 저널/매거진을 기획하여 출간하고 있음

던 것도 화제였다. 로스쿨 동문으로 외국의 국가원수 4명과 현직 연방 대법관도 9명 중 4명이 있는데, 2018년 워싱턴 포스트가 이런 독점 현상을 따로 기사화할 정도였다.[13]

어쨌든 예일 로스쿨 출신의 현직 미국 주지사, 상하원 의원, 연방법관 등 수백의 유명인사를 다 나열하기는 어려우니 꼭 궁금한 사람은 'Yale Law School alumni' 등으로 간단히 구글 검색을 해보면 된다. 다만, 가히 끝없이 이어지는 명단을 각오해야 한다. 이런 선배 졸업생들의 이름을 듣고 얼굴을 직접 대하고 그들이 공부했던 공간에 자리잡는 게 일상이 되면 사고/태도가 모두 달라질 것 같다. 미국이나 이 땅에서나 법조인을 양성하는 교육은 대학의 빛이자 힘이다. 졸업 후에는 상당한 권력과 돈이 함께 따르는 분야 아닌가(하버드, 예일에 버금가는 명문 프린스턴대가 우리나라 사람들에게 상대적으로 덜 알려진 이유가 아마도 학부 교육은 최정예이지만 로스쿨, 의학대학원, 경영대학원이 없기 때문이 아닐까 조심스레 짐작한다).

예일 로스쿨 동문으로 지금 가장 유명한 사람은 역시 클린턴 커플이다. 둘 다 로스쿨 73학번인데, 법대 3층 도서관Lillian Goldman Law Library에서 처음 만나 그리저리 되었다고 한다. 이들은 요즘도 가끔 캠퍼스에 나타나는데 2017년 가을, 대선에 실패한 힐러리가 와서 연설하기도 했고, 2018년 졸업식 때 연사로도 왔다. 제42대 대통령 빌 클린턴도 2010년 졸업식 연설에서 미국 사회의 다양성과 공통의 인간애를 강조하며 연설했다.

예일 로스쿨의 상징 문양The Arms of Yale Law School 얘기를 잠시 해보자. 이는 1956년부터 사용되었다는데 악어alligator, 그레이하운드greyhound, 스테이플staples이 그려져 있다. 예일 로스쿨YLS 초기 설립에 공헌한 3명의 역사와 관련되는데, 19세기 초반 Seth Staples(예일대 1797학번)가 뉴헤이븐 법률사무소에서 로스쿨을 시작하며 법

---

[13] "The 'cloistered' Harvard-Yale law monopoly on the Supreme Court." (The Washington Post 2018.7.10.)

률 도서관을 운영함으로써 최초 설립자 비슷하게 예우받고 Samuel Hitchcock(1809)이 뒤를 이은 사람이며, David Daggett(1783)는 대법원 판사/상원의원으로서 초기 로스쿨의 공동 소유자이자 예일 칼리지 교수를 지낸 사람이다. Staples는 이름 그대로 스테이플로 상징되고, 녹색 바탕의 악어는 Hitchcoci 가문이 영국 웨일즈 지방에 살다가 서인도 제도로 이사오면서 웨일즈의 상징물이던 용을 악어로 대체시켰다는 이야기가 유력하다. Daggett 판사의 경우 그 이름의 발음과 연결하여(?) 그레이하운드 개로 표시되었다. 그럴싸하게 받아들여지는 이야기가 예일 로스쿨 홈페이지에 공식 게시된만큼 믿긴 하지만 뭔가 어색/황당 하기도 하다.

예일 법대 출신의 한국인들이 그리 많지는 않고 현재 서울에서 활동 중인 〈김&장〉 법무법인의 변호사나 법학교수들이 있는 것으로 알려져 있다. 그런 직종에 종사하는 분들이 신문에 나거나 유명해지는 일은 별로 없으니 조용히 지내시는 모양이다. 여기서 거론할 만한 분들은 예일 로스쿨에 있는 특이한 한국계 미국인들이다. 국제법을 강의하는 고홍주 교수(Harold Hongju Koh)께서는 하버드 로스쿨 출신으로 예일 법대 학장 및 오바마 대통령의 법률고문을 지냈는데 집안 식구들이 전부 대단하다. 부모가 모두 예일대에서 가르쳤는데 아시아계로는 처음이었다고 한다. 형님이 예일대 출신 고경주(Howard Koh) 하버드대 공공보건학 교수, 여동생 고경은(Jean Koh Peters) 교수 역시 예일 로스쿨 교수이니, 어떻게 이런 가족이 있을 수 있을까? 부럽고 선망의 대상인 건 틀림없지만 정작 당사자와 부모님들은 얼마나 힘들게 노력했을지 상상조차 가지 않는다.

필자가 몸담았던 산림환경대학원에도 법학전공 교수가 5명이나 있으며 그중 일부는 예일 로스쿨 교수를 겸하고 있었다. 대표적인 사람이 다니엘 에스티Daniel C. Esty 교수인데 이 사람은 엘리자베스 에스티Elizabeth Esty 코네티컷주 하원의원의 남편이며 부부가 모두 예일법대 졸업생이다. 그는 환경법 전공으로 환경법 센터장을 겸하며 외부 연구활동도 매우 활발하게 하는 가운데 대형 환경 프로젝트로 심심찮게 언론을 탈 때가 있다. 즉, 로스쿨 교수인지 산림환경대학원 교수인지 헷갈릴 때가 많다. 가끔 한국 학생을 비롯해서 예일 로스쿨 학생들이 산림환경대학원FES 강좌를 수업하는 경우도 꽤 있다.

미국의 변호사 시험은 우리나라와 견주어 '상대적으로' 쉬운 것으로 알려져 있다. J.D., LLM 학위를 받고 각 주별로 변호사시험bar exam을 통과해야 변호사attorney at law가 되는데, 예일 학생들조차도 그 시험 때는 긴장을 하고 날밤을 새운다고 한다. 물론 떨어지는 사람은 별로 없지만, 이른바 명문 대학에서조차 가끔 '사고'가 나는 모양이다(언젠가 하버드/예일의 로스쿨 재학생을 포함한 5~6명 학생들이 우리 집에서 맥주와 피자를 함께 한 적이 있었는데, 그즈음에 예일 졸업생들은 전원 변호사시험에 합격한 반면, 하버드 출신들은 재학생이 3배로 많다 보니 떨어진 학생이 있었나 보다. 웃음 섞인 그 자리에서 오히려 그런 비교가 큰 화제가 되었던 기억이 있다). 변호사 시험의 합격률, 특히 1차년의 합격률 통계를 잠깐 보면 주마다 편차가 심하다. 몬태나, 위스컨신, 사우스다코타 등 중서부 지역은 90%를 넘는 반면, 워싱턴DC 42%, 캘리포니아 44%, 그리고 많은 예일 졸업생들이 응시하는 뉴욕주는 56% 합격률을 보인다고 한다. 한국이나 미국이나 임용/자격시험에 대한 부담은 어쩔 수 없다.

어쨌든 예일 로스쿨에서의 강의나 공부 등 세부 내용이라면 이 학교를 직접 다녔던 사람들의 얘기를 들으면 물론 제일 좋을 것이다. 마침 우리나라 서점에도 나와 있는데, 관심이 있는 독자라면 읽어보길 추천한다. 필자는 이 저자를 모르지만, 대검차장을 지냈던 분이다(봉욱, 2017).

아래는 그 책의 일부를 인용한 것이다.

"예일 로스쿨이 한 해도 빠짐없이 미국 로스쿨 1위 자리를 놓치지 않는 것은 훌륭한 교육 시스템을 바탕으로 매년 가장 우수한 학생들을 유치하고 있기 때문이다. 뛰어난 교수진과 알찬 강의, 내실 있는 실무수습 교육과 봉사활동, 다정다감한 교육 환경 등이 잘 어우러져 있다. 하지만 무엇보다 근본적인 요인은 학교의 기본 철학과 비전이다. 예일 로스쿨은 학생들을 단지 법률가로 키우는 것이 아니고, 국가의 리더를

길러낸다는 교육 철학을…"

"예일 로스쿨은 학생들의 성적을 매기지 않는다. 그렇기때문에 수석 졸업이나 우등 졸업의 개념도 없다. 모두가 똑같은 '예일 로스쿨 졸업생'일 뿐이다…학교 측에 성적을 매기지 않는 이유를 물어보니 예일 로스쿨에 입학한 것으로도 이미 그 사람의 능력이 충분히 입증되는데 성적이 무슨 의미가 있냐며 오히려 반문했다… 로스쿨 학생들이 가입하는 학회나 동아리는 무척 다양하다. 법률잡지 편집, 환경 운동, 사형수를 위한 변론, 종교 모임, 인종이나 민족별 동아리뿐만 아니라 게이, 레즈비언 모임 등 50개가 넘고 정치적 성격을 띤 동아리도 있다… 교도소를 매주 방문하여 재소자들과 이야기를 나누면서 그들의 고통을 이해하고 개선책을 찾아보려고 머리를 짜내기도 한다. 지역 주민들을 위한 라디오 법률 방송 프로그램을 직접 짜고… 중국의 판사와 반체제 인사들을 초청하여 강연을 듣고, 남미의 대법원장을 불러 세미나를 벌이기도…"

| 부록 | 경북대 학생들의 예일 여름학기 KNU-Yale Summer Class |

여름에 손님들이 많이 찾아온다. 학기 중엔 아무래도 어려우니 방학을 해야 시간이 나는 것은 당연하다. 동생네 식구들이 1번 타자였고, 대학 손님들, 학생들, 전직 고위공무원, 풀브라이트 손님 등 생각해 보니 매우 다양했다. 이들을 모시고 길게는 2~3일, 적어도 한나절은 안내하며 맛집도 모시고 다니는 게 큰 기쁨이었다. 꼭 예전 시애틀 유학시절 생각이 나는데, 그때도 특히 여름 내내 끊이지 않게 참 많은 손님을 치렀다.

예일 캠퍼스나 뉴헤이븐은 그리 넓거나 큰 공간이 아닌 만큼 빨리 돌면 하루에 다 본다고 할 정도지만, 제대로 마음먹고 누리려면 물론 어림없는 일이다. 1년을 지내고 온 필자 역시 예일과 뉴헤이븐의 명소 몇 군데를 못가봤고, 더 오래 있으면서 제대로 느낌을 받지 못한 것이 아쉬웠다.

우선 먹는 건 주로 유명한 피자집(Frank Pepe, Sally's)이나 아침식사집(The Pantry)으로 모시고, 캠퍼스로 들어와서 꼭 가는 곳은 중앙도서관Sterling Memorial Library, 올드 캠퍼스, 하크니스 타워, 로스쿨, 바이네키 희귀장서관 등이 있다. 로스쿨처럼 몇 군데는 학기 중 출입을 통제하는 경우도 있다. 커피 마시며 쉬기 좋은 곳은 시내에도 있지만 산림환경대학원 3층 또는 경영대학원SOM 카페로 가도 좋다.

예일의 여름 '손님'으로 가장 눈에 띄고 기억해야 할 것은, 2019년 처음으로 예일 서머스쿨에 다녀 온 우리 학생들이다. 예일을 그 전에 다녀가셨던 경북대 국제처장 및 관계자들의 노력으로 경북대-예일대 간에 MOU 체결 등 실무 준비 끝에 한국의 대학으로는 2019년 처음으로 예일대 서머스쿨에 17명의 학생들을 보내게 됐다. 미국 바깥의 대학으로는 중국 칭화대, 북경대, 영국 옥스퍼드대 등 몇 군데에서만 학생들을 보내고 있으며, 이 과정은 5주의 심화 수업에 8학점을 따는 정규 강좌이다. 그 과정에 필자가 조그마한 도움이 된 것이 다행인데, 비용 때문에 조심스럽다. 즉, 항공 비용은 학생 개인이 내지만, 상당한 액수의 등록금과 5주 기숙비용 일체를 경북대가 부담하는 커다란 도전이자 혜택인 것이다. 필자는 프로그램의 출범 당시 외에도, 1차 선발 학생들의 멘토 역할을 부여받아 몇 번에 걸쳐 만나고 밥을 먹으며 소개 강의까지 하게 되었는데, 어른과 학생들의 관심사가 많이 다름을 새삼 느끼게 된다. 어쨌든 이 프로그램은 2019년에 이어 2020년에도 2차 학생단 파견을 준비 중에 코로나 사태가 터지면서 모든 게 취소되어 버렸다.

사실, 경북대와 예일대는 작지만 의미있는 인연을 이어가고 있다. 경북대에서 물리학 박사를 받은 파키스탄 학생이 예일대에서 연구교수를 하고 있다. 2020년 11월에는 경북대 생명과학부에서 학사-석사-박사를 모두 끝낸 분이 예일대 의대의 정규교수로 임용되기도 했다.

각설하고, 직접 예일의 여름을 지내고 온 학생들의 이야기를 많이 들을 수 있었다. 필자와는 달리 예일에서 수업-시험-과제-학점을 학부생의 입장에서 직접 경험했다는 것이 큰 차이이다. 이 책에 가끔 등장하는 한국인 또는 한국계인 예일대 학부생들 몇몇과 필자는 2018년에 현지에서 그리고 지금도 가끔 연락을 주고 받는다.

기본적으로 예일에서는 서머스쿨조차 국제학생에게는 TOEFL 100점 이상이 응모 최저요건이며, 그렇지 않을 경우 아예 5주 입학허가조차 내주지 않는다. 여기를 가는 학생들은 적어도 영어에 대하여는 상당한 기본을 갖춘 것이다. 짧고 독특한 경험, 이들이 앞으로 어떻게 성장할지 궁금하다.

경북대 학생들의 2019년 예일 서머스쿨 경험

모두 17명의 경북대생이 처음으로 예일 서머스쿨에 등록하여 정규학점을 취득하며 공부했다. 2020년에도 코로나 사태만 아니었더라면, 두 번째 그룹이 예일을 다녀왔을 텐데 참 아쉽다. 첫 해 예일의 여름을 겪은 3명의 이야기이다.

A는 〈언어학 입문〉Introduction to Linguistics, 〈사회운동〉Social Movements 4학점씩 두 과목을 수업했다. 각 10명, 25명의 수업을 강의, 모둠 토의, 토론, 모둠 발표, 읽기, 작문 등이 어우러진 종합 형태로 수업을 받았다. 상당한 읽기 부담에 토론과 발표의 중요성을 다시금 확인했다고 한다. 이들의 주된 여름 거처였던 기숙대학은 무작위 배정이었는데, A는 에즈라 스타일스Ezra Stiles에서 생활했다. 기숙사 지하의 도서관, 공동공간Common Room, 식당Dining Hall, 식료품실Buttery, 세탁실, 컴퓨터실, 운동실 등을 다양하게 활용했으며, 공부는 주로 분위기가 좋은 스털링 중앙도서관을 이용했다. 공부 부담 때문에 시간이 많지 않았지만 예일대에서 특별히 마련한 문화체험, 강연 등에 가급적 빠지지 않으려 했다고 한다. 타임지와 NBC에서 활동하는 예일대 출신의 젊은 언론인인 Elise Jordan, Charlie Sykes가 온 강연 등에도 참석했는데, 사실 이 학생의 오랜 꿈이 언론인이었기에 젊고 자신감 넘치는 저명한 여성 언론인을 보는 자체가 감동이었다고 한다. 강연 후 강사와 짧은 대화를 나눌 수 있었고, 그 순간은 여름학기를 통틀어 가장 떨리고 벅찼던 순간이라 했다. A는 귀국 후 2019년 필자의 경북대 수업에도 초청되어 예일 5주의 감동과 경험을 나누기도 했는데, 스스로 말하기를 대학원에 가서 정말 공부를 더하겠다며 다짐했다고 소개한다.

B학생은 인류학과 개설의 〈세계 보건의 민족지학 시선〉Ethnographic Perspectives in Global Health, 〈의식에 관한 철학과 인지과학〉The Philosophy and Cognitive Science of Consciousness 강좌를 수강하였다. 전자는 자원부족 국가에서의 질병 및 보건 문제를 문화와 사회구조를 통하여 깊이 이

해토록 하는 과목이었고, 후자는 여러 철학자와 과학자의 논문을 읽고 의식의 기원을 탐구하는 수업이었다. 사전 지식이 별로 없는 상태였지만 예일대 철학과가 유명하기도 하고 이곳에서만 들을 수 있는 수업이라 생각하여 도전했다고 한다. 특히 인류학 수업은 12명의 세미나 수업으로 각 강의당 200쪽 분량의 책을 미리 읽고 와서 토론하는 형식이었으며 과제로 온라인 과제 5회, 토론 설계 및 사회 1회, 서평 2회, 책 2권의 비교 분석 서평 1회 등으로 평가받았다. 여름학기라 학생 구성이 특이했는데, 인류학 수업은 예일대 학생의 비율이 약 70%였던 반면 철학 수업은 10% 미만이었다고 한다. 그런데 타대학 학생들도 대부분 칭화대, 옥스퍼드대 등 해외 명문대들이었다. 우리나라와 비슷하게 예일의 여름학기는 5주간 압축되어 빠르게 진행되기에 시간관리가 필수라서 질문에 300자 내외로 답을 업로드거나 토론을 리드하기 위해서 질문지를 작성하고 발표할 자료를 정리하면서 밤을 새우는 경우가 많았다고 한다. 다른 학생도 그렇지만, 예일의 기숙사 시설이 낙후되어 불편했고 특히 에어컨이 아예 없어 사비로 선풍기를 구했다는 학생들도 많았다. B는 예일에서 A학점 2개를 받은 후 1년 동안 평소의 관심분야이던 국제개발과 스페인어 공부에 집중하여 우리 외교부가 후원하는 국제기구 인턴십 프로그램에 합격하여 2020년 6월 현재 남미개발은행에서 근무하고 있다. 코로나 여파가 시작되던 2월에 출국했는데, 현지 사정이 더 나빠져 걱정이 컸다.

C는 전공과 무관한 〈서양미술의 10대 작품〉Ten Works of Western Art 강좌를 수강했다. 미술사적 지식과 작품에 대한 모자란 안목을 메꾸고자 신청하였는데, 실제로 담당 교수와 수강학생들이 함께 미술관에서 직접 미술작품을 보고, 얘기하며 토론하는 수업이었다. 같이 수강한 학생 중에는 예일대 미술전공 학생 등 진로가 정해진 학생들이 많았다는데, 이들과 함께 미술작품을 보고, 서로의 감상을 이야기하고, 작품을 평가하면서 미술을 대하는 자세와 분석방법을 자세히 습득할 수 있었다. 뿐만 아니라, 평생을 할 수 있는 취미도 가지게 되었다고 한다. 세상은 아는 만큼 보인다는 말이 있듯이, 새로운 분야에 대한 학습을 하니 그 분야에서 새로운 세상을 찾고, 학습의 즐거움을 발견할 수 있었던 모양이다. 15명의 수강생들이 원탁에 둘러앉아 수업했으며, 미리 선정된 10가지 미술작품을 두고 수업을 했다. 매시간 발표자를 정해 미리 읽어온 책이나 자료를 바탕으로 같이 발표와 토론을 했고, 예일대 미술관 또는 예일대 영국미술센터 등에서 작품을 보고 수업을 했다. 처음엔 굉장히 어색하고 힘들었다는데, 경험이 쌓일수록 스스로 성장하는 것을 느낄 수 있었다. 매주 제시된 작품을 골라 그에 대한 5쪽 가량의 페이퍼를 제출해야 했다고 한다. C는 모르스 칼리지Morse College에서 지냈는데, 룸메이트인 중국 학생이 영어에 굉장히 능통했다. 기숙사 동/층별로 스터디 브레이크study break 모임에서 동료들과 어울려 얘기하는 모임이 특히 기억에 남았던 모양이다.

2.3. 가을: 역동하는 예일 Yale Rising

"배우고 때맞추어 익히면 기쁘지 아니한가? 멀리서 친구가 찾아오면 즐겁지 아니한가?" 學而時習之, 不亦說乎? 有朋自遠方來, 不亦樂乎? – 공자, 〈논어〉

"경계? 나는 한번도 본 적이 없다. 다만 일부 사람들의 마음속에 그런 게 존재한다는 얘기를 들은 적은 있다." – 토르 헤위에르달(Thor Heyerdahl, 태평양과 대서양을 횡단한 노르웨이의 탐험가이자 역사학자)

공자의 말씀이 아니라도 공부와 사귐은 그 자체로 기쁨이어야 할 것이다. 대학은 그 둘을 성취하기에 최적의 공간이다. 여름의 끝자락을 넘으며 대학이 다시 문을 연다. 예일의 가을은 시간의 경계, 학문의 경계를 넘어 힘있게 공부하는 모습으로 시작한다. 비발디의 〈사계〉The Four Seasons 중 '가을'에서는 농부들이 수확의 기쁨에 춤추며 유쾌하게 떠드는 모습 그리고 풍성한 수확의 기쁨이 술과 춤으로 표현되고 상상되는 소리의 조화가 나타난다. 노찾사의 〈사계〉에서는 가을의 끝자락을 묘사하며 "찬바람 소슬바람 산 너머 부는 바람[에]... 낙엽[이] 떨어지고 쌓이고 또 쌓"이면서 휙 지나가는 가을이 연상된다.

예일대의 가을은 오히려 그 반대로 모든 것을 시작하는 느낌이다. 더구나 신입생들에겐 첫 학년, 첫 학기이다. 캠퍼스 전반에 걸쳐 학생/교수가 긴장과 기대가 어우러진 모습이 가득하여 우리나라의 봄학기를 연상케 한다. 비발디의 음악에서도 새벽 동이 트면서 사냥꾼들이 엽총을 들고 사냥개와 함께 들판으로 떠나는데, 대학에서도 마찬가지일지 모른다. 지성과 사고 그리고 경험의 경계를 넘자. 최고의 계절 가을이 금방 사라지기 전에, 빨리 공부 잡으러 가자!

🏛 2.3.1. 예일 기후 컨퍼런스 Yale Climate Conference

2017년 9월 산림환경대학원의 최대 이벤트는 단연 〈예일 기후 컨퍼런스〉Yale Climate Conference였다. 이틀 동안 존 케리John Kerry 전 국무장관/대통령 후보가 총괄 진행한 행사로서, 단순한 학술행사를 넘어 기후변화 주제에 대한 언론/대중의 대단한 관심을 이끌어낸 것 같다. 행사 전부터 또 끝나고서도 학내외의 지대한 관심 대상이었다. 특히 산림환경대학원FES에서는 개막 첫 세션을 주관함으로써 존재감을 드러냈는데, 예일대 내 다른 참여주체는 로스쿨, 경영대학원 그리고 실무 주관이 잭슨 국제문제연구소Jackson Institute of Global Affair(Kerry Initiative)였다. 5개 세션 중 4개가 생중계되었고 거의 모든 내용을 유튜브에서 전체 영상으로 볼 수 있었다.

제1세션은 산림환경대학원 교수 등에 한해서 입장이 허가된 행사로 크룬홀에서 열렸다. 인디 학장이 자신있게 FES를 소개하며 인사말을 할 때 정말 느낌이 좋았다. 전체적으로는 존 케리 장관이 좌장을 맡아 편안히 진행되었는데, 미국 대통령이 될 뻔한 사람을 바로 앞에서 보기는 처음이다. 이어지는 다른 세션도 그렇지만, 이번 컨퍼런스는 학술행사를 넘어 대학, 언론, 정부부문과 대중에 대한 호소, 캠페인 성격이 훨씬 더 커 보인다.

케리 장관이 기조연설에서 48시간 컨퍼런스의 밑자락을 깔면서 큰 이슈를 임팩트있게 전개하는 가운데, 기억에 남고 어디에다 인용하면 좋을 말을 많이 했다. 2016년 미국 대선 당일 그는 남극대륙에 있었는데 '기후변화의 그라운드 제로ground zero of climate change'인 거기서 빙산이 녹아내리는 엄청난 현실을 확인하게 되었다고 한다. 북한 핵위협 등 당연히 중요한 세계적 이슈가 있고 그에 대하여는 모든 사람과 온 세계가 주목하는 것에 비해, '조용한 살인자silent killer' 기후변화에는 너무도 무관심할 뿐 아니라 현재의 트럼프 행정부가 의도적으로 이러한 '대량살상의 힘forces of mass destruction'을 외면하는 현실을 개탄했다. 파리 기후협약에서 탈퇴하는 미국과 오히려 〈포춘 500〉 기업인들 다수가 그런 미국의 이탈을 비판한다는 것은 바로 시장의 힘이 기후변화에 대응해야 하는 당위성과 경제성을 인정하는 것이라고 설파했다. 그러면서도 시간이 그리 많지 않으니 속히 힘을 합쳐 뭔가 해야 한다… 케리 장관 스스로가 파리협약의 성립이 가능하도록 핵심 역할을 한 만큼, 그 이전 코펜하겐의 실패와 함께 파리에서 성공을 만들어낸 배경과 과정을 요약 정리해 줬다. 어떻게 정치인이 원고의 도움없이 저렇게도 말을 정연하게, 쉽게 잘 할까? 새삼 전형적인 교수나 학자들의 학술발표, 논문과 달리 호소력이 넘치는 모습을 직접 확인하게 된다(그러면서도 가끔 하는 농담이 기막히게 먹힌다. 패널들에게 당신들 맘대로 편히 얘기하라 해놓고는, "다만 내가 한 말하고 어긋나면 안되지. Feel free to talk, except, don't contradict me!").

패널들은 모두 각계의 전문가였다. 대표적으로 어니 모니츠Ernie Moniz 박사는 저명한 핵물리학자로서, 올해초까지 오바마 정부의 에너지부 장관을 지냈다. 내용도 무게감이 있고, 학문을 배경으로 스스로의 정부 경험을 보태니 별로 반박할 말이 없었다. 이 사람의 박식함과 넘치는 경험이 좌중을 압도하는데 전력의 탈탄소와 아래로부터의 지역혁신 등을 강조했다. 전 세션을 통해 케리 장관과 모니츠 장관만이 순서에 관계없이 언제든 토론에 끼어들었다. 모니츠 박사가 말미에 강조한 것으로 기후변화에 관한 한 기술적 전문성에 대하여는 완전히 자신하는 가운데 정책영역의 수단들도 일단 믿을만하게 제시되어 있다고 했다. 이제는 구체적 영역에서 강력한 집행이 필요한데 각종 데이터 분석을 바탕으로 필요한 행동대안을 실천해야 할 때라는 것이다.

조나단 퍼싱Jonathan Pershing은 미국대표 기후변화특보를 지내면서 파리협약에 크게 기여했는데, 역시 트럼프 정부의 퇴행에 할 말이 많았다. 오히려 이제야말로 '진정한 탈탄소화deep decarbonization'에 대한 비전이 필요한 때인데 현실이 어렵다고 한다. 적어도 발음/용어선택/말의 강약이나 흐름에 관한 한, 즉 청중에 대한 전달력에 관해 이 사람이 가장 명쾌했다. 중간중간에 제시하는 중국, 인디아의 정책 목표나 사례 또한 매우 설득력이 있었다. 즉, 전세계가 올바른 방향을 가고 있는데, 미국만이 관련 예산을 삭감하는 등 반대로 움직이고 있다며 개탄했다.

유일한 여성 패널인 헤더 자이컬Heather Zichal은 기업 영역의 전문가이며 젊을 때 케리장관의 비서로 일을 시작했다는 것을 기꺼이 자랑했다. 이 사람은 지금 에어비엔비AriBnB에서 근무하고 있는데 기후변화 이슈에서 민간 부문의 역할을 특히 강조했다. 아울러 에너지 접근성, 청정에너지 이슈 등 많은 영역에서 저개발국, 사회적 약자층 등이 피해를 보지 않도록 해야 한다는 점을 강조했다. 역시 오바마 정부에서 기후/에너지 보좌관을 지내다 보니 모든 주제에서 호흡이 척척 맞는다.

제2세션은 경영대학원에서 열렸는데 필자가 못가봤고, 제3세션이자 종합토론 때는 대형 음악당 격인 울지 홀로 갔다. 첫 날의 두 개 세션, 즉 FES, SOM 이벤트 때는 관련 단대 교수 등에게만 참관이 허용되었지만, 울지 홀은 공간이 넉넉하기 때문에 교수/학생 모두에게 선착순으로 티켓이 주어졌다. 주제는 주/도시 정부와 국제기구가 기후변화에 어떤 역할을 할 것인지, 퇴행하는 연방 대신에 주정부, 도시정부 그리고 국제기구가 지향해야 할 방향을 짚으려는 것이다.

제리 브라운Jerry Brown 캘리포니아 주지사는 당시 우리 나이로 80세였는데, 외모나 목소리가 정정했다. 1970년대 캘리포니아 주지사를 하다가 2000년대 다시 주지사로 당선되어 2017년에 4선째였다. 풍부한 행정 경험으로 말에 빈틈이 없어 보였다. 어떻게 저런 식으로 나이가 품위있게 들 수 있을까? 우리 대학에도 존경할 만한 노교수님이 많지만 그런 분들은 어디까지나 학문적인 내공이 두드러지는 쪽이고, 이 사람은 정치 행정 전문가이니 느낌이 또 달랐다. 브라운 지사가 이끄는 캘리포니아는 미국 전체를 리드하는 목표를 많이 세워두었는데, 예로 2030년까지 온실가스를 1990년 수준인 40% 이하로 줄이며, 전력 생산의 50%를 재생에너지로 만든다는 것, 승용차/트럭의 석유 연료를 절반으로 줄인다는 것이었다. 기후 이슈를 장기적인 사회정책의 맥락에 포함시켜 지속성있게 추진해야 한다는 말도 설득력이 넘쳤다.

제이 인슬리Jay Inslee 워싱턴 주지사는 필자가 고향사람 만난 듯이 반가워 해야 할 사람이다. 호소력있는 논조로 기후 이슈를 얘기하면서, 아무리 미국 연방정부가 관심을 보이지 않더라도 캘리포니아, 워싱턴 등 의식있는 주에서는 각자 할 일을 다 한다고 얘기했다. 시애틀이 있는 워싱턴 주 차원의 이슈, 정책수단 말고도 마지막 외침이 귀에 들어왔다. "Donald Trump cannot stop us!"

김용Jim Kim 세계은행 총재는 우리에게 너무 잘 알려진 자랑스런 분이다. 아이비 명문 다트머스대 총장을 하다가 세계은행World Bank 총재가 되었는데 2016년에 연임이 결정되었던 참이었다. 옆에 앉았던 정치학과 교수, 대학원생들이 반색하는 데서 보듯이 세계은행 수장의 위상이 대단함을 새삼 깨닫게 된다. 김 총재는 기후변화 이슈의 중요성에 비해 UN 등 국제사회의 관심이 상대적으로 부족했음을 지적했다. 트럼프 대통령 등 미국내 정치적 논쟁에 대하여는 슬쩍 피해가면서 할 말은 전문성 넘치게 다 했다.

안 이달고Anne Hidalgo 파리 시장은 패널 중 유일한 여성으로 기후변화 도시협약 기구C40 Cities Climate Leadership Group의 의장이기도 하다. 아무래도 영어가 아주 편하지는 않았지만 나름대로 뜻을 강하게 표시했다. 원래 스페인 태생이며 세 아이의 어머니로서 파리 부시장을 14년 하다가 시장이 되었다. 유럽과 파리의 현실을 얘기하면서 기후 이슈의 중요성을 부각시켰다.

최종 세션은 스타 레오나르도 디카프리오가 참석하는 바람에 일반 학생들이 특히 대단한 관심을 보였다. 실은 필자도 참석 등록이 되어있었지만 못 갔다. 디카프리오를 조금 앞에서 보기 위해 행사 시작 2시간 전부터 이미 길게 줄이 생긴 걸 보고 일찌감치 포기한 것이다. 그런데 나중에 몇몇 주변 사람의 말을 들으니 아마도 필자가 엄청난 실수를 한 모양이다. 케리 장관은 두 번이나 봤으면서 디카프리오 세션을 빠졌다니, 비판과 함께 불쌍히 여기는 듯한 반응이 우리 학생들을 포함하여 태평양 양쪽에서 나왔다.

케리 장관과 디카프리오가 각각 연설 후 두 사람의 대담으로 이어졌으며, 물론 유투브에서도 볼 수 있다. 내용이나 말의 무게감으로는 케리 장관을 따라갈 수가 없으나, 스타에게 따르는 대중성과 흡인력은 비할 데가 없었을 것이다. 행사 초반 케리 장관이 디카프리오를 소개할 때 "빙산 일부가 떨어지는 현장을 직접 경험한 이 사람만큼 기후변화를 잘 이해할 사람이 누가 있겠습니까?" 다들 영화 〈타이타닉〉의 한 장면을 연상하며 폭소를 터뜨렸다. 두 사람의 개인적인 소회, 세계 여러 나라를 경험한 사례 등을 섞어가면서 기후 이슈가 얼마나 중요하고 급박한가를 소개했고, 일반 시민, 대학생 등이 어떤 활동에 관심을 갖고 참여할 수 있는지, 예컨대 미국 중간선거에서 기후변화 이슈를 이해하는 사람을 의원으로 뽑아라 등등 예일대 신문에서도 다른 세션 말고 디카프리오가 나타난 마지막 세션을 대형 사진과 기사로 뽑아냈다.[14]

🏛 2.3.2. 힉슨 강의 시리즈, 텍사스 강연

교환교수/방문학자 등의 자격으로 외국의 대학에 체류하게 되면 대개 특정 학과나 연구소에 소속하게 된다. 필자의 경우 FES 산하 힉슨 도시생태센터Hixon Center for Urban Ecology 소속이었는데, 이 센터에서 가을학기에 매월 한번씩 외부인사 초청 강연을 마련한다. 필자가 자원한 것은 아니었지만, 어찌어찌 권유를 받고는 주섬주섬 준비하게 되었다. 이는 정규 학기 강의와는 무관한 무료봉사 프로그램인데, 초청받는 것만으로도 영광이었다.

강연은 11월 힉슨센터 강의시리즈의 일환이었다.[15] 실은 며칠 전부터 캠퍼스 여

---

14) http://yaledailynews.com/blog/2017/09/21/inaugural-kerry-conference-discusses-climate-change/

15) 예일대 힉슨 센터Hixon Center for Urban Ecology는 예일 출신의 자선가인 Adel & Adelaide Hixon 부부의 기부금으로 1998년 설립되었는데, 주요 미션중 하나가 예일-뉴헤이븐의 지역 환경 이슈에 대한 관심을 높이기 위한 것이었다. 아울러 더 나은 도시환경을 위한 글로벌 차원의 민관 협력(global public-private partnerships for a better urban environment)을 강조한다. 이 센터는 연구/교육 기능과 지역사회 봉사를 함께 강조하는데, 공식적으로 예일대 산림환경대 FES 소속으로 되어 있으며, 행정책임자 Director가 우리랑 자주 어울린 Colleen Murphy이다. (상세 참고 http://hixon.yale.edu/about/history)

기저기 홍보 포스터도 붙고 해서 약간 부담이었다. 아울러 필자의 바로 앞 순서인 10월 강의를 하버드 교수로서 예일에서 방문 펠로우로 머물던 사람이 맡았기에 시리즈의 강의 품질과 기대 수준이 너무 높아 걱정도 꽤 되었다. 날짜가 마침 추수감사절 연휴 직후라 방청객이 별로 없을지 모른다 기대도 했건만, 교수들과 대학원생들로 강의실이 꽉 들어차 맨 앞의 필자 자리까지 양보해야 할 정도였다. 1시간 강의 후 질문도 10개쯤 나와서 애를 먹기도 했다. 초반에 FES 연구 부학장인 캐런이 직접 나서서 우아하게, 약간 과장까지 하면서 소개해주었다("He was Dean of Strategy & Finance at KNU, yes, this is a very poweful position"). 우선 풀브라이트Fullbrigh 브랜드라는 타이틀과 어줍잖은 정부 근무경험, 대학 보직 경력 등이 얼마 간 인정받는 분위기였다. 또한 워낙 널리 알려진 대국 중국이 아니라, 드물게 한국의 얘기라 약간 신기했나 보다.

강의제목은 '한국의 건강도시를 위한 계획Korea's planning for healthy cities'인데, 솔직히 필자가 이 분야의 최고 전문가라든가 연구실적이 대단해서가 아니라, 이 주제로 공부를 시작한 지 얼마 되지 않았던 입장에서 정리한 내용이었다. 캐런에게도 솔직히 얘기했지만 연구제안서를 이쪽으로 쓴 것도 이 분야를 더 공부하고 싶었기 때문이다. 이제 방향이 잡혀가기에 기본을 개관하면서 미국의 학자/학생들이 잘 모를 한국의 관련 배경/법제/케이스 등 연구의 초점을 소개했다. 학생들과 일반 청중도 있음을 고려하여 사진 자료, 통제-합의control-consensus 모형의 틀, 도시계획-건강 연계planning-health linkage 등을 덧붙였다. 강의 후에도 여러 사람이 글자 그대로 '줄을 서서' 개별로 얘기가 이어졌는데, 그 중 중국학생 2명, 한국 석사과정 학생 1명, 코네티컷 주정부 공무원 1명과의 코멘트 및 대화가 인상적이었다.

기초적인 질문부터 예리한 질문까지 다양했다. 예컨대 계획-공간 구성(planning → space reshaped) 단계까지는 이해가 된다 치더라도, 공간-태도/행태 변화(space → attitude/ behavioral change) 연결이 어떻게 가능할 것인가 하는 질문이었다. 하여간 전체적으로는 긍정 반응과 유쾌한 소리가 많이 나왔는데, 힉슨센터의 디렉터인 콜린이 특별히 감명의 메시지를 전해왔다.

힉슨센터 강연 이후 멀리 남쪽 나라 텍사스로 훌쩍 떠났다. 여행을 다니는 건 언제든 상쾌하다. 물론 든든한 베이스 캠프를 둔 상태에서 그렇다는 얘기다. 예일 온 지 몇 달간 풀브라이트 건 또는 여타 대학에서 초청 형식의 강의, 학회/세미나 등의 기회를 잡는 일이 자주 있었다. 거리가 먼 텍사스 A&M 대학의 초청으로 모처럼 국내선 비행기를 탔는데, 말이 국내선이지 그 정도로 오래 걸리는 줄은 미처 몰랐다. 뉴헤이븐에서 새벽에 출발하여 그 남쪽 동네 숙소까지 11시간이 걸렸다.

어쨌든 강의 2회, 세미나 1회로 말은 필자가 많이 했지만, 오히려 내가 학문적으로 배운 게 많고 좋은 사람들도 꽤 만났다. 3박4일의 여행이 순식간에 지나가 버렸다.

텍사스는 솔직히 어떤 선입관을 갖고 있어서 그리 편하지는 않은 곳이다. 텍사스 A&M 대학에서는 얼마전부터 공식적으로 관련 규정을 완화하여 학생/교수의 총기 소지가 자유롭게 되었다. 다만 숨기기만concealed 하면 되는데. 어떻게 캠퍼스에서 누구든 나에게 총을 쏠 수 있다는 불안으로 살아야 할까? 오히려, 자신의 안전을 위해 총을 가져야 한다고 믿는 사람들이 텍사스에서는 더 많은 모양이다. 다행히 그런 가운데도 A&M의 경우 텍사스 한가운데 있는 섬 같은 느낌이다. 이를테면 대구 한복판의 경북대 같다고 할까? 그렇게 생각하니 이 동네가 조금 익숙해졌으며, 사람들과 얘기하면서 마음이 편안해질 수 있었다.

어쨌든, 첫번째 강의는 〈건강산업자문협의회〉Health Industry Advisory Council: HIAS 정기회의에서, 둘째와 셋째는 LAUP 건축조경대학 및 DrAL 연구실 세미나에서 진행했다. 강의제목은 '도시 공적 공간관리의 넛지 방식' 그리고 '대구의 건강도시 케이스' 정도로 잡아 편하게 강의했다. 특히 첫날 HIAC 강의의 경우에 청중이 학생이 아닌 건강산업 관련 CEO 등 기업 관리직 사람들이었고, 두 번째 연구세미나는 모두 석박사 과정 학생들이었던 것이 기억할 만한 모습이었다. 3일간의 일정이 만만치 않았기에, 당초 맘에 두었던 A&M 풋볼 홈경기 관전은 포기했다.

이 대학은 정말 무지무지하게 넓어 보인다. 오밀조밀하게 꽉 들어찬 동부의 오래된 대학과 달리 텍사스 땅덩어리가 워낙 넓으니 편안하고 나지막이 자리 잡고 있었다. 밥 먹을 때 이런저런 사람들을 많이 만난 건 좋았고, 강의 일정 등이 다 끝나고 들른 곳이 대학 풋볼 경기장과 조지 부시 기념도서관George Bush Library인데, 후자의 경우 이 지역의 아이콘처럼 자리잡은 모양이다. 1997년 개관 이래 300만 명이 다녀갔다고 자랑한다. 부시(아버지) 대통령을 싫어하는 사람도 많겠지만, 텍사스에서는 존경받는 예일대 졸업생이다. 예일대 페인 체육관 내부 벽면에는 그가 예일 학부 시절 야구선수로 활동하던 사진이 걸려 있기도 하다.

🏛 2.3.3. 예일과 스포츠

돌이켜보면, 우리가 중고등학교를 다닐 때 또는 대학생 시절조차 운동을 그리 많이 하는 분위기가 아니었다. 고교입시용 체력장을 한다고 친구들과 야구와 축구를 했던 기억이야 누구나 있겠지만, 뭔가 체계적인 운동, 특히 팀스포츠를 꾸준히 해 본 기억이 없다. 필자 스스로도 어른이 되어서야 조금 취미를 붙인 걷기/달리기 덕분에 하프 마라톤 시합도 나가보고 했으나, 부족함이 매우 많았다. 요즘의 학생들은 학교 스포츠 활동이 많이 좋아졌으리라 믿고 싶다.

미국 중고등학교에서 체육활동의 중요성은 가히 비교가 되지 않는다. 일단 풋볼, 야구, 농구 등 팀스포츠를 알아서들 많이 하고, 이런 일관되고 계속적인 체육활동이 대학입시에도 무조건 도움이 된다. 오히려 미국의 학생/수험생/학부모 대부분이 방과 후 스포츠 활동을 학교성적, 수능SAT 점수 만큼이나 비중을 두어 준비하는 것 같다. 공부는 평생 하는 것인데 학과공부를 위해서도 지속적인 운동이 바람직한 것 같다. 평생 지고 갈 건강, 사회성, 자존감 등을 고려하면 단기의 시험점수와 감히 비교할 바가 아니다. 개인적인 생각으로는 초중고 학생들의 시간/에너지/비용/평가 거의 모든 영역에서 절반 쯤 할애하였으면 한다. 그것이 평생간다.

예일/하버드/프린스턴 등 명문대학이 스포츠에서도 명문인 것은 결코 아니다. 그저 공부벌레들이 모여 책만 보는 곳인가? 그것도 아닌 것 같다. 정치사회적 운동과 활동은 별론으로 하더라도 스포츠 관련 인프라와 시스템, 특히 학생 등 구성원 각자의 마음가짐이 남다른 것 같다.

엘리트 스포츠 또는 대표팀 경기 얘기를 먼저 해본다. 미국은 땅덩어리가 넓으니만큼 대학대표팀Varsity Team 경기는 지역과 경기력 등을 고려하여 여러 개의 그룹으로 나뉘어 벌어진다. 아이비리그Ivy League가 원래는 스포츠 그룹으로 시작했는데, 그 뿌리에 대하여는 약간의 논란이 있다. 우선 그 용어 자체가 엄청나게 오래된 게 아니고 1954년 미국대학스포츠협회NCAA 주도로 지역별 대학스포츠 경기리그를 구성하던 때부터 아이비리그라는 말이 사용되기 시작했다는 것이 정설 같다. '아이비'는 오래된 대학의 건물 벽을 기어오르며 자리잡은 담쟁이 덩굴이다(정작 예일, 하버드, 펜실베이니아 대학 등의 많은 건물에서는 담쟁이를 구경하기 어렵다. 담벽의 구조상 위험하고 관리 상의 이유 등으로 많이 치워내는 분위기이다. 프린스턴 등에서는 여전히 남아 있지만..).[16] 초명문 3개로 출발했으나 세월의 흐름과 함께 하나씩 더해져서 이제는 모두 8개 학교(Harvard, Yale, Princeton, Cornell, Brown, Columbia, Univ. of Penn, Dartmouth C) 간 다양한 협력/연계 시스템을 지칭한다. 물론, 풋볼, 농구, 배구, 소프트볼, 라크로스, 체조 등 자기네끼리 하는 스포츠 이벤트가 여전한 중심이다. 2017~18 시즌에서 풋볼과 라크로스에서 예일이 모처럼 아이비리그 챔피언이 되었다며 총장이 자축 메일을 보내기도 했다.

아이비리그 대학 간의 스포츠 경기는 도토리 키재기이다. 미국의 대표 스포츠인 풋볼의 경우 이 명문대끼리의 게임엔 우선 관중이 별로 없다. 2017년 10월 어느

---

16) 또다른 '설'에 의하면 로마자 'IV' 발음이 시작이다. 예일/하버드/프린스턴이라는 'Big Three' 대학이 학문/스포츠 뭐든 중심이 되어 자기네끼리만 어울렸는데 거기에 1개 학교를 더 붙여 준다는 (III + I = IV), 이를테면 경상도 말로 '깡가주는' 선심에서 'IV 리그'가 시작되었다는 말도 들린다. 하나씩 더해주다 보니 5개를 더 모은 결과가 되었다(믿거나 말거나)!

날 모처럼 시간이 맞아서 예일-컬럼비아 풋볼경기를 보러 예일 경기장Yale Bowl에 간 적이 있었다. 가는 길도 썰렁하고 경기장 주변에 볼거리, 먹을거리도 없었다. 관중석 사람들 숫자보다 운동장 안에 있는 인원이 더 많지 않나 할 정도였다(이 말은 진담이다. 풋볼은 팀당 공격/수비/스페셜팀/코치진offense/defense/special team/coaches 등을 합하면 100명쯤 된다). 풋볼 명문인 다른 주립/사립 대학들, 예컨대 앨라배마, 클렘슨, 조지아, 미시간, 플로리다, 텍사스, 워싱턴 등은 학교 랭킹도 높지만 풋볼, 농구 등 스포츠도 매우 강하고 인기가 넘쳐 브랜드/비즈니스 양면에서 얻는 게 많다. 해마다 수십 명씩의 스포츠 장학생들을 스카우트하여 등록금/생활비 등을 제공하면서 키운다. TV 중계료, 경기 티켓, 기념품 판매 등의 수익은 고스란히 학교가 가져가는 반면에 선수 학생들은 아마추어로 어떤 경제적 혜택도 받을 수 없어서 그 자체가 논쟁이 된 지 오래다(2020년 코로나 사태로, 봄철 농구는 끝나버렸고 가을 풋볼 시즌 역시 반신불수이니 팬이나 선수나 다 난감하게 되었다).

예일/하버드를 포함 전체 아이비 스쿨의 경우 스포츠 장학생이 없다. 즉, 풋볼/농구/아이스하키만 잘한다고 해서 학비면제를 받고 이 대학에 입학하는 것이 적어도 공식적으로는 불가능하다는 것이다. 그러나 사람사는 세상에서 초일류는 아니지만, 그런대로 자질있는 고등학생들이 어찌어찌하여 입학하고 있으며, 이들은 대표팀Varsity이나 준대표팀Junior Varsity(JV) 운동선수로서 장학금을 받는 게 아니라, 다른 학생들과 마찬가지로 순수하게 가정형편 학비보조를 받는다. 결과는 별로 차이가 없는 것이다. 또다른 면으로 이들은 적어도 예일을 다녔다. 여기서 공부를 했다는 증명을 받게 되는 셈이라서 졸업 후에는 뭔가 다르다고들 한다(예일/하버드 출신으로 프로풋볼NFL에서 진짜 선수생활을 하는 이들도 예외적으로 있는것 같다). 2019년에는 예일, 스탠퍼드 등 명문대학에 스포츠선수로 부정입학한 사례가 드러나 커다란 전국 뉴스가 된 적이 있기도 했다.

어쨌든 아이비리그의 '엘리트 스포츠'라고 그나마 불러줄 만한 것이 이런 팀스포츠 경기인데, 가장 인기가 있는 것은 물론 풋볼, 농구, 아이스하키 등이다. 예일

보울 경기장은 6만 5천 명의 관중석 규모이지만 다 들어차는 날은 1년에 딱 하루뿐이다. 그리고 그날만 이기면 아무도 신경쓰지 않는다. 하버드와의 라이벌전 외에는 늘 한가한 상태로 경기를 하는데, 예일대의 모든 패컬티/스탭에게 매 게임마다 무료 티켓이 주어진다. 물론, 선물이 아니라 청중 동원 차원이겠는데 그나마 가는 사람이 별로 없다. 그에 비하여 페인 체육관Payne Gym 경기장에서 하는 농구는 상대적으로 인기가 넘치고, 아이스하키는 필자의 연구실 근처 잉갤스 링크Ingalls Rink에서 벌어지는데, 둘 다 모든 경기가 유료이다.

예일의 스포츠를 빠짐없이 모두 둘러 볼 수는 없지만, 앞서 얘기한 대중적이고 덩어리가 큰 종목 외에도 스쿼시Squash, 조정Crew, 펜싱Fencing, 라크로스Lacrosse, 수영Swimming 등에도 의외로 많은 학생들이 몰린다. 정규 스포츠 팀으로 예일대를 공식 대표하는 종목이 35개나 된다는 게 놀랍다. 전체 학생 수가 1개 학년에 1,200명 선이고, 스포츠 말고 굉장히 많은 취미/활동/특기를 나누는 학생 동아리가 공식 등록된 것만 해도 288개라 하니, 여기 학생들은 공부 말고도 할 게 그리도 많은가 보다.

평소에는 있는 줄도 모르는 경기 소식도 가끔 들린다. 예일대 페인 체육관의 브래디 스쿼시 센터Brady Squacy Center에는 미국 스쿼시 〈명예의 전당〉U.S. Squash Hall of Fame이 자리잡고 있으며, 전국 대회가 열릴 정도로 시설이나 전통이 훌륭하다. 이 체육관 군데군데 예일의 올림픽 참가역사, 성과 등이 포스터로 전시되어 있는데 조정, 수영, 아이스하키 등에서도 올림픽 선수를 배출했으며, 조정이나 수영 등에서 메달을 제법 땄다.

엘리트 스포츠나 대표선수 경기 같은 것 말고, 보통의 예일 학생들은 어떤가? 이들이 가장 많이 이용하는 시설은 캠퍼스 내 페인 휘트니 체육관PWG 중 특히 실내 체육관과 피트니스 관이다. 이는 한때 미국 전체에서 가장 큰 대학 체육관이면서 고풍스런 외양으로도 유명했는데, 이제는 물론 다른 지역의 대학교에 워낙 크고 좋은 시설이 들어서면서 그런 영예가 옛말이 되었다. 2017년 11월에 강의 출장으로 갔던 텍사스 A&M 대학의 초대형, 초현대식 대학 체육관만 해도 입을 쩍 벌리게 만드는 규모였다. 어쨌든, 필자도 두 학기 내내 PWG 체육관의 단골 멤버였는데, 비용이 예일의 정규 교수들보다도 방문교수들에겐 더 싸게 해준다. 한 달에 18달러만 내면 전 시설 공짜 이용이다. 예일대 재학생은 모두 무료로 이용한다. 이 시설이 평일 저녁에는 항상 붐비어 기구 사용이 쉽지는 않지만 대개 무난하다(금요일 저녁부터 주말 내내 한산하다가 월요일 저녁이 되면 다들 살빼러 오는지 복잡해진다!).

휘트니 체육관 4층이 일반 학생/교수 등을 위한 주된 공간인데 크게 유산소 운동, 근육 운동 섹션으로 나뉘어 있어서 둘을 번갈아 사용한다. 높은 천장에 예일의 14개 기숙대학, 대학원, 12개 전문대학원 상징 배너가 나란히 걸려 있어서 보기에 매우 좋다. 이 체육관에 한번 가면 사우나까지 합해서 보통 2시간 이상 머물게 되는데, 글자그대로 가성비 최고이다. 여기에다 가끔 가는 이스트락 공원East Rock Park 산책 그리고 출퇴근 각각 15분씩을 걸으니 하루에 운동을 제법 하는 셈이지만 이 지역의 많은 예일 사람들은 더해 보인다. 이 체육관 말고도 캠퍼스 여기저기와 뉴헤이븐 거리거리마다 날씨가 그럭저럭 괜찮은 날이면 조깅하는 사람들이 참 많았다. 추운 겨울 또는 비가 내리는 날에도 반팔, 반바지 차림으로 뛰는 학생들을 보니 부럽기도 하다.

2.3.4. 미식축구, 대학 풋볼

우리나라에 국기(國技)가 있다면 아마 축구라 할 사람이 많을 것이다. 야구 역시 류현진, 추신수, 김광현 등 메이저리그 진출 선수들의 영향도 있고 국내 경기나 가끔 하는 국제 경기, 특히 일본과의 시합이 재미있어서 그 인기가 지속 유지된다. 미국에서는 야구를 미국의 오락American Pastime이라 하는 반면 풋볼은 미국의 정열 American Passion이라 할 정도로 좋아하는 밀도가 다르다. 특히 대학 풋볼의 저변과 인기가 대단한데, 필자 개인적으로도 프로풋볼(National Football League: NFL)보다는 대학 풋볼이 더 재미있을 때가 많다. 전미대학체육협회(National Collegiate Athletic Association: NCAA)가 주관하는 대학 스포츠가 프로 스포츠보다 역사가 더 길고 넓게 대중화되어 있기도 하다.

미식축구를 잘 모르는 분들에겐 죄송한 말씀이지만, 일단 규칙을 조금 알고 나면 굉장히 재미있는 스포츠가 이것이다. 필자도 개인적으로 축구와 테니스를 무척 좋아하고 마라톤(하프)을 직접 뛰기도 했다. 걷기야 운동이자 일상생활의 일부이지만 간접경험으로 즐기는 운동으로, 특히 미국 체류 중에 즐기는 오락으로서 풋볼은 유별난 경험이었다. 미국적 생활방식이나 이 나라의 사회체제에 불만이 있을 수 있고, 이 경기에 대하여도 부상의 위험이 크다는 등의 비판이 무척 많지만, 적어도 풋볼만큼은 '지구상 최후의 스포츠'라는데 동의하면서 많이 보러 다녔다. 우리나라에서도 몇몇 대학과 사회인 팀으로 구성된 미식축구 리그가 있는데, 몇 년 전 계명대에서 열린 한국 챔피언 결정전 〈김치 보울〉Kimchi Bowl 경기에 아들과 함께 일부러 간 적도 있었다.

이 책에서 경기규칙을 정리하긴 적절치 않다. 대학풋볼을 1부 리그인 FBS(Football Bowl Subdivision, 예전에는 Division 1-A라 불렀음), 2부 FCS(Football Championship Subdivision)로 나눈다. 이 나라의 땅덩어리가 넓다 보니 지역별 컨퍼런스를 기반으로 해마다 가을에 12회 내외의 경기를 벌인다. 여러 컨퍼런스 중 성적, 기량, 인기가 가장 높은 것은 SEC(South East Conference)로서 앨라배마, LSU, 클렘슨 대학 등 강호들이 즐비하다. 중부권의 Big Ten도 전통과 역량을 자랑한다. 태평양 쪽 대학들의 리그인 팩 12(Pac-12)의 경우 과거의 영광에 훨씬 미치지 못하고 있다. 전국적으로 12월말부터 1월 중순까지 플레이오프인 각종 보울bowl 경기를 단판으로 치르며, 랭킹 1~4위 팀끼리 전국 챔피언 결정전을 치른다.

미국 고교생들, 특히 최상위권이 아니라면 젊은 혈기와 열정이 '철'을 능가하는 경우가 많아 풋볼이나 농구를 잘하는 대학으로 가려는 아이들이 매우 많다. 또 그런

대학은 규모가 크거나 거점 주립대학인 경우가 많고 실제로 명문 대학들도 물론 많다. 그럭저럭 큰 학교에 가서 스타 농구선수나 풋볼 선수를 자랑스레 응원하면서 학교를 다니면 얼마나 신나겠는가? 풋볼팀을 그럭저럭 운영하려면 엄청난 돈이 들어가게 되는데, 경기장 시설과 기타 인프라는 물론 순수 운영비만 해도 해마다 수백만 달러가 기본이다. 웬만한 대학의 풋볼팀 코치는 총장보다 보수가 더 많고 이런저런 비용이 워낙 커서 소규모 학교 입장에서는 정말로 '계륵'이거나 'hot potato' 인 경우가 많다. 경제나 대학 사정이 좋지 않을 때는 더욱 그럴텐데, 일부 대학에서 풋볼 프로그램을 완전히 끝내기로 선언하는 경우가 심심찮게 나타난다. 반대로 앨라배마, 오하이오 주립대, 플로리다, 미시간, 스탠퍼드, 텍사스, 워싱턴 등 명문대학은 TV 중계료, 입장료, 기념품 판매 등 넉넉한 수익으로 오히려 대학자체 재정에 큰 보탬이 되기도 한다. 그러나 수천 개 학교 중 그런 곳이 얼마나 되겠는가?

몇 가지 '수상한' 관찰 사항인데… 대학 풋볼 경기에서 성조기를 크게 앞세우고 전체 관중들이 일어나서 국가를 합창하는 것까지는 이해할 수 있다고 하자. 그런데 어떨 때는 지나치게 국가주의, 미국 우선주의, 심지어 약간의 군국주의 냄새까지 풍길 때가 있다. 개인주의와 자유에 대한 신념이 강하다고 여겨지는 이 나라, 풋볼경기장에서는 그 반대의 모습을 본다. 큰 경기 같은 경우 군복 정장의 정규군인들이 커다란 무리로 운동장을 채우고 3군 의장대가 등장하기도 하는데 꼭 아름다운 풍경만은 아니다. 우리나라에서도 국기에 대한 맹세를 어린 학생들에게 강요한 적이 있었고, 미국도 비슷하게 '충성의 다짐Pledge of Allegiance'이 있는데 그 내용 가운데 '하나님 아래under God' 문구가 지금도 논란이 되고 있다. 수십 년 전 미국의 공립학교에서는 아침 기도가 공식 일정이었다. 풋볼 경기 시작 전 팀원들 전체가 무릎을 꿇고 목사/신부의 주도 아래 기도하는 모습, 예컨대 교회를 다니는 필자가 보기엔 괜찮을지 몰라도 무슬림 등 다른 종교를 가진 사람들에겐 어떻게 비칠런지 모를 일이다.

현실에서도 감동을 주는 이야기를 신문에서나 TV에서 접할 수 있는데, 11년 전 매사추세츠 주립대 체류 시절의 팀 티보Tim Tibow 얘기가 생각난다. 이 친구는 2010

년 당시 랭킹 1위 플로리다 대학의 주전 쿼터백으로 기량, 외모 등이 발군이라 그야말로 스타 중의 스타였다. 그러면서 기독교 신앙으로 탄탄히 뭉쳐진 표시가 늘 나는데, TV 인터뷰 때마다 'God bless!'로 인사하는 게 더욱 인상깊었다. 이 선수가 뛴 몇몇 경기를 보다가 사소하지만 특이한 점을 하나 발견했다. 야구선수들과 마찬가지로 풋볼 선수들도 눈 밑에 햇빛 반사방지용으로 시커먼 칠을 해두는 경우가 많다. 이를 아이블랙eye black이라 하는데, 그 검은 바탕에 어떤 무늬나 글귀를 새겨서 '폼'을 재는 어린 선수들이 꽤 있다. 어떤 선수는 엄마MOM, 아빠DAD를 써두고, 어떤 선수는 애인 이름과 하트 모양을 그리기도 한다.

팀 티보의 경우 "HBR 12:1", "John 16:33" 등 히브리서, 요한복음 등의 성경구절이었다. 별것 아닌 것 같지만 그렇게 하는 것도 큰 용기가 아닌가 싶다. 물론 논란거리이기도 했다. 내용도 중요한 경기를 앞둔 운동선수에게 어울리는 것 같지만, 교회에 다니는 사람이라면 새겨들을 만한 좋은 구절이다.[17]

티보는 풋볼 기량과는 전혀 무관하게 큰 상을 하나 받았다. 대학풋볼선수 중 학업이 우수한 4학년생 16명에게 장학금 1만 8천 달러를 각각 주는 것인데, 이 친구는 GPA 3.66으로 1등을 하여 캠벨 트로피William V. Campbell Trophy를 수상한 것이다. 이 정도라면 운동선수가 아니었어도 잘한 성적이고, 이외에 각종 자원봉사활동 기록까지 나타나 있으니 정말 대단하다. 대학 풋볼 또는 농구대표선수이면 거의 매일 4시간 이상 연습이 있고, 공식경기 특히 원정의 경우 시간과 에너지 소비가 상상할 수 없을 정도인데 어떻게 이를 다 이룰 수 있는지 대단한 것 같다. 20년 전쯤 네브라스카 대학 주전 쿼터백이던 에릭 크라우치Eric Crouch라는 학생/선수가 프로리그 NFL부터 엄청난 돈과 명예가 따르는 유혹을 가볍게 뿌리치고 경영대학원MBA 진학을 택

---

17) 히브리서 12:1 - "이러므로 우리에게 구름같이 둘러싼 허다한 증인들이 있으니 모든 무거운 것과 얽매이기 쉬운 죄를 벗어버리고 인내로써 우리 앞에 당한 경주를 하며…"
요한복음 16:33 - "이것을 너희에게 이르는 것은 너희로 내 안에서 평안을 누리게 하려 함이라. 세상에서는 너희가 환난을 당하나 담대하라. 내가 세상을 이기었노라."

하였던 게 기억나고, 올림픽에서 금메달을 6개인가 땄던 에릭 하이든이라는 스피드 스케이팅 선수가 지금은 의사로 활동하고 있다는 뉴스가 생각난다. 가히 딴 세상 사람들 같다.

 매사추세츠 체류 중에도 풋볼 시즌을 온전히 맞이했던 적이 있었다. 수업시간 또는 틈틈이 미국 학생 및 교수들과 나누는 풋볼 얘기가 일상의 윤활유가 되었다. 약 1/3쯤의 사내들은 물론 일부 여학생도 이쪽의 광팬이라 언제 얘기를 꺼내도 화색이 돌고 톤이 바뀌는 반응이 돌아온다. 매사추세츠 주립대의 경우 당시만 해도 2부 리그라 할 FCS 소속이었고 그 중에서도 그리 엄청나지 않은 지역 컨퍼런스지만 첫 경기에서 FCS 4위팀 윌리엄 앤 메리William & Mary를 이긴 게 고무적이었다. 그후 '역사적인' 경기로 1부 리그 FBS의 전통적 강호 미시간대학(전국 20위)과 방문경기를 펼치게 되는데, 물론 졌다. 미시간은 원래 필자가 석사 유학을 갈 뻔 했던 곳이기도 한데, 학교 랭킹도 최고수준일 뿐 아니라 풋볼은 아마 더한 것 같다. 어떤 언론의 평가로 미시간-오하이오Michigan-Ohio State 풋볼 경기는 미국 스포츠 최고의 라이벌 전통이 아닌가 할 정도로 대단하다. 최근 몇 년간은 오하이오 주립대가 훨씬 좋은 성적을 기록했다. 1부 FBS리그에 비해 2부의 경기 수준은 솔직히 많이 낮다. 예일/하버드 등을 앨라배마, 오클라호마, 클렘슨, 오하이오, 워싱턴 같은 팀과 비교할 수 없다. 풋볼을 정말 좋아하는 친구들이 이 경기를 보면 아마도 코웃음을 칠 일이다.

 2017년 가을, 두 번정도 예일 경기장에 가봤지만 경기보다는 그냥 사람 구경과 분위기 경험이 더 중요해 보이는 사람들이 많았다. 정작 게임엔 별 관심없고 친구들과 어울려 술 먹고 노는 테일게이트 파티tailgate party가 주목적인 학생들도 많았다. 경기장에서 우리 앞에 앉았던 하버드 남녀 커플의 경우에는 터치다운을 두번이나 성공시키는 가운데 눈도 깜짝 않고 사랑 놀음에 바빴는데 눈 둘 데가 없었다.

'The Game' 하버드-예일 정기전, 라이벌의 장난질 Harvard-Yale Prank

미국 사정을 아는 사람이면 이른바 'The Game'이라는 말을 들어봤을 것이다. 경우에 따라 다른 대상을 지칭하는 경우도 있지만, 일단은 135년 넘는 오랜 전통을 자랑하는 예일-하버드 풋볼 경기를 뜻하는 경우가 많다. 2017년에도 11월 예일대 주최로 열렸고, 홈팀 예일이 24-3으로 승리했다. CNBC와 지역 라디오에서 생중계했고, 약 5만 명이 예일 경기장 Yale Bowl에 몰렸다. 체육관 앞에서 셔틀버스를 타고 갔는데, 약간 쌀쌀한 날씨임에도 경기 1~2시간 전부터 일찌감치 경기장으로 가는 학생, 주민들로 거리가 붐볐다. 약 2주 가량 캠퍼스 곳곳에서 예일-하버드 풋볼 광고를 쉽게 볼 수 있었다.

예일 풋볼이 오랫동안 성적이 나빴고 특히 하버드에는 연속으로 져 오다가, 2017년에서야 오랜만에 하버드를 이기면서 최근 몇 년 동안 기세가 올라 있었다. 2017년의 경우 다트머스대학에 딱 한번 지고는 나머지를 전승하여 오랜만에, 정확히는 37년 만에 아이비리그 챔피언이 되었다. 예일과 하버드는 1875년부터 풋볼 게임을 매년 개최해 왔는데, 세계 1차/2차 대전때만 예외였다고 한다(예일 풋볼팀이 145년 동안 공식경기에 참여해왔기 때문에 2017년 대표팀을 "Team 145"라 불렀다).

역대 전적은 67승 59패로 예일이 조금 낫다고 하는데, 경기 수준이 도토리 키재기이고 스포츠 마케팅 차원에서는 그리 의미가 크지 않다. 아이비리그 컨퍼런스 챔피언, 뭐 이런 것보다는 하버드와의 승부가 실제로는 가장 큰 관심사이다. 하버드 쪽도 마찬가지여서 1년에 예일 하나만 이기면 된다는 생각을 하는 것 같다. 경기 당일 배포되는 대학신문 〈게임데이〉Game Day 특별판에 보면 그야말로 온갖 스토리, 응원, 상대학교 깔보기, 장난같지만 약간 심각한 비방까지 다채롭게 펼쳐져 있었다. 하버드의 〈크림슨 타이드〉Crimson Tide 역시 마찬가지였다. 이 정기전 날은 사실 스포츠 측면도 있지만, 1년에 한번 하는 총동창회 같은 축제로도 치러진다. 예일의 경우 매 5년마다 5월에 총동문회와 연도별 동창회가 별도로 열리긴 하지만, 11월에 보스턴 또는 뉴헤이븐에서 번갈아 열리는 예일-하버드 풋볼 정기전은 동기생들이 편하게 모이는 기회가 된다.

두 대학의 정기전을 전후하여 이 책에 직접 올리기 거북한 말장난, 소품 등이 사방에 난무했다. 해마다 구호도 조금씩 달라 지지만, "Fale Yale", "Harvard Sucks" 등 별 표현이 다 나타난다. 학생 하나가 처음 필자에게 보여준 유튜브 영상은 정말 작품이었다. 모처럼 크게 웃어봤던 장면인데, 2004년 예일에서 열렸던 두 대학 간 경기에서 실제 벌어진 일이었다. 예일 학부생 24명이 하버드의 심홍색 crimson 셔츠를 입은 채 수백 명의 하버드 쪽 응원단으로

잠입하여 흰색/적색 종이를 배부하면서 이른바 카드 섹션을 유도했다. 멀리서 3시간을 구경 온 하버드 응원단에게는 "하버드 잘해라Go Harvard" 문구라며 속인 후, 실제로는 "우린 패배자 We Suck" 표시가 나타나도록 작품을 만들며 그 제작 과정까지 모두 기록에 남겼다. "2004 하버드-예일 장난질Harvard-Yale Prank" 등을 구글에서 검색해 보면 위키피디아 같은 사이트에도 실제 기록되어 있다.

경기가 끝난 후 이런 사실이 알려지던 초반에는 하버드 쪽에서 그런 일이 일어났다는 사실 자체를 인정하지 않으나, 음모자들이 미리 기록해둔 동영상을 공개하자 일이 커져 버렸다. 실제 어떤 장면인지 궁금한 사람은 유튜브 영상을 보시라. 아무리 라이벌 학교 학생끼리의 장난기 가득한 행동이었지만, 좀 심각한 결과였는데 그래도 나중에 책임/처벌 얘기가 구체화 되지는 않았고 그냥 학생들의 장난으로 넘긴 모양이다(아울러, 문제의 영상이 일부 조작됐다거나, 하버드 쪽의 사전 협력자가 있었다는 등의 사후 논쟁까지 더해졌다).

몇 년 후, 하버드 학생들이 거꾸로 복수를 했다. 예일 티셔츠를 입고는 예일대를 찾아온 외국 관광객들에게 친절하게 가이드를 자청한 후에 이들을 안내하고 캠퍼스 여기저기를 친절하게 설명해 주는 척 하면서, 실제로는 그야말로 무자비하게 예일대 험담을 하는 내용이다. 이 과정 역시 훗날의 증거용으로 유튜브 동영상이 남겨졌는데 속아 넘어가는 관광객들이 불쌍할 정도였다. 라이벌 학교끼리의 이런 장난은 인터넷에 수두룩하다.

🏛 2.3.5. 예일의 양성평등: 여학생 입학

"성평등과 여성 권익향상은 UN사무총장 취임 첫날부터 최고의 우선순위에 있었다. UN이 모범을 세움으로써 이를 선도하는데 최선을 다해 왔다... 여성의 평등은 모두를 위한 진보이다." – 반기문 제8대 UN사무총장

이제는 아무도 이의를 제기하지 않는 양성평등, 특히 지구의 반을 함께 떠받치고 있는 여성에게 동등한 기회를 주는 것은 큰 빛을 비추는 일이라기보다는 그저 상

식이 되었다. 옛날엔, 특히 예일에선 그렇지 않았다.

많은 대학에서 교수진은 몰라도 학생집단의 구성 측면에서는 숫자나 비율이 비슷해졌거나 외려 여학생이 더 많은 경우도 볼 수 있다. 그러나 예일 칼리지의 경우, 1969년 이전까지 여학생이 아예 없었다. 대학원 신입생으로는 그 훨씬 전인 150년 전에 여학생을 받았지만 학부는 1세기를 더 기다려야 했다. 숫자를 맞추어보면, 2019년의 의미가 드러난다. 예일 칼리지에 여학생이 들어온 지 50년, 대학원에 여학생이 들어온 지 150년이 되는 해였던 것이다. 예일 350년 역사 중 예일이 여성들에게 균등한 기회를 준 시기는 굉장히 늦었다고 볼 수 있다.

2019년 1년에 걸쳐 예일의 여성 기념행사 '50 Women At Yale 150'으로 축약된 이니시어티브가 줄지어 진행되었다. 예일 칼리지 단과대별 행사, 도서관, 미술관, 학생단체 등과 연계한 다양한 이벤트였다.[18]

아마도 가장 놀라운 사실은 1969년이 되어서야 예일 칼리지에 여학생이 들어올 수 있었다는 일일 것이다. 물론 오랜 전통과 사립이라는 특수성 탓이긴 했겠지만, 우리나라만 해도 해방 후 많은 대학에서 남녀 구분 없이 신입생을 받아들였지 않은가? 또 특이한 것은 예일에서 흑인보다 여성을 받는 것이 훨씬 늦었다는 사실이다. 예일대 홈페이지, 예일대 동문회, 위키 등 기록이 약간 혼동되긴 하지만 예일대에 흑인이 정식으로 입학-졸업한 사례는 학부의 경우 1853년 예일 칼리지에 입학한 Richard Green, 대학원은 이듬해인 1854년 의대 신입생 Courtlandt Creed으로 둘 다 흑인 남성이다(흑인 여성으로는 대학원이라도 훨씬 늦은 1936년에야 입학한 Virginia Alexander). 어쨌든 예일의 중심이자 전통을 이어가는 아이콘인 예일 칼리지에는 불과 50년 전부터 여학생이 들어오기 시작한 것이다.[19]

---

18) Yale celebrates a year of women — from the first women grads and undergrads to the trailblazers of tomorrow - by Brita Bellia(Yale News 2019.8.28)
19) 함께 생각할 만한 것이 여성의 참정권(women's suffrage)인데, 미국에서는 대부분의 서구 선진국보다 조금 늦은 1920년 수정헌법 19조에 의해서 여성에게 투표권이 부여되었다.

예일대의 유명한 비밀결사 〈해골단〉은 1832년 설립 이래 줄곧 남학생 전용 동아리로 있다가 1991년이 되어서야 처음으로 여학생을 신입회원으로 들였다. 당시 예일대에서 〈해골단〉과 〈늑대 머리〉Wolf's Head 이름의 동아리가 남성 전용을 고집하고 있었는데, 비슷한 시기에 그 제한이 풀렸다고 한다. 어쨌든 이 문제로 학내외 논쟁이 심했다는 것은 이해할 만하다. 〈해골단〉은 해마다 4학년 올라가는 3학년생 15명을 뽑아 그 폐쇄성과 함께 서로 밀고 당겨주는 강력한 네트워크를 자랑해 왔다. 정치, 경제, 언론 등 각계에 영향력 있는 인사들이 박혀 있는 가운데 온갖 음모론에 휩싸일 정도로 유명한 조직이다. 여기서 전통을 중시하는 선배들과 30년 전의 재학생 그룹이 여학생을 새로 받아들이느냐의 문제로 법적 소송까지 벌일 정도로 큰 싸움을 벌인 셈이다. 당시 거물급 동문이자 해골단 회원이었던 존 케리 당시 국무장관 역시 여성에 대한 문호개방을 찬성하면서 힘을 보탰다고 한다.[20]

물론 이제는 국내외 대부분의 대학내 활동에서 남녀 구분은 의미가 없다. 그런데 꼭 그런가? 〈뉴욕타임스〉와 〈월스트리트저널〉에 비슷하게 실린 내용인데, 필자가 보기에 가장 특이했던 건 과연 이게 기사거리인가 하는 점이었다. 미국 최고 최대인 두 신문의 명성/영향력에 비추어 볼 때 잘 어울리지 않아 보였다. 2018년부터 예일대에서 무려 110년간 역사를 이어 활동해 온 남학생 전용 아카펠라 그룹이 처음으로 여학생 회원을 받아들였다는 뉴스였다.[21] 매우 간단한 뉴스였는데, 이게 그 정도로 중요한 기사인지는 잘 모르겠다. 사실 이 내용은 1주 전에 예일대 신문에서 이미 다룬 것으로, 그때도 신기하긴 했다. 예일대가 여학생 입학을 허용한 1969년 이래 줄곧 남학생 노래 동아리에 여학생을 받을 것인가가 논란이 되어 왔던 것이다.

---

20) "Rattling those dry bones" (Yale Daily News, 2006. 4. 18)

21) "Yale's Famed Whiffenpoofs Singing Group Admits First Woman" (NYT 2018.2.20); "Yale's Poor Little Lambs Who Have Lost Their Way Find a Ewe" (WSJ 2018.2.21)

■ 휘펜 풉스 Whiffenpoofs

이상한 이름의 이 동아리는 미국 전체에서 가장 오래된 대학 노래패로서 1909년 설립된 이래, 특히 최근 수십년간 학내/동문 사이의 대단한 논란에도 불구하고 여학생에겐 금기였다. 이 동아리에 들어가면 한가지 의무/특권이 있는데, 3학년을 마치고는 1년 휴학 후 전 세계로 공연을 다닌다는 것이다. 보통 12개 국가 이상을 돌면서 연간 200회 이상을 공연한다니 대단하긴 하다. 백악관에 초청되어 역대 대통령들 앞에서도 노래했다고 한다. 그래도 그렇지, 대학의 학부생 동아리 이야기가 〈뉴욕타임스〉, 〈월스트리트저널〉 두 신문에 나란히 크게 실렸다는데 놀라지 않을 수 없다.

■ 휨앤 리듬 Whim'n Rhythm

예일에는 여학생 전용의 아카펠라 그룹도 있다. 여성들이니만큼 소프라노 I, 소프라노 II, 앨토 I, 앨토 II(SSAA) 4개 파트로 구성한다. 앞서 얘기한 남학생 노래패도 사정상 테너와 베이스만으로 구성하여 TTBB 4개 파트로 구분한다. 이 동아리에서도 이제 남학생을 신입으로 받기로 했다니, 잘했다고 해야 하나 너무 늦었다고 해야 하나.

또 하나 신기한 것은 이러한 음악 동아리에 정작 음악전공인 학생은 많지 않다는 것이다. 비슷한 맥락으로 예일 학부생으로 구성된, 예일에서 가장 유명한 연주단 예일 심포니 오케스트라 Yale Symphony Orchestra 역시 회원 대부분이 음악 비전공이다. 나중에 이런저런 유명 악단의 지휘/연주를 맡는 경우가 많다는게 신기하다. 앞서 말한 남녀 아카펠라 그룹 역시 마찬가지이다(물론 예일 칼리지에 음악 전공도 있다. 또, 음악대학원 School of Music도 별도로 있다). 이 친구들이 도대체 언제 어떻게 전공자 뺨치는 실력을 키웠고 평소에는 어찌 연습하는가? 평소 자신의 학과 공부는 언제 할까? 잠시 생각하면 우리나라의 경우 '학과' 또는 '전공'이라는 고착된 사고에 많이 집착하는데 비해, 예일이나 많은 미국 대학에서는 전공도 매우 쉽게 바꾸면서 삶과 세계를 유연하게 바라보며 폭넓게 자신의 특기를 개발하는 것 아닌가 싶다. 코로나19 탓에 최강 미국의 브랜드와 시스템에 대한 의문이 커졌지만, 대학의 역량과 잠재력에서는 여전히 독보적일 것이다.

| 부록 | 뉴잉글랜드의 대학 캠퍼스 투어 |

언제부터인가 아이비리그 대학을 모두 둘러본다 다짐하고 있었는데, 다트머스를 제외한 7개까지는 목표를 이루었다. 10년의 간격을 두고 매사추세츠와 코네티컷에 머물렀으니만큼 100% 가능하리라 여겼는데 아직도 아니다. 아이비리그는 널리 알려진 동부의 유명 사립대학 8개를 일컫는다. 즉 Harvard, Yale, Princeton (이 셋을 특별히 'Big 3' 또는 HYP라 하기도 한다), Brown, Columbia, Connell, Dartmouth, Univ of Pennsylvania인데 어느 하나 예외없이 엄청나게 좋은 대학이다. 전통, 동문, 돈, 연구력, 학생 등 어떤 면으로도 명성이 높다. 아직 한번도 가보지 못한 다트머스 대학은 세계은행 총재를 했던 김용 박사가 총장이었던 학교이다.

■ 브라운 대학교

브라운 대학은 젊은 학생들 사이에선 해리포터 시리즈의 주연 엠마 왓슨Emma Wastson이 다녔던 학교로도 잘 알려져 있다. 실제로 10년 전 매사추세츠 주립대에 머무르던 시절, 이 영국 배우를 직접 보겠다는 일념 하나만으로 브라운 대학을 지망하려던 고등학생들을 봤다. 브라운 대학도 물론 경쟁이 심하지만, 더 어려운 곳도 갈 만한 조건임에도 그렇다는 얘기이다. 규모는 하버드나 예일에 비해 매우 작고, 굳이 견준다면 소규모 초명문 애머스트 대학을 닮은 듯 캠퍼스의 외양이든 내실이든 여러모로 꽉찬 학교이다(애머스트나 윌리엄스 대학이 얼마나 좋은 학교인지는 이 책의 다른데서도 얘기한다. 이름만 갖고 하버드, 예일, MIT, 스탠퍼드만 따지는 것은 옳지 않다). 뉴헤이븐에서 동쪽으로 약 2

시간 운전하면 미국에서 가장 작은 주인 로드 아일랜드Rohode Island의 주도인 프로비던스Providence에 브라운 대학이 소재하고 있다. 아름다운 캠퍼스, 편안한 분위기에 공부만 하기에도 아주 좋은 곳 같다.

■ 컬럼비아 대학교와 바나드 대학교

뉴욕은 뉴헤이븐과 기차로 2시간 거리인 만큼 수시로 드나들게 된다. 학술 모임, 풀브라이트 행사, 한국 손님들과의 관광 등등 헤아릴 수 없이 많은 기회가 있었는데, 지금 생각하니 대학 캠퍼스만을 목표로 간 적은 딱 한 번뿐이었다. 그게 바로 컬럼비아 대학Colombia University 투어였다. 뉴욕 맨해튼은 그리 넓은 지역이 아니다. 그렇지만 무척 넓고, 좁고, 복잡하고 소란스럽다. 2017년 가을에 일부러 시간을 만들어 천천히 둘러보았다.

그러고 보니 우리나라 학교를 제외하고도 수십 년간 미국과 유럽의 많은 대학 캠퍼스를 다녀 보거나 걸어 봤는데, 마음 깊이 정이 가는 쪽으로는 대학원 유학을 했던 워싱턴 대학University of Washington 만한 데가 많지 않고, 전체 캠퍼스의 구성이나 셋팅으로는 코넬Cornell, 캠퍼스 내 개별 건물의 멋짐으로는 연구년을 체류했던 예일대에 견줄만한 곳이 많지 않다. 매사추세츠 주립대는 그냥 무척 컸던 느낌이다. 컬럼비아 대학의 캠퍼스는 맨해튼의 위치나 분위기를 고려할 경우, 그런대로 도심에서 의외로 편안히 보호받는 분위기이다.

아이비리그 8개 대학 중 하나인 이 대학은 1754년에 설립되었다. 맨하탄 남쪽에 있는 뉴욕대학New York University보다는 캠퍼스 사정이 조금 낫다고 해야 할까? 컬럼비아의 가장 큰 특징 중 하나가 바로 뉴욕 한복판 맨하탄, 특히 할렘가 근처에 있다는 것이다. 도심 학교답게 당연히 캠퍼스를 넓게 쓰지 못한다. 그런 가운데도 중심 공간, 즉 1895년 지어진 로우 기념도서관Low Memorial Library, 버틀러 도서관Butler Library 사이가 시원하게 잔디광장으로 탁 트여 보인다. 필자의 동기 중 한명도 이 학교에서 학위를 받아 지금 서울의 대학에서 교수를 하는 사람이 있는데, 한국 출신

학생들이 많다. 뉴욕에서 살아본 사람은 한국인과 미국인을 막론하고 어떤 자존감 또는 독특한 '뉴요커' 관점을 지니는 경우가 많은데 아마 학생들도 그럴 것이다. 뉴욕 등지에서 많이 공부하거나 오래 생활한 사람들 가운데는 뉴욕이 세계의 중심이고 맨해튼에 소재한 컬럼비아, 뉴욕대학교NYU 등이 최고인 것으로 충성을 보이는 사람이 가끔 있다고 한다.

국제정치의 본산이라 할 UN 본부, 세계 금융의 중심일 월스트리트에 가까이 있다는 점이 눈에 확 띈다. 그래서인지 학교의 공식 명칭에서 일부러 '뉴욕시에 있는 컬럼비아대학Columbia University in the City of New York'라고 강조하는가보다. 컬럼비아 대학이 로스쿨과 경영대학원이 유명한 것도 당연해 보인다. 아이비리그의 전통과 뉴욕의 다양성을 조화시키는 학교로도 알려져 있는데, 오랜 역사에서 101명의 노벨상 수상자, 28명의 아카데미 수상자, 3명의 미국 대통령을 배출했다고 자랑한다.

좁은 캠퍼스의 학생 공간인 러너홀Lerner Hall 등 몇 군데를 들르고 대학신문을 잠시 읽게 되었다. 다른 미국 대학과 마찬가지로 학생들이 중심이 되어 만드는 신문으로 컬럼비아 데일리 스펙터Columbia Daily Spectator 제하의 신문인데, 1877년부터 발행됐고 대학 당국과는 물론 독립되어 있다. 조금 오래된 기사 중 남녀 공용 화장실이 계속 늘어나고 있다는 것, 형편이 어려운 학부생들을 위한 푸드뱅크food bank 무료급식이 학생동아리의 노력으로 러너홀에서 운영되게 되었다는 것 등의 잔잔한 학교 소식을 다루고 있었다.

특이한 것으로 이웃한 여자대학 바나드 칼리지Barnard College 소식을 많이 아우르고 있다는 것이었다. 우선 머릿기사로 바나드 신임총장의 취임사를 두 꼭지나 다뤘다. 〈연세춘추〉가 이화여대 총장의 취임사를 그리 크게 1면에 다루겠는가? 〈경북대신문〉에서 부산대나 영남대 관련 기사를 본 적이 얼마나 있는가?

컬럼비아와 바나드의 독특한 관계는 완벽하게 설명하기가 힘들 정도인데, 마치 하버드 대학과 래드클리프Radcliffe College 관계와 비슷하지 않을까 하지만 그것도 아니다. 오랜 이웃관계를 넘어 하버드-래드클리프는 공식 통합되었지만, 컬럼비아와 바나드의 경우 총장도 다르고 행정/재정적으로 분리되어 있다. 그런데 캠퍼스나 시설 등을 많이 공유하며, 바나드 칼리지 졸업생들은 컬럼비아와 바나드 총장 2명이 공동서명한 학위기를 받는다. 바나드 칼리지는 매사추세츠에 있는 마운트 홀리요크, 스미스, 웰즐리 등과 어울려 세븐 시스터즈를 이루는 가장 오래된 여자대학 중 하나이다. 하버드, 예일의 경우에서처럼 20세기 중후반에 이르러서야 미국의 명문대 학부에 여학생이 입학하게 되었는데, 뉴욕 쪽에서도 그에 대한 반발이 오랜 기간 이어졌다. 즉, 바나드 칼리지는 컬럼비아 대학이 여학생을 받지 않는데 반발해서 세워졌던 것으로 알려진다. 오랜 세월 두 이웃학교는 서로 '제휴'해 온 셈인데, 바나드 역시 명문 리버럴아츠 대학으로 여전히 명성을 떨치는 학교이다.

1983년 컬럼비아가 남녀 공용대학으로 전환 후에도 바나드 칼리지는 여자대학으로 남으면서 계속 법적/재정적으로 독립된 상태로 있지만, 학문적으로는 이웃의 명문과 긴밀한 관계를 유지해 온 것이다. 학점/학위 교류 및 공유, 심지어 졸업식도 같이 한다고 한다.

■ 코넬 대학교와 시라큐스 대학교

코넬 대학과 시라큐스 대학은 한꺼번에 다녀왔다. 이 두 학교는 모두 뉴욕주 북쪽에 위치하며 지리적으로 멀리 떨어져 있지 않아서 함께 보게 된 것이다. 시라큐스Syracuse는 아이비리그 학교는 아니지만, 좋은 사립대학으로 특히 필자가 소속한 행정학의 영역에서는 최상위권 랭킹을 자랑하는 학교이기도 하다.

코넬은 따로 설명이 필요없는 명문이다. 뉴헤이븐에서 이타카Ithaca까지 5시간쯤 걸린다. 이 '시골' 학교는 1865년 설립 이후 노벨상 수상자만 54명을 배출했으며, 각종 대학랭킹에서도 최상위에 속한다. 많은 학과/전공이 우수하지만, 특히 호텔경영학, 수의학, 노동관계학 등은 타의 추종을 불허할 정도이며, 공대쪽도 좋다 한다. 에즈라 코넬Ezra Cornell과 앤드루 화이트Andrew Dickson White 두 사람이 어떤 차별도 없이 신입생을 받는다는 정신으로 설립했다고 하는데, 특히 여학생을 받아들인 게 1872년으로 이 나라에서 가장 오래된 전통이다. 앞서 얘기한 대로 하버드-예일-컬럼비아 등 명문학교에서 여학생을 학부에 받아들인 것은 20세기 후반에서야 이루어졌음을 감안한다면, 이 학교는 굉장히 일찍 깨어있던 셈이다.

필자는 오랜 기간 한국, 미국, 유럽의 대학 캠퍼스 계획에도 관심을 두어 왔다. 비록 세부전공을 그쪽으로 하지는 못했고 아는 경험을 특별히 직업적으로 써먹는 수준까지는 이르지 못했지만, 웬만한 학교의 캠퍼스에 관한 얘기는 많이 알아들을 뿐 아니라 참 재미있게 느낄 때도 많다. 코넬 캠퍼스를 몇 시간 돌아다닌 것으로 정확하고 객관적인 판단을 하기는 어렵겠지만, 적어도 물리적 캠퍼스의 구성만큼은 양/질 모두 최고 수준인 것으로 결론 짓는다. 굳이 예일대와 비교하면 길이가 남북 2마일쯤인 예일의 캠퍼스에는 정말로 아름답고 고풍스런 고딕식 건축물이 많아서 그 예술적 가치가 대단하지만, 지형, 캠퍼스 구성 등 큰 그림으로 고려한다면 코넬 쪽에 손을 들어주고 싶다. 시가지가 아니라 바깥에 자리잡은 만큼, 예일과는 비교할 수 없이 훨씬 넓고 시원하며 오르락내리락 하는 맛까지 있다. 이 동네는 굉장한 시골은 아니지만 그렇다고 도시적 분위기는 아니다.

캠퍼스 안에 근사한 호텔이 있는데 이는 호텔경영학 학생들의 실습장이기도 하다. 마치 예전에 머물던 매사추세츠 주립대 애머스트 캠퍼스와 비슷한데, 외양이나 실제 랭킹 등에서 코넬이 훨씬 좋은 것은 물론이다. 캠퍼스 안에 계곡과 구름다리가 있는 곳을 본 사람도 많을 것이다. 첫눈에 어이가 없을 정도의 광경인데, 아마도 일부 학생들이 '비극적' 용도로도 많이 사용했던 모양이다. 코넬은 미국의 대학 가운데 학생 자살률이 높은 곳으로도 유명하다.

이 학교는 다 좋은데, 주변에 먹고 놀만한 게 별로 없어 보인다. 아닌 게 아니라 같이 간 아들 녀석도 금방 그런 소릴 한다. "1년쯤이라면 어찌어찌 지내겠는데, 3년 이상 공부하려면 만만치 않겠다"라고. 혹시 그래서 학생들이 자살을 많이 한다는 얘기까지 듣는 것 아닐까라는 잠시 허황된 생각이 들었다.

바로 이어 간 시라큐스 대학은 1870년 설립되었다. 이 학교는 행정학으로 특히 이름이 높은데, 행정대학원의 정식 명칭은 'Maxwell School of Citizenship and Public Affairs'이다. 미국 랭킹 1위라 할 정도인데, 우리 학부에서 몇 년 전 퇴임하신 교수님이 여기서 박사를 하셨다. 모처럼 따로 연락을 드렸다. 필자가 잘 아는 분을 포함해서 전직 장관 등 고위 공직자들도 이 학교에서 공부하신 분이 많다고 들었다.

시라큐스는 캠퍼스가 도심에 위치하고 있어서 그리 넓거나 크지 않고, 매우 콤팩트하게 구성되어 있다. 비교적 좁은 공간이 고풍스런 건물로 꽉 차있다. 마침 여름 방학중이라 학생/교수들의 모습은 별로 보이지 않는데도 경비하시는 분이 주차할 데가 없다며 빨리 나가달란다. 코넬이나 시라큐스는 스포츠로 엄청나게 유명한 곳은 아니다. 시라큐스는 풋볼, 농구 등에서 성적이 좋을 때가 있고, 특히 같은 컨퍼런스의 듀크 대학과는 라이벌 의식도 꽤 있는 듯 하다. 시라큐스의 오렌지색 풋볼팀은 문득 경북대의 오렌지 파이터스Orange Fightees를 연상케 한다.

■ 펜실베이니아 대학교

2018년 6월 한창 짐을 싸던 가운데 만만치 않은 시간을 일부러 만들어 필라델피아를 다녀왔다. 초점은 펜실베이니아 대학교University of Pennsylvania 였지만, 필라델피아라는 도시 또한 워낙 중요한 지역이니 하루를 투자한 가치가 넉넉했다.

펜Penn(또는 유펜UPenn)이라 불리는 펜실베이니아 대학은 1740년 설립된 사립대학으로 아이비리그 8개 대학 중 하나이다. 필라델피아에는 기차로 갔으니 현지에서도 엄청 걸어야 했다.

펜Penn은 미국 건국의 아버지 중 하나인 벤자민 프랭클린이 설립하였는데 캠퍼스 안에 그의 동상이 있다. 이 대학의 상징문양에 돌고래가 그려져 있는데 프랭클린 가문에서 직접 따온 것이라 한다. 프랭클린의 다재다능함과 다양한 분야에서 남긴 업적에 대하여는 여기서 따로 얘기할 필요가 없다. 북미 대륙 최초로 의학대학원, 경영대학원 등이 여기서 출발했다고 한다.

전통이나 적립금 규모 등을 보면 하버드, 예일에 미치지 못하지만 필라델피아라는 도시의 입지, 매력 등과 어울려 여전히 최고 수준의 교육/연구환경을 제공하는 것으로 보인다. 아침에 상쾌한 기분으로 캠퍼스에 들어섰을 때, 웬일인지 그저 기분이 매우 좋았다. 진입로부터 매우 짜임새 있고 시가지에서 독립된 느낌과 편안한 걷기 환경을 느낄 수 있었다.

이 대학에서 가장 유명한 것은 아무래도 경영대학원Wharton School, 로스쿨Penn Law, 의학대학원School of Medicine 등이다. 아울러 딸에게 들은 얘기인데 간호대학원 School of Nursing 역시 전공별로 약간 다르지만, 전체적으로는 미국 랭킹 1위라 한다. 와튼 스쿨은 현 트럼프 대통령의 출신학교이기도 한데, 경영학석사MBA 과정이 아니라 학부의 경제학과에 편입해 와서 졸업했다고 기록된다. 아주 오래전 처음 사무관 국비유학을 나올 때 어떤 과정에 의해서인지 몰라도 바로 와튼 스쿨 MBA 과정에서 보내준 안내 팸플릿을 받은 기억이 난다. 스탠퍼드, 하버드의 경영대학원과 함께 MBA 최상위권을 형성하고 있다. 로스쿨의 경우에는 늘 1위인 예일 로스쿨과 쉽사리 비교하긴 어렵지만, 그래도 대단한 명성과 실력의 프로그램을 운영한다. 로스쿨 건물 안에 들어가 보니 저절로 공부할 맛이 날 정도의 분위기이고, 가운데 중정/잔디 마당이 참 상쾌했다. 몇몇 스탭과 얘기도 해보고 PennLaw 자료도 따로 받아왔다(의대/대학병원과 붙어 있는 간호대학원School of Nursing에도 딸에게 할 말을 만들기 위해 일부러 들렀다).

필라델피아는 도시 자체가 대단한 관광거리인데, 미국 독립혁명의 산실이라고 할 수 있다. 그 중에서도 자유의 종Liberty Bell, 독립기념관Independence Hall, 국가헌법센터National Constitution Center 등을 둘러봤다. 특히 각별했던 건 이 도시 자체의 계획과 구성인데, 책에서 보던 것을 현실에서 만지는 느낌이었다. 25년 전 쯤에 워싱턴대학교 도시계획과UW Urban Planning 석사과정 시절, 아마도 첫 학기 수업 도시형태론Urban Form 과목이었을 것이다. 필라델피아의 도시형태를 도면으로 공부한 기억이 난다. 어쨌든 일부러 '순례길' 대부분을 걷는 쪽으로 선택했다. 필라델피아의 관문 역이라 할 30th St Station에서 내린 후 펜실베이니아 대학Penn 캠퍼스까지 20분,

캠퍼스 순례 2시간, 캠퍼스에서 도심까지 40분, 도심 보행 견학 2시간 그리고 도심-기차역에 이르기까지 전체를 걸었다. 날씨가 협조를 잘 안 해 주었지만, 이 도시의 역사성과 도시계획에서의 큰 의미를 생각하니 그리 힘들지 않았다.

필라델피아는 펜실베이니아의 주도이며 인구 160만 명 정도로 우리나라의 대전쯤 되는 도시이다. 옛날 책에서만 보던 이 도시의 땅과 도로를 직접 걸어보니 각별한데, 델라웨어Delaware 강과 스쿨킬Schuylkill 강 사이에 필라델피아의 원도심과 국립역사공원National Historic Park이 위치한다. 펜실베이니아 대학은 도심 서쪽인 스쿨킬 강 서쪽에 있는데 건강한 사람이라면 걸어서 다닐 만하다. 도심 전체가 바둑판 모양 또는 격자형의 전통형 도시구획으로 구성되어 있는데, 미국 초기 도시계획의 눈에 띄는 전범으로 여겨진다. 맨해튼도 그런 유형이 아니겠는가?

필라델피아는 글자 그대로 '사랑의 도시'이다. 'LOVE' 조각품이 각별히 다가왔다. 올해 2월 수퍼보울Super Bowl에서 필라델피아 이글스가 뉴잉글랜드 패트리어츠를 꺾고 우승했을 때 이 도시가 그야말로 뒤집어 졌다고 한다. 방송에서도 제법 나왔었는데 이해할 만하다. 이 도시의 주요 관광포인트와 먹을거리(특히 Philly cheese steak) 등은 관광책자를 보거나 검색해 보면 된다. 힘든 하루였다.

2.4. 겨울: 예일의 그늘과 도전 The Shades, The Challenges

"모진 바람이 불 때라야 강한 풀을 알아보며, 날씨가 추워져야 소나무와 잣나무가 다른 나무보다 뒤늦게 시든다는 것을 안다." 疾風知勁草 歲寒然後 知松柏之後彫也 - 추사 김정희 〈세한도〉에 쓰인 〈후한서〉,〈논어〉의 글

"메리토크라시Meritocracy는 초명문대에서 최고의 교육을 받은 사람들에게 유리하

게 작동함으로써, 학교 교육의 불평등성을 직업 영역으로 확장시킨다. 역량과 정직의 직업윤리가 더 이상 좋은 일자리를 보장하지 않는다. 엘리트학교의 학위가 없는 중산층은 노동시장의 모든 측면에서 차별을 받는다." – 다니엘 말코비츠Dainiel Markovits, 〈메리토크라시의 덫〉: 2019

봄부터 가을까지 화려한 삶과 여정을 보냈다면, 추운 겨울은 시련과 시험의 계절이다. 때로는 공부와 일상으로부터 떠나는 시기일 수도 있다. 아마도 4계절의 마지막인 겨울에 어딘가로 떠나는 사람이 많을 것이다. 아련한 기억으로, 누군가 겨울에 떠나는 사람이 되고 싶다 했던 기억이 난다. 미국의 청년 대학생들에게 12월은 방학의 시작이 아니라 그저 크리스마스와 연말 공휴일이 겹치는 휴식기일 가능성이 크다(1월, 늦어도 2월이면 봄학기를 시작해야 하니까).

예일의 겨울과 그늘, 어쩔 수 없이 어둡고 부정적이다. 2019년에 예일 로스쿨 말코비츠 교수가 쓴 〈메리토크라시의 덫〉, 그리고 2020년 하버드대 샌델 교수의 저작 〈능력의 폭정〉The Tyranny of Merit에서도 나타났듯이 초엘리트 대학에 대한 비판과 꾸중도 이어진다. 미국과 예일이 커다란 도전에 직면한 것이다.

🏛 2.4.1. 월스트리트를 점령하라, 예일을 점령하라

"월스트리트에서 부자가 되는 비밀을 가르쳐 드리지. 남들이 무서워할 때 탐욕을 부리고, 남들이 탐욕스러워할 때 두려워하면 되네." You try to be greedy when others are fearful. And you try to be fearful when others are greedy. – 워렌 버핏

"예일 로스쿨이 월스트리트에 위치"한 사실을 아는가? 사실이다. 예일 로스쿨 건물의 주소가 '127 Wall Street, New Haven, CT'이다. 진보 지성의 상징이지만, 정작 졸업하면 고액의 연봉을 받고 맨해튼 월스트리트에 소재한 유명 로펌이나 투자은행으로 취업하는 예일 졸업생들의 미래를 상징하는 것 같기도 하다. 그들은 어쩌면 대학을 다닐 때 이미 '예일을 점령' 해봤고 그 다음에는 '월가를 점령'하는 모양새이다.

2008~09년 미국발 세계 경제위기를 기억하는 사람들이라면, 그 이후 벌어진 "월스트리트를 점령하라" 운동도 아마 머리에 떠올릴 수 있을 것이다. 이를테면 미국의 실물경제 또는 대다수 노동자/월급쟁이들이 종사하는 생업 현장 등을 일컫는 '메인 스트리트Main Street'와 극명하게 대비되는 표현 또는 적대의 대상으로서 월스트리트가 어느날 많은 이들의 직접 비판 대상이 되었다. 예일대 학생들 역시 많은 젊은이들과 함께 이 시민저항 운동에 합류하여 기록을 남겼다.

맨해튼 월가Wall Street 근처의 주코티 공원Zuccotti Park은 2001년 9/11 사태 때 복구팀의 본부로 쓰였던 공간이었는데, 2011년 9월에는 "월가를 점령하라Occupy Wall Street" 운동의 본산이 되었다.[22] 미국의 경제사회적 불평등과 부조리에 대한 항의 표시가 핵심으로, 특히 2008년 이후 극심한 경제위기를 일으킨 주역이라 할 월가의 경영자들이 엄청난 퇴직금을 챙겨 사라지는 현실에 대한 직접적 분노를 표시한 것이다. 아무런 지휘부 체계를 갖추지도 않은 일단의 젊은이들이 9월 17일에 이 공원을 본부와 작전 지휘소로 만들면서 시위와 토론을 이어가며 월가 점거 사태가 본격화되었다.

뉴욕 뿐 아니라 보스턴, 워싱턴 DC, 시카고, 로스앤젤레스, 샌프란시스코, 샌디에이고, 시애틀 등 미국의 대도시에 이어 세계로도 번져갔다. 우리나라에서도 서울역, 여의도 등에서 시위가 일어났다고 기록된다. 이 운동에서 가장 많이 등장한

---

22) "Park Gives Wall St. Protesters a Place to Call Home" (The New York Times 2011.9.27)

표현이 "1% vs. 99%"일 것이다. 초상위 계층이 미국의 부를 독점하는 현실에 대한 분노인 것이다. 이 운동에 대하여 당시 타임지가 조사한 미국인들의 의견은 54% 찬성, 23% 반대로 나타났다.

흥미로운 것은 이 캠페인에 뒤이어 회적 부조리에 항의하면서 현실, 특히 자신들이 다니는 명문대학의 부조리를 고발하려는 모습이었다. 미국의 명문대학에서도 비슷한 명칭의 운동이 봇물처럼 번졌다.[23] 기본적으로 월가 점령 시위의 맥락에서 아이비리그 8개 대학 모두에서 일어났던 흐름이다. 예컨대 "예일을 점령하라 Occupy Yale"가 그 사례인데, 대학마다 그런 움직임에 대하여 찬반이 엇갈렸다.

극명한 사례가 월스트리트 기업에 일자리를 얻으려는 학생들과 월가 점령 시위에 참여하려는 학생들 사이의 대립이라 할 수 있는데, 우연히도 같은 날 하버드대 신문 The Harvard Crimson, 예일대 신문 The Yale Daily News 양쪽에서 동시에 이 주제가 오피니언 면에 나왔다. 하버드 신문사는 사설, 예일은 이미 월가에 취업하여 이듬해 봄부터 새 직장에서 일하게 될 학생의 칼럼이었는데 기본적인 뜻에는 공감하지만 대학 맞춤형 '점령' 운동은 정당성을 상실한 것 같다는 취지였다. 미국 사회의 구조적 문제로 발생한 부조리에 공감하지만, 이 운동의 공격대상은 바로 학생들의 가족, 친구, 이웃들 아닌가 하는 반론이었다.[24]

이렇게 점잖게 문제를 제기하는 정도가 아니라 노골적으로 이런 시민운동에 반대하는 집단의 목소리도 함께 들리게 된다. "점령 운동을 점령하라 Occupy Occupy"라고 주장하는 것인데, 예일대에서도 보수학생 집단인 예일대 공화당원 모임이 대표로 움직였다. 마침 대통령 선거운동 시기와도 맞물려 이들은 당시 오바마 대통령의 경제정책에 반대하는 가운데 좌파지향의 '월가 점령' 운동에 대하여 그리고 또 예일대와 뉴헤이븐으로 옮겨 온 '점령' 운동에 직접 비판하는 움직임을 펼친 것이다.

---

23) "The Tensions of Occupying the Ivy League" (The Atlantic 2011.12.1)
24) "Engaging Occupy Yale" (Eric Jones) (The Yale Daily News, 2011.12.1)

월가 점령 운동이 특별히 구체적으로 대안이라 내세운 것을 보기는 쉽지 않다. 그들은 자본주의 왕국 미국에서 뭔가 크게 잘못되어 가고 있는 현실에 대하여 불만을 노골적으로 터뜨렸고, 그 상징인 월가와 워싱턴이 그들의 불만을 이해해 주기를 기대했다는 정도가 아닐까 한다. 실제로 지휘부가 따로 있는 것도 아니었고, 체계적인 이념이나 항의/비판/선전 체계를 갖추지 못한 상태에서 순수한 이념만으로 지속성을 담보할 수는 없었을 것이다. 그럼에도 월가 점령 운동이나 예일 점령 운동 등의 뜻만큼은 역사에 기록된다. 힘 있는 사람들과 키 큰 사람들이 그들의 목소리를 들어주었을까?

2.4.2. 예일의 월스트리트 티켓?: 경영대학원 School of Management

제목이 조금 거창해 보이긴 하다. 수백 년 이어진 예일의 빛, 특히 아리스토텔레스의 가치 및 지성을 쌓는 일과 가장 대조되는 교육현장이 경영대학원일 수 있다. 예일의 여러 전공 가운데 월스트리트 또는 자본주의의 최전선으로 졸업생을 가장 많이 보내는 쪽이 바로 경영대학원이다. MBA 출신의 인기가 과거와는 다르긴 하지만, 그건 평균 이하 학교의 이야기이다. 물론, 예일 경영대학원Yale School of Management: SOM은 하버드나 스탠퍼드 등 최상위권 비즈니스 스쿨에 비해서 여전히 뒤떨어지는 것을 우선 인정해야 한다. 역사도 짧고 동문 기부금도 최고수준이 아니다. 학생들의 말을 빌리면, 일반적인 MBA 랭킹은 그저 월스트리트의 대기업, 금융권 등과 가까워야 하고 돈이 많아야 하는데, 그간 예일 경영대학원은 NGO, 국제활동, 정책 관련 등에 중점을 두어 왔다는 것이다. 그럼에도 불구하고, 저명한 교수와 스타 학장을 스카우트하는 등 최근의 노력이 눈에 띈다.

학기 중 캠퍼스 여기저기를 일부러 시간을 내서 다니게 되는데, 그중 제일 만만한 곳이 경영대학원이었다. 어차피 집에서 대접을 못 받을 참이면 나가는 것이 세계평화를 위해서도 좋은데, 늘 걸어서 통근했고 딱 중간지점이 그곳이었다. 어쨌든 2017~18년 기간 중 대학신문 등에서도 예일 SOM 관련 기사를 제법 많이 봤다. 캠퍼스 내에서 유달리 튀는 현대식 건축물로도 유명하다.

우선 별로 반갑지 않은 예일대 신문 뉴스부터 보면, 2019년도 경영대학원의 등록금 인상 얘기가 먼저 나온다. 현행보다 4.2%를 올려 2018~19년에는 학교에 내는 등록금tuition/fees 만 71,620$이고, 보통 미국의 대학에서 말하는 총학비cost of attendance와 의료보험, 숙식비용 등 모든 것을 합하면 97,165$로 우리 돈으로는 대략 1년에 1억 원이 넘는다는 얘기이다.[25] 예일대 경영대학원에서 가정형편을 고려한 학비보조는 없는 대신에 능력/성적 위주의 장학금은 일부 준다. 로스쿨, 간호대학원, 건축대학원, 경영대학원 등 졸업 후 바로 전문직종에 취업함을 전제로 하는 전문대학원에는 장학금/학비보조가 없거나 약한 것이 이미 널리 알려져 있다. 월스트리트 냄새가 나지 않는가?

예일의 쟁쟁한 학부 프로그램, 즉 예일 칼리지는 워낙 많이 알려져 있지만 대학원은 어떤가? 당연히 로스쿨, 의대 등 대외적으로 명성이 높은 곳이 있는가 하면, 일반대학원의 상당수 학과나 전문대학원의 덜 알려진 프로그램도 있다. 예일의 전문대학원 가운데 적어도 외관상으로는 제일 잘 나가는 듯한 프로그램이 경영대학원일 듯하다. 에반스 홀Edward P. Evans Hall 자체의 현대적인 외관도 그렇고 안에서 보고 느껴지는 분위기로 봐도 뭔가 돈이 넘치는 동네같이 보였다. 강의실, 세미나룸, 학생 라운지, 카페, 식당 등 모든 게 산뜻하다. 이 건물은 2014년에 개관한 현대식 건물이다. 그 이전에는 예일 캠퍼스의 북서쪽, 체육관Payne Gym 맞은편, 지금의 파워플랜트 자리에 있었다고 한다(건물 입구에 경비인력까지 따로 세워두고 예일 학생/교수의 신분증을 요구하는데, 처음에는 필자도 꼬박꼬박 ID를 내보이다가, 실제로는 그리 하는 사람이 별로 없다는 것을 뒤늦게 알고는 그냥 당당하게 드나들었다). 학기 중에는 취업 관련, 리크루트 미팅 등이 학교 곳곳에

---

25) Yale SOM tuition(Yale Daily News 2018.4.10)

서 열려 넥타이를 맨 사람이 부쩍 늘어난다.

경영대학원에 자주 들르게 되는 또 하나 이유는 아침에 신문 읽기가 너무나 편안하기 때문이었다. 일단 의자나 카페 그리고 안뜰 분위기도 언제나 싱그럽다. 또 매일 〈월스트리트저널〉 신문이 경영대학원 내에서 공짜로 배부되어 언제든 편히 읽을 수 있었다. 〈뉴욕타임스〉는 그렇지 않은 것 같은데 월스트리트저널이 마케팅을 잘하는지, 돈으로 독자를 "사는 것인지" 집에서도 훨씬 값싸게 구독할 수 있고 이렇게 학교에서 공짜로도 볼 수 있었다.

2019년 5월 졸업학번 'Yale SOM Class of 2019'의 숫자는 348명이었다. 이들 중 62%가 북미대륙 출신이고 그 다음이 아시아계가 20% 이상이니 제법 많은 편이었다. 한국 학생으로 MBA 다니는 친구도 봤다. 전체 학년의 학생 수는 약 670명, 풀타임 교수는 86명이니 대충 계산할 경우 학생-교수 비율이 8:1쯤 된다. 예일대 자체 홍보물에서 자랑하는 것 중 몇 가지 눈에 띄는 게 있었다. 우선 이 조그만 학생집단에 50개가 넘는 학생 동아리가 있다는 것부터 신기하다. 33개의 외국 대학과 네트워크가 되어 있고, 30개의 국제교환 프로그램이 1개 학기 이상 기간 마련되어 있다.

이미 졸업한 학생들의 취업 실적도 매우 좋다. 2017학번의 경우 졸업 후 3개월 후 기준으로, 취업을 원하는 사람의 93% 이상이 일자리를 제의받았는데 예상 보수 수준은 중간값 $124,900, 75th percentile 에서는 $140,000로 나타난다.

앞서 언급대로 예일 MBA 프로그램의 대학랭킹을 보면 예일의 다른 전공에 비해 그리 대단하지 않으며 잘 봐주어 대략 Top 10 언저리라 생각하면 될 듯하다. 최상위라 여겨지는 하버드, 시카고, 펜실베이니아, 스탠퍼드 등에 많이 뒤떨어지는 것으로 보면 맞다. 미국 랭킹, 세계 랭킹 등을 이런저런 기관/언론사 등에서 매기다 보니 매우 다르게 나온다. 예일대 경영대학원이 가장 상위로 나타난 US News & World Report 평가에서는 8위, 제일 하위로 나타난 것은 QS 랭킹에서 16위를 기록하고 있다. 예일 SOM입장에서 매우 긍정적인 면이라고 할 수 있는 것은 응시생 숫

출처: 필자

[그림 2-6] 예일대 경영대학원 Yale School of Management 에반스홀

자와 경쟁률 면에서 최근 급격하게 미국에서 최고 수준의 성장률을 보이고 있다는 점이다. 2019 입학생의 경우 340명의 MBA 학생을 모집하는데 4천 명이 응시하여 경쟁률 12:1로 하버드, 콜럼비아, 와튼 스쿨보다 높다.[26]

영국 파이낸셜 타임스 Financial Times 2018 세계의 MBA 랭킹을 잠시 본다. 상세한 것은 해당 신문사 링크로 가면 되지만, 간단히 순위만 보면, 스탠퍼드(미국)가 1

---

[26] 세계의 대학 랭킹을 매기는 것에 대하여 여러 사람이 다양하게, 또 이해할 만하게 불만을 많이 터뜨린다. 미국 중심이라거나, 계량 지표 중심이라거나, 자본주의와 결탁한 불공정/불평등한 순위화 작업이라든가 하는 비판 등등 상당히 일리가 있다. 다만 짧게 얘기해서, 일단 랭킹이 높은 학교가 좋은 건 틀림없다는 사실이다.

등, 인시아드Insead(프랑스/싱가포르) 2등, 런던 비즈니스 스쿨(영국) 4등, 하버드(미국) 5등... 예일대는 15위로 나온다. 이게 세계 랭킹이고 연봉 20만 달러 가까이 되니 그저 대단하다고 생각하면 쉽겠다. 특이한 것은 중국 상하이 소재 CEIBS(China Europe International Business School) 대학이 8위로 높게 랭크된 사실이다. 미국의 입김을 벗어나서인지, 실제로 중국의 엄청난 힘이 표현되어서 일까? 이 대학은 중국 정부/EU/상해교통대학 등이 협력하여 1994년 창립한 프로그램으로 그야말로 전도양양하다고 들었다. 홍콩과기대HKUST 경영대학원 역시 14위로 상당한데, 2020년 이후 홍콩의 지위 변화와 미-중 관계의 악화 등이 어떤 영향을 미칠지 관심이 크다.

비즈니스 스쿨하면 대부분 MBA를 생각하는데 여기에도 박사과정이 있다. 로스쿨의 경우 보통 3년 과정의 JD를 주로 생각하고 물론 그게 가장 다수이긴 하지만, 거기에도 법학 리서치를 맡는 박사로서 JSD, 즉 Doctor of Juridical Science 과정이 별도로 있다. 예일 SOM의 경우, 박사과정은 별로 크지 않은데 5개 전공 Accounting, Finance, Marketing, Operations, Organizations & Management로 나뉘어 총 50여 명의 학생들이 있다.

또 다른 SOM 관련 기사(YDN 2018. 4. 10)로는 103세에 타계한 윌리엄 바이네키 William "Bill" Beinecke(예일 '36) 소식인데, 1976년 예일 SOM을 설립하는 데 결정적인 역할을 했다고 한다. 그의 부친 Frederick Beinecke 이름이 예일의 유명한 희귀 장서관Beinecke Rare Book & Manuscript Library과 함께 남아 있을 정도이다. 아버지와 아들이 둘 다 예일대 전체와 예일대 경영대학원을 위해 돈 뿐만 아니라 마음과 에너지를 다 바친 모양이다. 고인의 자서전에서 예일대의 교가처럼 전통적으로 불려지는 노래가사를 직접 사용했던 사례가 회자된다.

SOM에서는 각종 세미나, 워크샵, 특강 등이 참 좋은 내용으로 많이 열린다. 게다가 점심을 대부분 공짜로 그것도 맛있는 메뉴로 주는데, 물론 돈의 힘이자 자본의 여유가 대학 캠퍼스에서도 나타나는 모양이겠다. 그 때문에라도 비슷한 시간에 다른 데서 뭔가 열리면 이쪽으로 발걸음을 돌리는 경우가 자주 있었다. 앨고어 전

부통령, 힐러리 클린턴 전 대통령후보 등의 강연도 여기서 있었는데, 하도 줄이 길어 포기하고 말았다. 벤처 기업가, 저명 금융인, 저명 경영학 교수 등을 많이 모셔다가 하는데, 가만히 생각하면 그 사람들을 부르는 돈도 엄청 들 것이다.

젊을 때 화려해 보이는 MBA 과정에 관심 있었던 사람은 많을 것이다. 20년 전쯤만 해도 미국 MBA라면 국내 대기업 취업이 거의 무조건 보장되던 '좋은 시절' 아니었던가? 1995년 필자가 처음 유학을 생각할 때, 구체적으로는 국비유학 선발 직후 펜실베이니아Univ. of Penn 와튼 스쿨에서 안내장이 왔길래 '우와'하며 갑작스레 관심이 생겼던 기억이 난다.[27]

예일대 SOM 우산 아래 각종 연구기관, 외부 네트워크 기능이 매우 많고 활발하다. 10여 개 리서치 관련 조직이 각자 경쟁하듯이 움직이는데 학기 내내 강연, 세미나, 기타 각종 네트워크 활동이 좀 지나칠 정도로 많다. FES와 직접 연계가 되는 곳은 〈비즈니스와 환경 센터〉Center for Business and the Environment로 교수진이 겸임, 교환 등으로 이리저리 엮이어 있다. 당연히 세미나도 그쪽으로 많이 가게 된다. 그러나 장래 가장 성장이 기대되는 기관으로는 적어도 이름만 볼 때 〈예일 북경센터〉Yale Center Beijing 일 것으로 전망한다.

2020년 8월 현재 예일이 소재한 코네티컷주와 뉴헤이븐시의 선출직 장이 둘 다 예일대 경영대학원 졸업생이다. 저스틴 엘리커Justin Elicker는 2019년 11월 현직시장을 물리치고 당선되었으며, 2019년 1월 취임한 네드 라몬트Ned Lamont 주지사 역시 그러하다. 미국의 경영대학원 MBA 프로그램이 전반적으로 과거에 비해 인기가 떨어진 것이 사실이며, 2014~18년 기간만 해도 100개 이상의 비즈니스 스쿨이 문을 닫을만큼 상황이 좋지 않다. 엎친데 덮친 격으로 2020년 코로나 사태로 인해 상황이 더욱 악화되리라는 예상이다. 2020년 5월에 220개 경영대학원을 대상으로 조

---

27) 트럼프 미국 대통령이 펜의 Wharton School을 졸업한 것은 맞다. 덜 알려진 사실은 그가 뉴욕의 Fordham 대학에서 2학년까지 다닌 후 전학을 갔고, MBA 즉, 경영학석사가 아니라 경제학사 학위를 받았다는 것이다.

사한 결과, 거의 절반이 향후 입학생 수가 줄어들 것으로 예상한다. 그럼에도 불구하고 최상층 MBA 대학들은 사정이 다른 모양인지, 예일 SOM의 경우 2020년 지망자 수가 오히려 10% 늘었다고 한다(WSJ 2020. 7.29.). 예일 경영대학원, 지금도 좋지만 미래가 더 빛날 학교일 것으로 본다. 월스트리트에서 보아도 그럴 것이다.

🏛 2.4.3. '술 취한' 예일?

필자가 10년 전 매사추세츠 주립대UMass Amherst에 머무르던 어느 날, 특별한 모임에 다녀왔다. 대학의 신임교수 등을 대상으로 하는 의무화된 워크샵인데 주제가 성희롱sexual harassment이었다. 우리의 대학에서도 이런 비슷한 뭔가를 본 적이 있는데 미국에서야 이런 문제가 더 심하겠지, 그저 조심하는 게 제일 아닌가 하면서 출석 체크나 하려는 마음으로 참석한 것이다.

내용은 의외로 괜찮았다. 공식적으로는 1960년대 민권법Civil Rights Act의 부속 내용으로 시작한 성희롱 이슈가 어떻게 미국 사회 그리고 대학사회에서 정착되었는지의 역사부터 시작해서 각종 법률 문제, 복잡한 용어 정의, 실제 사고(?)가 났을 때의 대응문제 등등 거의 2시간이 걸린 세미나였다. 처음 생각과 달리 단순히 남자교수-여학생 간의 문제만이 아니라 그 반대도 물론 가능하며, 더욱이 남녀 학생 간의 성희롱이 발생·목격되었을 때의 교수가 대처하는 수단 등도 되풀이 강조되었다. 당시만 해도 그런 이슈가 강 건너 먼 동네 일이려니 싶었는데, 우리 땅에서도 요즘은 가끔 접하게 된다.

미국 대학생들의 음주 사고가 흔한데, 명문대학이라 하여 예외가 아니다. 특히 대학생 클럽하우스, 보통 남학생들의 주거공간인 프래터너티fraternities라 불리는 것에서 일어나는 사고에 집중한다. 여학생들 건 소로러티sororities라 한다. 이를테면 주거 동아리인 셈인데 과도한 음주, 성범죄, 심지어 사망사고 등이 심심찮게 일어난다. 이 조직들은 그리스 문자로 통칭되는데, 베타 세파 파이Betha Theta Pi 같은 식이며 전국 조직이 있고, 각 대학 근처에 공동 주택을 두고 해마다 신입생을 모집해서 수용한다. 전체 평균으로 대략 6명 중 1명의 학부생이 4년을 이 공간에서 사는데, 올해의 경우 그 숫자가 10만 명에 이른다.

우리나라 대학의 동아리처럼 미국에서도 끈끈한 정이 있고 전통을 이어가며 재학 중 또는 졸업 후에도 서로 도와주는 등 장점이 많은가 하면 부정적인 면도 많다. 군대의 신고식같은 것도 있고, 술을 그야말로 퍼붓듯이 마시게 강요하며 가끔 강간 사고도 신고된다. 술 문제가 제일 심하다고 본다(여학생들 공간보다는 남학생 주택에서 훨씬 더 심한 것 같다).

예일대의 경우 대다수 학생이 기숙대학에 입주하기 때문에 프래터너티의 필요성을 못느낀다고 하는데, 많아야 10%의 학생들이 그런 주거생활을 할 것이라 예측된다. 대개 3학년부터는 기숙대학 생활 의무가 해제되고 캠퍼스 바깥 주거가 허용되므로 한 학기에 1천 달러 또는 그 이상을 내고 '프랫' 생활을 택하는 경우가 있다. 물론 'frat'이 항상 술과 파티로만 알려진 것은 아니며 공간마다 특색을 보인다. 우선 예일대 프래터너티로서 델타 카파 입실론Delta Kappa Epsilon(DKE)이 있는데 여기는 여러모로 알려진 곳이다. 우선 아버지 부시 대통령이 회원일 뿐 아니라 회장도 했다. 대를 이어 아들 부시 대통령도 이곳을 거쳐 갔는데, 부자가 둘 다 〈해골단〉 멤버였다. 그런데 요즘은 주로 풋볼 선수들이 DKE에 들어간다고 한다. 하키 선수들은 Zeta, 아시아계 학생들은 Sigma Phi, 유태계 학생들은 AEPi 등의 사례가 있는데, 그렇다고 해서 스포츠 활동이나 인종이 반드시 필요조건은 아니지만 현실상 그리 모이는 모양이다.

그런데 이런 공간에서 가끔씩 사고가 난다. 미국에서나 우리 땅에서나 젊음과 술 등의 비슷한 문제가 많다. 잊을 만하면 일간지, 대학신문 등에 대학생들의 술 관련 사고 뉴스가 뜨는데, 프래터너티 이슈가 함께 등장하며 술과 성폭행 등이 어우러지는 경우가 많다. 미국의 경우 음주 연령이 21세, 즉 대학 3학년이 되어야 가능한데 프랫에 입주하면 선배들 틈에 끼여 일찌감치 술을 맛볼 수 있다는 점도 중요해 보인다. 보통 이러한 동아리 하우스의 경우에 학생들의 연대감과 학업에 도움이 된다는 점과 동문 네트워크 등의 많은 장점에도 불구하고, 최근 몇몇 대형 또는 명문 대학에서 지나친 음주로 인한 사망사고가 되풀이된다. 특히 백인학생들만 있는 집의 경우에는 인종차별 문제까지 터지는 경우도 많다.

〈뉴욕타임스〉 등 주요 일간지의 논조를 요약하면, 최근 몇 년간 추세에서 그 숫자가 늘어나는 형편이니 이런 프래터너티를 이제 그만하자는 얘기가 있다(NYT 2017.11.17). 그렇지만 오랜 전통이나 사회적 동조가 계속되는 한 아마 없애기는 불가능할 것이라는 의견이 더 많은 듯하다. 예일대 DKE 주택에서 몇 년 전 여학생 강간/성폭행 사건이 일어난 이후, 클럽 자체가 처벌을 받기도 하고 반성도 많이 했다고는 하지만 실제 피해자들이나 일반 학생들의 인식은 여전히 부정적인 모양이다. 대학신문 기사에서도 보듯이 예일에서 전국 조직에 진상조사를 요청하는 등 이런 사건은 여전히 진행형이다(Victims call DKE investigation a "PR stunt, Yale Daily News 2018.1.20).

술 얘기만 따로 하더라도 다른 대학과 마찬가지로 예일대도 얘깃거리가 매우 많다. 공식적인 논의 말고 학생들끼리 가만가만 전해지는 내용도 참 많아 보인다. 그런 이슈 가운데 하나가 대학신문에 떴다. 학생 동아리 가운데, 매년 2월 매일 밤 파티를 주최하고 각종 술을 '공급'하는 모임에서 이윤을 남기며 장사를 했다고 해서 시끄럽게 된 것이다. 일반 학생들의 막연한 기대와 달리, 술을 팔아 돈을 약간 남긴 후 학생들끼리 나누어 갖는다는 내용이었다. 기사를 보면 알지만 파티에서 술이 모자란다든가 술이 별로 다양하지 못하다는 등 이런저런 불만이 계속 있는 가운데, 주최 학생들이 돈을 남겨 챙긴다는 얘기까지 번진 셈이다(Feb club organizers take cut of budget, Yale Daily News 2018. 4. 10).

필자가 미국대학에서 보거나 겪은 술 모임으로 10년 전 매사추세츠 주립대에서의 경험이 가장 강했다. 우리나라 술고래들에 못지않게, 아니 훨씬 더 많이 한다는 것을 실감했었다. 2010년 가을 언젠가 보스턴에 출장 갔다가 밤늦게 돌아와 자정쯤 PVTA 시내버스를 타고 집에 돌아오는데 차를 꽉 채운 매사추세츠 주립대Umass 학생 취객들에게 거의 고문을 당하듯이 하며 간신히 버텨냈던 적이 있었다. 남녀구분 없이 술 냄새에 시뻘건 얼굴과 고성방가가 끊임없이 이어졌는데, 물론 선생이 학생을 무서워 하면 안되니까 특별히 겁내거나 하지는 않았고, 이 친구들도 별다른 시비를 걸지 않았기에 별일은 없었지만, 술취한 대학생 수십 명을 단체로 거의 귀를 막아가면서 구경한 건 처음이었다.

미국 대학생들도 역시 주말에 가장 신나게 노는데 주로 수업이 끝나는 목요일/금요일 저녁이 대목이다. 이 때는 조그만 동네지만 중심가 근처에 나가지 않는 게 좋을 정도이다. 가장 술을 많이 마시는 시기는 중간/기말시험 직전, 아니 정확히 말하면 시험공부를 본격 시작하기 직전이다. 예컨대 5월 15일에 기말시험이 시작된다고 하면 공부 기간을 7~10일쯤으로 잡는데, 5월 5일 목/금 정도가 술을 마시는데는 피크라고 할 수 있다. 왜냐하면 밤샘 공부를 시작하기 전에 잘 먹어둬야 하고 기말의 경우 시험 종료와 함께 학생이나 교수나 다 '사라져' 버리기 때문이다.

애머스트의 지역신문 〈햄프셔 가제트〉Hampshire Gazette에는 특별히 매사추세츠 주립대 학생들의 술자리와 그 패턴과 영향 및 대응책 등에 대하여 대형/여러 꼭지의 기획기사가 실린 적이 있었다. 대학생들이 대규모로 파티를 벌이는 유명한 몇몇 거리가 소개되는데 패밀리 하우징 근처도 포함되어 있었다.

특히 그해 5월 1일경이 심했던 모양인데, 경찰 추산으로 약 3,500명이 모여 광란의 파티를 했다고 한다. 주민들이 소음 때문에 밤잠을 못 이루는 건 물론 차량, 기물파괴, 폭력, 강간, 방화 등에까지 이어지며 당연히 경찰 병력이 눈에 불을 켜고 파티장 주변을 지켰다. 그럼에도 심할 경우 경찰과의 충돌도 벌어지게 되며, 며칠 전에도 수십 명의 매사추세츠 주립대 학생들이 술자리 후 체포되었다. 폭력, 방화 등의 경우 심각한 범죄로 처벌되기도 하지만 많은 학생들의 경우 훈방, 벌금 정도로 처리되는데 예컨대 소음죄로 100 달러, 주택가 폭력으로 300 달러 등이 매겨진다고 한다.

 이쯤 되니 대학 측에서도 대책을 강구하지 않을 수 없다. 물론 이 해묵은 문제를 일거에 해결할 뾰족한 방법은 별로 많지 않아 보인다. 매사추세츠 주립대 학생담당 부총장Vice Chancellor for Student Affairs으로 취임한 Jean Kim 박사도 이런저런 노력을 많이 했던 모양인데 경찰을 동원하는 건 일단 한계가 있다. 숫자가 우선 딸리는데 소도시 애머스트의 경찰병력이래야 45명 뿐이고 독립된 매사추세츠 주립대 대학경찰 또한 60명 정도라니 제대로 사고가 날 경우 어찌될까 걱정될 정도였다.

 실제로 관련 기사가 이렇게 크게 나온 것도 매사추세츠 주립대 과목 중 하나에서 수업과제의 일환으로 학생들을 동원하여 술파티로 피해를 본 지역 주민들을 일일이 찾아 다니며 인터뷰하였기 때문이기도 하다. 대학 측에서 나름대로 시도하는 대책 가운데 BASICS(Brief Alcohol Screening & Intervention for College Students)로 이름이 붙여진 프로그램도 있다. 술 문제를 일으킨 학생들을 대상으로, 전통적인 훈육형 아닌 개별 조사/면담 등의 방식으로 지도하려는 것으로 몇 년 전부터 본격화된 프로그램이다. 보스턴의 명문 터프츠 대학Tufts Univ에서는 술로 말썽을 피는 상습꾼 학생들을 아예 총장이 직접 면담하여 훈육한다고까지 한다. 그래서라도 술 덜 마시고 몸을 덜 다치면 좋겠다.

2.4.4. 예일대 〈해골단〉 Skull and Bones

 어떤 대학의 학생 동아리가 있다 하자. 그 동아리의 입회 자격을 놓고 유력 전국지가 사설란에서 논평하는 것을 상상할 수 있는가? 그 신문은 다름 아닌 〈뉴욕타임스〉이고, 논란이 된 단체는 바로 예일 대학교의 비밀결사 〈해골단〉Skull and Bones

이다.[28] 이 책이 아니더라도 아마 많은 독자들이 그 이름을 어디선가 들었을 것이다. 2004년 미국 대통령선거에 출마했던 두 백인 정치인, 조지 부시와 존 케리가 이 동아리의 선후배 회원이었다.

예일대학교의 학생 비밀결사조직인 〈해골단〉의 상징 그림은 글자 그대로 해골과 뼈인데, 어떤 조직의 상징으로 그리 아름답다고 하기는 어려울 것이다. 이 그림은 중세 흑사병을 상징하는 여러 이미지 중 독일 쪽에서 나왔다는 이미지, 즉 해골과 뼈를 교차해 둔 채 이마에 월계수를 두른 그림과 놀라우리만치 비슷하다. 〈해골단〉의 경우는 두 뼈가 아랫부분에 있다.[29]

기록에 의하면 이 단체는 1832년 창립되었는데, 창립자 중에는 윌리엄 태프트 대통령의 아버지도 포함되어 있었다. 오랜 전통과 함께 강력한 엘리트 동문 네트워크와 함께 항상 따라다니는 것은 거대한 음모론이다. CIA 창립에 이 단체 회원들이 역할을 한 것은 아마도 사실인 듯하지만, 지금도 일루미나티 조직의 일원이라든지 CIA는 물론 세계를 실질적으로 지배하고 있다는 등의 음모론적 시각이 여전하다. 맷 데이먼이 주연한 영화 〈굿 셰퍼드〉The Good Shepherd, 2017에는 명문 집안에다 예일대 출신 주인공이 대학 내 비밀 서클인 〈해골단〉에 가입하는 장면, 회원들과 함께 비공개 모임을 하는 장면, 전쟁/평화 시기를 가리지 않고 미국을 위해 첩보활동을 하는 내용으로 가득 차 있다.

이 동아리 출신으로 미국의 대통령 3명(윌리엄 태프트, 조지 부시 부자) 등 유명한 지배엘리트들이 많다. 유명한 사례로 2004년 미국 대통령 재선을 노리던 조지 부시가 민주당 후보 존 케리와 맞붙었는데, 둘 다 예일대 졸업에 바로 이 비밀단체의 회원

---

[28] 인터넷 검색을 간단히 해보면 스컬 앤 본스 키워드로 나오는 것은 우선 2018년 출시된 게임이다. 플레이스테이션, PC, XBox 등에서 즐기는 게임으로 가장 최근에 등장한 듯하다. 그보다 먼저로는 프로 레슬링의 한 기술이라 한다. 2인 태그매치에서 같은 팀 동료끼리 상대방 1명의 목을 잡고 뒤로 제치면 동료가 로프 위에서 뛰어 내리며 상대의 복부를 덮치는 무지막지한 공격방법이다.

[29] 저작권 문제가 불확실하여 여기에 그림을 옮겨 싣지는 않았다. 코로나 사태 와중에 관련 기사와 그림이 뉴욕타임스에 등장한 적이 있다. ("Why the wealthy fear pandemics", NYT 2020.4.9. Opinion)

이었다. 물론 부시가 선배인 케리를 이기고 다시 대통령이 된 것은 역사가 되었다. 두 사람 모두 해골단에 대한 질문을 받았으며, 둘 다 그것은 비밀이라며 입을 다물었다는 점도 같다.[30] 해마다 소수 학생만 충원함에도 불구하고 정계, 법조계, 경제계, 언론계 등을 막론하고 그 인맥이 진실로 막강하다. 예컨대 윌리엄 태프트 대통령/대법원장, 1920년 헨리 루스1898~1967가 신입회원으로 등재된 기록이 나오는데, 그는 〈타임〉, 〈라이프〉, 〈포춘〉지를 창설한 저명 언론인이었다.

이 단체의 동문회격인 러셀 재단Russell Trust Association이 미국의 여기저기 산재한 건물 등 재산을 소유하는 동시에 회원들도 관리한다. 해골단 상징마크에 보이는 숫자 '322'는 몇몇 주장이 있지만 가장 유력한 설은 고대 그리스의 정치가이자 웅변가인 데모스테네스(Demosthenes, BC 384-322)의 사망년도라는 것이다. 필자가 예일대 체류 당시 비공식적으로 대학신문에 가끔 나는 기사에 나오는 얘기를 묶어봐도 이런저런 기묘한 얘기가 많았다. 예일 캠퍼스를 걷다 보면 기묘하게 생긴 건물이 몇 개 있는데, 그 중에서 마치 무덤처럼 생긴 클럽하우스가 있다(64 High St., New Haven, CT). 실제로 자기네끼리도 무덤Tomb이라 부르는 모양인데, 거기에서 가입식 같은 이벤트를 한다고 한다. 괴이한 의식이나 스토리가 많이 나오는 현장이기도 하다.

회원들은 평생 본스맨Bonesmen으로 호칭된다. 이 단체는 1879년 이래 매년 봄학기에 예일 칼리지 3학년생 중에서 15명의 본스맨을 신입회원으로 '선택'하여 입회시킨다. 한동안 남학생만 받다가 1991년 여학생을 신입으로 들였는데, 그 자체가 커다란 뉴스가 되어 〈뉴욕타임스〉 등에 기사로 소개되기도 했다. 이제는 회원 명단을 아예 공개하고 있다.

최근의 예일 칼리지 졸업생에 의하면, 〈해골단〉 외에도 예일에는 비밀결사가

---

30) 해골단 질문에 대한 조지 부시의 답은 그의 자서전에 나타나 있는데, 너무 비밀조직이어서 더이상 못 얘기한다고 했다(I joined Skull and Bones, a secret society; so secret, I can't say anything more). 존 케리는 한 인터뷰에서 두 사람이 모두 해골단 회원이라는 사실이 무엇을 뜻하는가에 대한 질문에 "별 일 아니다. 그건 비밀이기 때문"(Not much, because it's a secret) 이라고만 답했다.

40개 이상이라 한다. 19세기에 해골단에 들어가지 못한 학생들이 'Sroll and Key' 조직을 만들었고, 앞선 둘에 입회하지 못한 학생들이 다시 새로운 단체를 만드는 등의 흐름으로 계속 숫자가 늘어왔다는 것이다. 물론 명성이나 네트워크가 〈해골단〉에 비할 바는 못 된다.

🏛 2.4.5. 예일의 폐쇄적 진보성, '그들만의 리그'

아이비리그 등 좋은 대학을 가는 미국 학생들 상당수가 이른바 'Prep-school', 즉 명문 사립 중고등학교 출신임은 널리 알려져 있다. 동부권의 명문 사립대학으로 보내는 게 주된 목적인 학교들이다. 필립스 앤도버, 엑서터, 세인트폴 스쿨 등 동부 해안지역, 특히 뉴잉글랜드 5개 주(메인, 뉴햄프셔, 매사추세츠, 코네티컷, 버몬트)와 뉴욕, 뉴저지, 펜실베이니아 권역에 명문 고교가 집중되어 있다.[31] 대학 학위 등을 전반적으로 고려한 이른바 지성지수Intelligent Index 등의 지표로 따질 때도 이 지역이 최상위인데, 간단히 말하면 주민의 전반적 학력 수준이 높다는 얘기가 된다.

경제사회 측면의 공간적 집중이 우리나라보다는 덜하다고 여길 수 있으나, 계층적인 격차는 오히려 더 심하지 않나 여길 때도 많다. 정치경제 권력을 누리는 기득권의 대물림은 영화나 소설에서도 보이지만, 가까이서 훨씬 느낌이 강해진다. 예컨대 미국 독립혁명 시기인 1778년 보스턴 인근에 설립된 사립학교인 필립스 아카데미Phillips Academy 앤도버는 초창기 주로 예일대 진학을 목표로 했으나 요즘은 거의 모든 아이비리그 대학에 학생을 보내고 있으며, 그 숫자도 단일 학교로는 아마 가장

---

31) 미국 명문 사립고등학교의 일상을 세인트폴 스쿨 졸업생이자 컬럼비아 대학 사회학 교수의 관점에서 참여 관찰한 내용으로 우리말 번역본이 나와있는 다음 책을 추천할 만하다.
 • Khan, Shamus R. 2011. Privilege: The Making of an Adolescent Elite at St. Paul's School.
  - 강예은 옮김. 2019. 〈특권: 명문 사립고등학교의 새로운 엘리트 만들기〉. 서울: 후마니타스.

많을 것이다. 부시 대통령 부자가 모두 이 학교를 졸업하고 예일대로 진학했다. 예일 뿐 아니라 다른 명문대의 경우에도 명문 사립고교를 나와서 부자/모녀간에 동문인 경우가 참 많다. 그렇게 가족끼리 또 그네들끼리 같은 학교 공동체를 계속 꾸려가는 여러 수단 중 하나가 이른바 동문자녀 혜택legacy program인데, 이는 기부금 입학과 연결되는 경우가 많다. 예일, 하버드 등 많은 대학에서 기부금 입학을 공식 인정하거나 홍보하지는 않지만, 현실에서 받아들여진다는 의견이 일반적이다.

2019년 봄에 미국 언론의 관심을 크게 받았던 스포츠 우수학생들의 편법 입학, 즉 예일, 스탠퍼드 등에서 상대적으로 적은 돈으로 대학 스포츠팀 코치 등에게 뇌물을 주어 입학을 시킨 사례들은 일면 '새발의 피'에 지나지 않는데 지나치게 엄청난 비리로 표현된 것이 아닌가 싶다.[32] 생각해보면 이런 정도의 뇌물 스캔들은 불법이고 매우 나쁜 일이지만, 사회 전체를 뒤흔들거나 장기적으로 크게 문제될 일은 아닐지 모른다. 훨씬 심각한 것은 2대, 3대, 4대를 이어가며 권력과 부를 독점하는 기득계층이 미국과 세계에 미치는 영향이 아닐까? 그리고 이들의 생각과 행동은 어쩌면 당연하게 미국 예외주의America Exceptionalism 또는 내면 깊이 잠재한 백인 우월주의 White Suprmacy 등과 어울릴 경우에 개인/가족의 이슈가 아니라 집단/사회의 문제가 된다. 아울러 그러한 성향과 이념이 보수쪽이든 진보쪽이든 한 방향으로 쏠리면서 편향이 뚜렷해지게 되는 것이다. 실제로 어느 쪽이든 크게 기울어지는 경우가 많다. 좋은 일도 나쁜 일도 자주 일어나며 눈에 확 띄게 된다.

예일의 폐쇄성과 인종차별 이슈 등이 한데 어우러진 문제로서 대학 인력의 다양성도 자주 논란이다. 과거에 비해 미국 사회가 전체적으로 굉장히 개선되었다는 평가가 있으며, 예일이나 하버드의 경우 오히려 이러한 민감한 이슈에 대하여 선도적으로 대응하며 미국을 이끌어왔다는 좋은 평가도 있다. 그럼에도 대학 내부에서

---

32) Bribes to Get Into Yale and Stanford? What Else Is New? (NYT 2019.3.12.)
    At Yale, a Once Respected Soccer Coach Becomes an Enigma (NYT 2019.3.15)

는 학생 선발의 인종 기준, 교수 채용의 다양성diversity 이슈 등이 여전히 논란의 중심이다. 2018년 5월 필자가 소속한 FES 학생들이 소수계 출신 교수를 추가로 채용해 달라며 녹색 대자보를 여기저기 붙이며 항의하였는데, 예일의 많은 학과에서 여전히 흑인/히스패닉/아시아계 교수가 절대 부족한 것으로 알려져 있다. 인종의 다양성 문제를 완화하려는 취지로 시작된 소수계 우대조치Affirmative Action 이슈의 경우에 한국인에게는 이해관계가 굉장히 복잡하다. 보통의 경우 적극적 우대조치Affirmative action를 적용할 경우, 흑인이나 히스패닉은 혜택을 보는 반면 아시안계는 오히려 성적이 좋음에도 불구하고 결과적으로 손해를 보는 경우가 많기 때문이다. 최근 하버드대에서 아시아계 응시생을 실질적으로 차별했다는 논란 및 법정 분쟁과 겹쳐 더욱 혼란스러운 모습이 되었는데, 예일에서도 2020년 비슷한 국면에 접어들었다. 예일의 입학사정 과정에서 적극적 우대조치를 '불법적으로' 이용하면서 아시아계와 백인학생들을 역차별했다고 판단하면서, 인종을 고려하는 입시를 중단하라고 연방 법무부가 명령한 것이다. 물론 예일은 반발하여 쟁송爭訟에 들어가기로 하였는데, 이 문제 또한 쉽게 논란이 정돈될 것 같지 않다(New York Times, 2020.8.13).

예일, 하버드의 교수 및 학생들의 진보의식은 널리 알려져 있다. 그들의 생각, 행동, 언어에서 언제든 드러난다. 각종 학내 모임은 물론 졸업식 등의 이벤트에서조차 그런 성향이 가감없이 드러난다. 2018년 5월 예일대 산림환경대학원 졸업식에서 필자가 보고 들은 졸업생 및 학장의 연설 장면도 그러했다. 사회적 불평등/부정의에 대하여 열정적으로 비판하는 장면, 과거 1980~90년대 우리나라 대학의 각종 집회장 같은 분위기로서 상당한 향수를 느낄 정도였다. 2019년의 우리나라 대학의 졸업식 축사에서 학장이 학생들더러 "분노하라"라고 외치는 경우를 얼마나 보겠는가?

어쨌든, 다들 '같은 편'이다 보니 색깔이 조금만 달라도 '튀어' 보인다. 심하면 대다수 동료 또는 공동체 구성원들로부터 뭇매를 맞게 된다. 얼마 전 〈뉴욕타임스〉 칼럼에도 이런 문제를 언급하는 칼럼이 실렸는데, 저자인 브렛 스티븐스Brett Stephens는 비록 〈뉴욕타임스〉 소속이지만 탄탄한 보수주의자다. 같은 얘길 해도 다

른 학자/기자가 하면 그러려니 할 테지만 이 사람은 상당히 논리적이며 그럴듯해 보인다.[33]

다른 사례로서, 유명한 최근 사건/사례가 발생했던 버몬트 주 소재 미들베리대학Middlebury College은 1800년 설립된 리버럴아츠 대학으로서 동부의 진보성향 학교로 유명하다.[34] 미국 최초로 흑인 학생을 받아 1823년 학사 졸업장을 수여하기도 했고, 2018년 미국의 쟁쟁한 리버럴아츠 대학 랭킹에서 6위를 차지할 정도로 좋은 곳이다. 그런데, 이 학교의 학생들 일부가 2017년 정치학과 앨리슨 스탠저Alison Stanger 교수에게 폭력을 행사한 것이 큰 문제가 되었다. 그 사건의 이유가 기막히다.

2017년 3월 이 대학의 스탠저 교수와 초빙 외부강사인 머레이Charles Murray 교수가 등장한다. 머레이는 적어도 일부 진보 학생들의 눈에는 백인우월주의 성향에 우생학優生學 쪽에 기운 듯한 문제점이 많은 사람으로 비쳐 있었다. 이런 사람을 자기네 대학의 정치학과 교수인 스탠저 교수가 초빙하고 사회를 보며 강연회를 하니 격한 반대가 처음부터 예정되어 있었던 셈이다. 강연이 시작되기도 전에 많은 학생들이 "누가 적인가? 백인우월주의!", "찰스 머레이는 떠나라" 등의 구호를 외치며 진행을 방해했다. 강연장소를 옮기는 등의 곡절 끝에 머레이와 스탠저 교수의 대담이 이어졌지만 학생들의 방해 구호 등은 계속되었다. 대담이 끝난 후에 시위자들이 끼어든 폭력 대치로 인해 스탠저 교수를 포함하여 다수가 부상당했고 강연자의 차량이 훼손당했다. 당시 미들베리대 패튼Laurie L. Patton 총장은 이러한 격렬 시위와 폭력을 이유로 74명의 학생을 징계 조치하는 등 분위기가 매우 험악했다. 무엇보다도 이런 사태로 인해 명문 미들베리 대학이 미국 헌법에 보장된 표현의 자유를 심각하게 훼손했다는 비난이 이어졌다.

---

33) Dear Millennials: The Feeling Is Mutual (NYT, 2019.5.17)

34) 10년전 UMass 체류 중에 어떤 미국 학생이 이 학교 대학원 진학용으로 필자에게 추천서를 부탁해서 써 준 기억이 있다. 잠시 학교의 프로필을 검색해 봐도 굉장히 좋은 학교임을 알 수 있을 것이다.

2015년 예일대에서도 비슷한 일이 벌어졌다. 사회학자이자 의학자인 니콜라스 크리스타키스Nicholas Christakis 교수를 캠퍼스 중앙 잔디밭에서 에워싸고 소리를 질러대며 격한 항의를 벌인 사건이 있었다. 그의 부인이 이른바 '표현의 자유free speech'를 신봉하는 사람인데, 그 부인을 거부하라는 요구를 받아들이지 않는다는 이유에서였다. 일단 크리스타키스 교수는 예일 칼리지를 나와 하버드 의대를 나왔으며, 2009년 〈타임〉에서 미국에서 가장 영향력이 강한 100명에 선정할 정도로 대단한 사람이다.

논쟁의 시작은 그의 부인이자 역시 예일대 교수인 에리카Erika가 예일 학부생들에게 보낸 이메일이었다. 할로윈 축제 때 사람들이 기괴한 옷과 잔인하거나 사이비 종교성을 드러내는 의상 등도 늘 화제이자 논쟁이지만, 인종차별적racist 또는 문화적으로 모욕적인culturally offensive 의상이 더 논란이었다. 흑인, 아메리칸 인디언, 아랍계, 멕시컨, 아시아계 등을 놀리거나 모욕한다고 여겨질 수 있는 행위, 예컨대 얼굴을 검정 물감으로 칠하거나 아시안처럼 눈 작은 가면을 쓴다든가 하는 분장 등이 문제였다. 에리카 교수는 이런 행위 역시 표현의 자유로 보면서 옹호하다가(It's okay to be a little offensive) 소수계 학생들로부터 분노와 공격의 대상이 된 것이다. 미국 헌법상 표현의 자유를 어디까지 허용하고 어떤 방식으로 제어하여야 하는지가 논점인데 자신의 전공 관점에서 본다면, 할로윈 의상에 대하여 예일대 행정 측에서 적절한 안내와 관여를 해주도록 학생들이 요청할지 아니면 그들 스스로 마음대로 입도록 허용해야 할지를 고려해야 한다는 것이다. 할로윈 축제에 대하여 구체적으로 잘 모르고, 미국 환경에서 논의되는 표현의 자유 이슈에 대하여도 익숙치 않은 우리 한국 사람들이 보기에는 뭐가 그리 큰 문제인지, 왜 그리 시끄럽고 혼란해 졌는지 여전히 의아할 수 있다.

이미 논쟁이 붙은 이슈에 대하여 에리카와 크리스타키스 부부 교수가 함께 묶여 크게 번졌고, 일부 학생들이 노골적으로 그리고 물리적으로도 이들을 공격하기 시작한 것이었다. 할로윈에 무슨 옷을 입든 자유이며 그것이 표현의 자유라는 생각을 하는 두 교수는 어떤 표현의 자유이든 원칙적으로 지지하고 있으며, 학생들 스스로 이를 제어하길 원한다면 제어할 수 있을 것이라는 신뢰를 보냈다. 그럼에도 이런 문제에 교수/학교 행정이 관여함으로써 불필요하거나 매우 위험한 신호를 보내고 오히려 논쟁과 대립을 조장하는 것 아닌가 등의 논쟁이었으며, 상당한 감정적 요소가 복합되기도 하여 91명의 교수들이 이들을 지지하는 서명에 동참하기도 하는 등 학내 전반에서 뜨겁고 발화성 넘치는 이슈가 되어버렸다. 결국 에리카는 예일 기숙대학 중 하나인 실리만 칼리지의 헤드직을 사임하고 말았다. 이 사건에 대하여 〈애틀랜틱〉The Atlantic 지에서는 인간미가 모자란 사람들에 의해 자행된 부수적 피해로서 예일대 역사에 기록되어야 할 것이라며 비판했다.

    NYT의 스티븐스는 이를 일컬어 '보이지 않는 피해'를 주장하면서 '실제적인 피해'를 가하는 경우로서 수많은 사례가 있다고 비판했다. 보수주의자인 그에게 미국 수정헌법에서 보장된 '표현의 자유'는 보수의 의사를 자유로이 표현할 자유이다. 이 사건을 언급하는 가장 최근의 글은 역시 〈뉴욕타임스〉 칼럼니스트인 프랭크 브루니Frank Bruni인데, 이 사람은 스티븐스와 달리 진보성향이 강한 사람이다. 사건에 대한 전반적인 회고와 함께 크리스타키스 교수를 이해하면서 미국 대학에서 표현의 자유가 침해되는 것을 반성하는 논조였다. 당시 학생들의 항의가 매우 격렬했는데, 어떤 학생은 크리스타키스 교수에게 "밤에 잠이 옵니까?", "당신이 혐오스러워요" 등등 모욕적인 언사로 대하는 가운데도 그는 2시간을 항의하는 학생들과 함께 하며 대화했다. 이 모든 것을 겪어 내며 2019년 봄에 해당 교수가 역작 〈Blueprint〉를 출간했는데, 한 진보언론인이 보수 학자의 고생을 다독이며 그의 학문적 역량과 업적을 담담히 소개했던 것이다(NYT 2019.3.19).

    우리 땅의 대학에서도 특정 정치인들이 캠퍼스에 와서 강연 등을 할 경우 심하게 반대하는 모습을 본다. 개인 의견으로는 강의/수업의 연장이라면, 어느 쪽이든 일단 들어오게 하고 내용적으로 비판할 일 있으면 비판하면 된다고 여긴다. 관심있는 학생/교수들의 경우에 2020년 9월 현재까지 미국의 대학과 언론이 함께 고민하

고 있는 이 논쟁 또는 문제를 다루는 기사가 있으니 도움이 될 것이다.[35]

| 부록 | 예일대 학생의 정신건강 문제 |

우리나라 이공계 최고의 명문이라 할 대전의 한국과학기술원KAIST에서 2011년에 이어 2016년에도 학생 자살로 사회적 충격이 컸던 적이 있다. 2016년 7월 박사과정 학생이 자살한 것인데, 대학당국에서는 긴급회의를 열며 대책 마련에 나섰다. 2011년 4명의 학생이 연이어 자살한 것은 그보다 더 심한 충격이었는데, 2007년 이후 KAIST에서는 학점에 따라 원래는 무료였던 수업료를 6~600만 원 범위에서 '징벌적 수업료 제도'라는 명목으로 징수하고 있었고, 이 제도가 학생들에 대한 지나친 압력이라는 비판을 받았다. 이 제도는 2011년 이후 폐지되었지만 그 이후에도 2014년 2명, 2015년 2명 등 극단적 선택을 하는 학생들이 이어진 것이다(연합뉴스 2016-07-18, 위키뉴스 2011-04-07).

극단적 선택이라는 비관적 분위기를 막고 사전 사후 대책을 강구해야 하는데, 보통은 동료학생들의 우울증을 막고 후유증을 치료하고자 '외상 후 스트레스장애(PTSD)' 프로그램 등을 운영한다. 이외에도 정신건강검진, 심리 상담, 스트레스 클리닉 운영 등 대책을 내놓지만 아마도 학생, 학교는 물론 온 사회가 계속 걱정을 함께 해야할 문제일 것이다. 필자가 속한 경북대학교의 경우에도 우리나라의 많은 대학과 마찬가지로 캠퍼스 안에 심리상담센터를 두고 있으며, 분담 지도학생을 개별 상담할 때 혼자서 어려우면 전문적인 심리상담과 연계할 수 있도록 하고 있다. 가끔이지만 심각한 사고가 나기도 하는데, 보통의 학생이나 교수 입장에서는 어찌 대응해야 할지 거의 훈련되어 있지 않다.

---

35) Colleges Grapple With Where — or Whether — to Draw the Line on Free Speech (NYT 2018.6.5)

외국의 대학에서도 상황이 비슷한 듯하다. 아이비리그 대학 중 하나인 코넬대는 전체적으로 굉장히 아름다운 캠퍼스를 자랑하는데, 계곡 쪽 역시 참 보기 좋은 풍경이다. 다만 이곳을 몇몇 학생들이 비극적 용도로 사용하는 것만 뺀다면… 예일대도 그렇고 초명문 대학의 학생들 가운데 소수지만 심리적으로 매우 민감한 학생들이 있는 건 틀림없어 보인다. 학업의 부담도 심하다. 많은 경우 어릴 때부터 공부를 잘하는 것으로는 뒤질 게 없었던 학생들이니 정말로 똑똑한 그룹에 들어와 갑자기 힘들어진 것인지 아니면 부모나 학교, 학생 스스로 기대감이 너무 높아진 것인지, 하여간 좋은 학교, 아름다운 캠퍼스의 이면에 슬픈 스토리도 있는 법이다.

2015년과 2016년에 각각 예일 칼리지 1학년, 2학년생이던 두 학생이 정신 장애를 겪으면서 이를 극복하지 못하고 극단적 선택을 했다. 필자가 연구년을 마치고 돌아온 직후인 2018년 9월에 특이한 이메일을 받았는데, 예일대 총장과 학부대 Yale College 학장이 근심 가득한 어조로 전해온 슬픈 소식이었다. 또 한 명의 예일대 학부생이 목숨을 끊었다는 것이었다. 물론 프라이버시 등의 문제로 자세한 인적사항이나 배경과 이유가 상세하게 알려지지는 않았지만, 각종 학업 부담, 정신적 스트레스, 개인 사정 등일 것이다. 이 대학의 교수, 보직자들은 이럴 때마다 학교 공동체의 도움과 격려를 말하면서, 이를테면 정신건강 지원을 위한 각종 서비스, 시설 등을 보완하려 한다.

물론 자살 같은 극단적 사건만이 정신 건강 이슈의 전부는 아닐 것이다. 폭력, 마약, 우울증 등이 어우러져 있을 것인데, 모든 것이 공부를 정상적으로 계속할 수 있는지의 문제와 연결된다. 2018년 필자가 직접 겪은 예일대 학생회장 선거 과정을 보면, 학생 정신건강 문제를 학생들 스스로도 매우 심각하게 받아들이고 있는 것 같다. 한 학생회장 후보의 경우 예일 캠퍼스 전역에서 문제되고 있는 학생들의 정신건강 이슈와 관련하여 다른 아이비리그 7개 대학들과 협력해서 정신건강연합체 mental health coalition를 구성하자는 공약을 내세울 정도였다. 물론 학생들 단위만으로 체계적, 구체적인 대안이 다 나올 수는 없을 것이다.

예일대의 수많은 학생동아리 중 '예일 웰Yale Well' 이름의 정신건강 지원 동아리가 있다. 여기서는 다른 활동과 함께 자체적으로 인간의 삶과 행복에 대한 논의와 특강을 진행하기도 한다. 필자가 직접 접한 기회로서 심리학과의 스타 교수인 로리 산토스 교수를 따로 초빙하여 특강을 자체 진행하였고, 이를 학생 공동체 전체에 널리 알리기도 했다.

우리나라의 대학에서도 겉으로 자주 드러나지는 않지만 정말로 심각한 문제가 학생들의 정신건강 이슈이다. 2018년 한 조사에 의하면 우리 대학생 10명 중 7명 꼴로 '불안증상 위험군'에 속한다고 한다. 너무 비율이 높아 개인적으로는 믿기 어려울 정도였다. 전체 학생 중 최근 1년 이내에 자살을 시도한 경우가 1.6%이며, 자살 위기의 잠재위험군 14.3%, 우울증을 몸소 겪어본 학생이 전체의 43.2%라니 매우 놀랍다(내일신문 2018-05-02). 치열한 입시경쟁을 뚫은 대학생들이 학점, 스펙, 취업, 사회적 압박 등등 수많은 스트레스 요인을 갖고 있는 것을 이해해야 한다. 대학이든 사회든 누군가 뭔가를 속히, 꾸준히 해야 하겠다.

2.4.6. 예일의 빛과 어둠

"포경선은 나의 예일대였고 나의 하버드대였다."A whale-ship was my Yale College and my Harvard — 허만 멜빌Herman Melville 〈모비딕〉에서 주인공인 이스마엘의 말

작가 멜빌은 실제로 포경선에서 갖은 일을 다했다. 사무원, 교사, 노동자 등 다중 경험을 하면서 배 위의 삶을 소설로 옮겼다. 바다 위 포경선은 먹고 자고 일하고 동료들과 어울리는 공간이며, 열린 세계 같기도 하다. 배움과 가르침이 이어지는 폐쇄적인 공간이기도 하다. 일면 대학 캠퍼스와 비슷하며, 특히 예일의 레지덴셜 칼리

지를 연상하게 하지 않는가?

머리 위에 별을 두고도 빛을 알아차리지 못하는 경우가 많다. 반대로 등잔 밑이 어둡다는 말도 가능하다. 책이나 신문으로 볼 때보다도 예일대 안에서 오히려 그 가치에 덜 익숙할 수 있다. 빛이 대단했던 건 틀림없다. 그러면서 그 빛 아래에서 그늘도 작지 않았다. 아리스토텔레스가 되는 교육을 받으면서 월스트리트를 지향했던 것이 아닌지 물어볼 수도 있을 것이다.

예일대에서는 지난 200년 이상 리버럴아츠 교육, 레지덴셜 칼리지 등의 미국 대학교육을 선도했는가 하면, 1960년대 말에야 여학생 입학이 허가되는 등 시대의 변화를 거부한 모습이 보이기도 했다. 교육 혁신의 측면에서 커다란 변화가 눈에 띄기도 하지만, 현대에 들어와서는 매우 점진적이고 분권형의 변화가 목격된다. 무엇보다 급격한 '제도' 변화보다는 안정적인 '운영'에 초점을 두는 느낌을 받는다. 주인인 학생들의 의견을 듣는 것은 가장 중요한 요소로 보인다. 융합전공, 유연학기제, 집중이수제, 자기주도 학점제 등 우리의 대학에서도 부분 시도되는 제도가 예일에서는 변형/안정된 모습으로 목격된다. 교육과정, 학사제도 변화가 우리나라에서는 서울발 재정 인센티브나 교육부의 구조조정 압력을 통하여 거의 강제된다는 점도 큰 차이일 것이다.

진리는 대학이 추구하는 최고의 가치로서 교육과 연구로 대표되고 열매가 맺어진다. 지난 수백 년 미국의 대학에서 목격된 가장 큰 학사혁신 중 하나가 1828년 예일대의 정책보고서에 기반한 리버럴아츠 교육일 수 있다. 아울러 1930년대 하버드와 예일이 주도한 기숙대학/레지덴셜 칼리지 또한 당시 미국의 상황에서 획기적인 바뀜이었는데, 이는 지금도 아이비 대학 교육의 근간으로 유지된다. 흔히 알려진 대로 예일은 이른바 문과 쪽이 강하다. 인문학, 사회과학 분야에서 세계적 권위를 자랑하는데, 최근 들어 상대적으로 소규모인 과학, 공과 쪽 역시 상당한 역량과 성과를 드러내고 있다. 2017~18년 당시 필자의 연구실 근처에서 2013년 노벨 화학상 수상자가 일하고 있다는 얘기에 움찔한 기억이 난다. 하여튼 57명의 노벨상, 5명의 필즈 메달, 247명의 로즈 장학금 등 자랑할 만한 성과를 냈다.

우리 땅, 우리 대학의 여건을 고려하지 않고 쉽사리 외국 명문대학의 학사 제도를 비교하는 것은 좋은 생각이 아닐 것이다. 문화/학문의 전통도 다를 뿐 아니라, 연구/교육의 경험과 역량, 각종 자원 또한 쉽사리 견줄 수 없다. 예일의 학생-교원 비율은 6:1(미국 평균은 약 15:1), 심지어 STEM 분야에선 3:1까지 내려간다. 전임교원 비율 75%(미국 평균 50%), 연간 4조 원의 예산, 적립금 30조 원을 운용하는 예일대와 우리나라의 대학을 비교하기는 어렵다. 학부생의 90%를 기숙대학에 수용하여 공부시키는 인프라와 시스템 또한 마찬가지이다.

예일대 또는 상당수 외국 명문대의 학사 시스템, 서비스, 시설 등을 보면 어쩔 수 없이 한숨을 쉬게 될 때가 많다. 우리 땅의 대학 현실을 돌아보게 마련인데, 언젠가 앨빈 토플러가 한국의 교육 현실에 대하여 "19세기 교실에서 20세기 교사가 21세기 아이들을 가르치고 있다"라고 질타한 적이 있다. 많이 자존심 상하는 얘기지만, 상당한 진실을 내포한다고 믿는 사람들이 많다(이영탁/손병수, 2019).

다른 중요한 이슈로서 인문교양교육을 생각한다. 현대의 미국 대학, 특히 예일대 같은 명문대에서 아리스토텔레스가 다시 살아났다가 "억울하게" 죽었는가? 19세기 이후 예일에서 리버럴아츠 교육을 되살리면서 미국 뿐 아니라 서구세계의 대학교육을 바꾸는데 큰 역할을 한 것은 인정된다. 제2차 세계대전 이후 미국의 "Good Old Days" 전성 시절에 미국의 대학들이 인문사회와 자연과학, 공학의 영역에서 지구촌을 주름잡으며 양적으로 성장하고 질적으로 진화하면서, "언덕 위의 빛나는 도시"가 실제로 가능할지 모른다는 꿈을 품게 했다.

반면, 많은 미국 대학의 경우에서처럼 예일대에도 그늘과 어둠이 존재한다. 역사적 잘못도 적지 않을 것이다. 학사 운영과 캠퍼스의 일상에서도 문제가 수시로 등장한다. 학점 인플레 등 작은 것부터 인종 차별, 귀족학교 이미지, 전체적인 폐쇄성 등 여전한 문제를 제기할 수 있다. 고대의 아리스토텔레스를 18세기 영국으로부터 독립하려던 신생국가의 새 대학에서 되살려냈다고 하자. 이제 21세기의 미국 땅, 견고한 월스트리트의 장벽 안에서는 그저 작은 리바이어던으로 남으려는가? 미국 동부에 안온하게 자리잡은 예일이 빛과 진리를 추구하는 과정에서 350년 이상 드리워진 어두움 또한 미국과 세계를 덮고 있는지 모른다. 빛은 바랬고 진리는 낡았으며, 문명의 무게추가 서쪽 바다 건너로 이미 옮겨갔다고 얘기하는 사람도 많다.

2019년 예일대 로스쿨 교수인 말코비츠 교수가 새롭게 제기한 '메리토크라시(능력주의)의 덫' 논의도 더해질 수 있다. 예일대와 그 졸업생 아리스토텔레스가 전통, 자본, 인적 네트워크로의 무장, 월스트리트로 상징되는 현대 미국의 괴물이 되어 버린 것 아닌가 하는 우려가 여기저기서 제기된다. 2020년 상반기 코로나 사태로 인해, 미국이나 서구 중심의 관념 자체가 뿌리채 흔들릴지도 모른다는 우려도 새로이 등장한다. 예일, 하버드로 상징되는 미국의 명문대는 지금 어디쯤 스스로의 좌표를 잡고 있을까?

대학이 어렵다는 것은 공통의 인식이다. 학생 수 감소로 인한 재정적 측면은 물론 사회적 인식의 변화도 크게 변했다. 최근 미국인들이 대학교육을 보는 관점이 부정적으로 변했는데, 트럼프 행정부 출범 이후 대학 적립금에 대한 과세 조치 등으로 더 분명해졌다. 2017년 퓨/갤럽 조사에 의하면, 공화당원의 58%가 대학교육을 부정적으로 본다. 이는 2년 전의 37%보다 훨씬 늘어난 것이다. 예일은 물론 미국 대학 대부분이 진보 성향인 것도 무관치 않지만, 사실 일반인들도 단지 44%만이 대학교육에 대하여 매우 또는 상당한 신뢰를 보내는 반면 절반 이상은 약간만 신뢰하거나 거의 신뢰하지 않는 것으로 나타난다. 코로나를 겪고 있는 지금 우리나라에서 비슷한 조사를 하면 어떤 결과가 나올지 더욱 두렵다. 한국의 대학도 위기를 느껴온지 오래지만, 2020년을 넘기면서 미국의 상당수 대학도 문을 닫을 위험에 처했는데, 예일같은 명문대는 어떻게 받아들일 것인가?

대학에 대한 믿음이 떨어지는 것은 이념 측면 외에도 AI 혁명, 정보화, MOOC 등 온라인 교육의 급격한 확장과도 연결될 것이다. 2020년 갑자기 '미래의 교육' 문이 활짝 열린 느낌이다. 시공간을 초월하고, 온/오프 라인이 통합되고, 개인과 집단의 지성이 함께 묶이는 새로운 교육 형태가 어느날 갑자기 등장할 것도 같다. 현재의 전반적인 학교 교육이 가까운 미래에 어떻게 변할지 모르는 직업 세계와 연결되지 않다는 전망도 마찬가지이다. 전기차/수소차/무인자율 자동차 시대에 내연기관, 운전기술 교육 등의 의미가 뚝 떨어지는 건 당연하다. AI가 신문기사, 판결문, 진단서를 쓰는 시대에 언론학, 법학, 의학 교육이 도대체 어떻게 바뀌어야 하는가?

　　대학이 바뀌고 학사 제도도 변해야 한다는 소리가 높은데, 문제는 누가, 어떻게, 얼마나 그리 할 것인가이다. 전통의 명문대학과 거대 고등교육기관들이 이에 앞설 수 있을 것인가? 아니, 10년 후 예일대가, 서울대가, 경북대가 현재 모습으로 존재하기는 할 것인가? 내부의 도전과 외부의 위협을 진정 심각하게 인식해야 할 것이다. 어떻게 할 것인가?

예일을 넘어
Beyond Yale

chapter 3

Yale, The Four Seasons

3.1. 미국 대학의 다양한 모습

🏛 3.1.1. 미국의 좋은 대학과 입시

미국 대학, 특히 하버드, 예일, 프린스턴 등 아이비리그Ivy League 명문대학을 어떻게 들어가는가? 그에 대하여 쉽고 확실히 답할 수는 없다. 그럼에도 이미 수학한 사람은 물론이고 어디서나 볼 수 있는 웹사이트, 책자 등등에서 안내 자료가 별 모자람이 없을 정도이다. 여건이 되어 미국 문헌을 구해 읽을 수 있다면 아마존 등에서 아이비리그 입학 및 학비 부담에 관해 많이 판매된 책을 보는 방법도 있을 것이다.[1] 지금 미국에서 사는 한국 학생 또는 한국계 학생이나 부모들은 대부분 훤히 아는 내

---

1) 국내에도 미국 대학 입학 관련 책은 많이 나와 있는데, 아래 2개 사례를 참고할 수 있다.
  Silverman, Samuel B. (2018). 〈How to Get Admitted – An Innovative, Strategic Approach to College Admissions〉. Ivy League Prep, LLC.
  Hughes, Chuck. (2003). 〈What it really takes to get into the Ivy League & other highly selective colleges〉. McGraw-Hill.

용이니만큼 수험 과정 등을 자세히 여기서 쓰지는 않아도 될 것이다. 무엇보다도 요즘은 인터넷 등을 통하여 학생들 스스로가 최신 정보 등을 제일 많이 얻는 것 같다.

미국 대학의 유형을 크게 나눌때 주로 규모와 교육/연구의 범위를 기준으로 하여 종합대학national universities, 인문교양대학liberal arts colleges, 커뮤니티 칼리지community colleges 정도로 구분할 수 있을 것이다. 종합대학에는 커다란 주립대학과 사립대학이 포함되고,[2] 인문교양대학은 보통 소규모이며, 주로 미국의 북동부에 많이 있다. 커뮤니티 칼리지의 경우 2년제 전문대학 격으로 미국 전역에 걸쳐서 기초 또는 직업 강좌를 많이 개설 운영한다.

아이비리그 8개 사립대학 외에도 강소대학이라 할 리버럴아츠 대학의 경우 특히 학부 교육에서 월등한 역량과 시스템을 자랑한다. 여기 졸업생들이 바로 취업도 많이 하고 명문대학원으로 많이 진학하는 것이 놀라운 일이 아니다. 애머스트 대학Amherst College, 윌리엄스Williams, 윌리엄앤메리William & Mary, 스와츠모어Swartmore 등이 대표적인 사례인데 이는 모두 남녀공학이며 대학의 재정이 탄탄하여 학생 지원을 잘해 준다는 공통점이 있다. 여성 대학이 있는 것은 우리나라의 경우와 비슷하다. 우리의 거점 국립대와 비교할 만한 대형 주립대로 버클리Univ. of California Berkeley, UCLA, 미시건Univ. of Michigan, 워싱턴Univ. of Washington, 노스캐롤라이나Univ. of North Carolina Chapel Hill 등 각종 랭킹에서 상위를 차지하는 명문이 많다. 예로 필자가 11년 전에 머물렀던 매사추세츠 주립대Univ. of Massachusetts는 브랜치 캠퍼스를 모두 합친 규모/실력으로 저명한 세계대학 평가기관인 'THE' 랭킹에 한때 세계 19위까지 오른 적도 있다.

마운트 홀리요크 대학은 매사추세츠주 서부 사우스 해들리South Hadley에 소재한

---

[2] 우리나라 국립대학의 번역 관련해서 약간의 혼선이 생긴다. 즉 경북대, 전남대, 충남대 등의 국립대학을 'national university'로 옮기는 것이 물론 맞지만, 이 용어가 미국의 경우에는 예일, 하버드, MIT, 스탠퍼드 등 사립학교는 물론 매사추세츠, 버클리, 워싱턴, 텍사스 등 수많은 대형 주립대학state universities까지도 모두 일컫는 말이 된다.

미국 최초의 여자대학이다. 자신들은 아마도 세계 최초일 것이라 우기는데, 어쨌든 명문 강소형 학교이다. 미국의 엘리트 인문교양대학 중 하나로 외국 학생들에 대하여 호의적이며 학비지원도 비교적 괜찮다고 알려져 있다. 뒤에 따로 소개하겠지만 이른바 세븐 시스터즈Seven Sisters라는 명문여대 클럽의 하나인데, 힐러리 클린턴이 졸업한 웰즐리Wellselly 대학, 반기문 전 UN사무총장의 딸이 다녔던 스미스Smith 대학 등이 함께 속해 있다.

미국 시민권자 또는 국적이 한국이라도 현지에서 고등학교를 다니는 경우, 대학입시 준비가 훨씬 쉽다. SAT, TOEFL(대학원의 경우 GRE, GMAT 등) 등 공인 시험을 치르는 일부터 일단 편리하고 싸다. 대학 공부나 시험치는 것을 부모가 하는 건 아니지만, 국내의 경우와 달리 학생과 학생 가정의 재정/세금 신고, 장학금 신청 등 관련해서는 아무래도 어른이 할 일이 훨씬 많다. 대대로 금수저를 물고 태어나지 않은 이상, 특히 장학금 관련해서는 최고의 정직성을 바탕으로 하되 학비 보조를 가장 많이 받을 수 있도록 각종 증빙을 모두 준비해야 후회가 덜할 것이다.

미국의 웬만한 대학에 원서를 낼 때 신경 쓸 일이 참 많다. 학생의 입장에서도 하루아침에 뭔가 하늘에서 뚝 떨어지는 일은 별로 없어서 적어도 2~3년을 충분히 준비해야 한다. 우선 중요한 것은 수학/영어/과학 등 주요 과목을 포함해서 학교성적GPA 관리를 잘해야 하는 것은 우리나라와도 비슷하다. 대학수준의 선수과목 AP(advanced placement) 얘기만 하더라도 넘칠 텐데, 우리나라의 보통 고등학교에서는 일반적이지 않지만 외고, 민사고 등 특목고 학생이라면 잘 알 것이다. 미국의 고교에 다니는 한국 학생들이라면 익숙한 얘기이고, 실제로 많은 한국인 학생들이 AP 과목도 잘 따라갈 뿐 아니라 다른 교과, 비교과 성적도 우수하게 유지한다. 미국의 고교생활이 느슨해 보이지만, 좋은 학교의 경우 평소 수업을 따라가고 온갖 시험을 치러내는 자체도 쉽지 않다. 예외가 있겠지만, 보통 이 땅의 대도시에서 성행하는 과외나 학원 수업 등을 거의 하지 않으면서도 명문대학을 가기 위해 새벽까지 숙제하고 공부하는 모습도 본다. 특히 한국 엄마들의 희생이 너무 큰 것 같다.

우리나라의 수능시험 격인 SAT 또는 ACT(외국 학생의 경우 TOEFL도 포함) 시험 역시 좋은 대학의 경우 널리 암묵적으로 합의된 고득점 기준 같은 게 있으며, 실제로 명문대학들의 경우 그런 점수가 합격의 충분조건 이전에 필요조건이 된다(필자가 오래전 박사과정 유학 중, 석사과정 신입생 서류전형을 일부 맡은 적이 있었는데, 외국응시생의 경우 TOEFL 점수로 일단 컷오프 비슷하게 사정을 미리 해두는 것을 봤다). 여기서 예일/하버드 등에 원서를 낼 만한 점수가 어느 정도인지를 말할 필요는 없으며, 실제로 필요한 사람이라면 금방 알 수 있다. 특히 한국학생들의 수학 실력은 정평이 높아서 수학 부문의 경우 일단 거의 다 맞추어 놓는다고 하는 학생들도 많다. 그렇지만, 학교성적이나 공인시험 등으로 입시준비가 끝나는 건 물론 아니다.

공인시험/학과 성적 외에 절대 경시하지 못할 것이 과외 활동extra-curricular activities이다. 이제는 우리나라 고교생들도 익숙해지고 있는 것 같다. 스포츠, 봉사, 리더십 활동 등인데, 단발성 참여는 그리 도움이 되지 않으며 적어도 1~2년 이상 꾸준히 뭔가 활동을 하는 게 중요하다. 이 땅의 고교생들도 2007년 도입된 입학사정관제에 이어 2013년 학생부 종합전형(학종) 전환 이후, 이 부문에 대하여 각별한 관심을 보이는 경우가 ('스카이 캐슬' 드라마에서처럼) 많이 늘어났다. 물론 미국의 제도가 태평양을 건너와서는 많이 다른 모습과 결과로 나타났다는 비판이 많은데, 그나마 2020년 정시/수능 확대정책과는 엇박자인지라 쉽게 비교하기는 어려울 것이다.

위와 같은 공립학교가 아닌 미국의 사립고교는 명칭 '예비학교prep-school'에서 보듯이 좋은 대학을 가기 위한 준비과정의 의미가 크고 교육내용 또한 우수하며 당연히 학비가 비싸다. 우리나라에도 얼마간 알려진 필립스 아카데미, 세인트폴 스쿨 등이 대표사례인데, 웬만한 대학 등록금 수준 또는 그 이상의 사립고교가 동부에 많으며, 한국학생들도 꽤 다닌다. 반면, 공립고교는 천차만별이며 많은 경우 저소득층 지역이거나 치안이 불안한 대도시 지역의 경우 대학입시를 준비하는데 어려움이 많은 게 상식이다. 그 예외가 캘리포니아, 뉴잉글랜드, 버지니아 등의 일부 지역이 아닐까 싶은데, 이런 곳은 예외없이 한국의 학생과 학부모들이 선호하는 동네로 명성이 높다. 매사추세츠 애머스트 고등학교 등 일부 소수의 공립학교중에도 명성이 높은 경우가 있다. 11학년, 즉 고교 2년생에게 웬 학교 숙제가 그리 많은지 새벽까지 책상에 앉아 있는 것을 흔히 볼 수 있고, SAT/TOEFL 등 공인시험 준비로 거의 매일 늦게까지 공부하는 모습이 한국의 고교생들과 다름이 없다.

칼리지 투어 - 매사추세츠

중고생들이 대학 캠퍼스에 직접 가서 안내받는 광경을 자주 볼 수 있는데, 미국에서도 그러하다. 특히 한국 교포나 체류하는 이들도 어떻게든 기회를 만들어 대학 투어를 하는 것은 지극히 정상적이며 바람직하다고 여겨진다.

아침 일찍부터 다니면 좋은 학교가 많이 몰려 있는 보스턴 주변의 5개 대학을 주마간산 격이나마 둘러 볼 수 있으며, 사전 예약을 해 둔 학교의 경우 담당자의 안내/면접/투어까지 할 수도 있었다.

제일 먼저 간 곳은 보스턴의 터프츠 대학Tufts Univ.이다. 전국 랭킹 20위권의 좋은 학교이다. 교외 Alewife Station에 주차 후 지하철로 돌아다녔는데, 이 학교는 보스턴의 지하철 망으로부터 조금 떨어져 버스를 갈아타야 하는 불편이 있었지만, 일단 들어가니 언덕에 위치한 캠퍼스가 단아하고 고풍스럽다. 세계적으로도 대단히 우수한 학교인데, 괜히 하버드/MIT와 붙어 있는 통에 오히려 동네에선 대접을 덜 받는다. 필자가 강의교수로 체류했던 매사추세츠 주립대도 비슷한 처지이다.

Havard/MIT는 관광목적으로도 마찬가지인데, 실제로 하버드 캠퍼스를 가면 중국인 등 세계의 어른/어린이 손님들로 항상 바글바글하다. 두 학교는 지도로 보면 거의 붙어 있고, 실제 약 2마일 간격이니 큰 맘먹고 걸어다녀도 된다. 설립자인 존 하버드John Harvard 동상의 발을 만지면 좋은 일이 생긴다는 설 때문에 양쪽 구두 부분이 반짝반짝 빛날 정도이다. 우리나라 대학과 달리 주거지/상업시설 등이 학교건물과 함께 어울려 있는 학교가 많은데, 이 두 대학도 그렇다. 다만, 하버드/MIT 대학이 캠퍼스로도 최고인지는 의문인데, 예일/코넬/브라운 등 훨씬 더 예쁜 학교가 많기 때문이다.

보스턴 대학은 한국어 이름만으로는 2개가 있어서 혼동을 피하려면 BUBoston University, BCBoston College 등으로 부른다. BU는 아마도 보스턴 광역권/매사추세츠 지역에서 한국(계) 학생이 가장 많은 곳이 아닐까 싶을 정도인데, 한국 동문회 활동도 활발하다고 들었다. 보스턴 시내에 위치하여 대중교통이나 일상생활의 편한 점이 있지만 물가가 만만치 않다. 집세가 굉장히 비싼 것은 케임브리지의 하버드/MIT 주변도 마찬가지이다. BC는 보스턴 서쪽 외곽에 떨어져 있는 굉장히 좋은 학교이다. 약간 어둑해질 때쯤 들른 매사추세츠 주립대 보스턴 캠퍼스UMass Boston는 해안지구에 면하고 있어서 가히 바다 쪽 전망이 최고이며 캠퍼스 건물이 대부분 새로 지은 것이라 인상이 좋다. 특히 케네디 대통령 기념도서관JFK Library이 학교 안에 있어서 색다른 의미를 더한다. 대학 자체의 랭킹은 좀 뒤처지지만 녹색화학Green Chemistry, 해양학 등 특색있고 전망 좋은 프로그램이 있다. 이외에도 경영/창업으로 유명한 뱁슨 대학Babson College, 힐러리 클린턴의 모교인 웰즐리 대학Wellesley College 등을 둘러보았다.

🏛 3.1.2. 대학과 표현의 자유

■ **표현의 자유**freedom of expression

1791년 이래 미국 수정헌법 제1조에 의하여 보장되어 온 중요한 덕목이다.[3] 그만큼 미국인에게 건국 초기부터 중요한 이슈였고, 물론 현대에 들어서는 세계 모든 민주주의 국가와 자유 시민에게 핵심적인 가치가 되었다. 물론 그 해석에 따라 왜곡 또는 혼동의 여지가 없지 않다.

---

[3] 수정헌법 제1조-제10조까지는 권리장전The Bill of Rights 으로도 불린다. 제1조는 종교, 언론 및 출판의 자유와 집회 및 청원의 권리에 관한 보장, 즉 넓은 의미로 표현의 자유를 포괄하는 것이다. 이 표현의 자유는 시대 변화에 따라서 또 누가 어떻게 사용하느냐에 따라서 복합적인 의미를 지니기도 한다. 가장 눈에 띄는 것으로, 2010년 미국 연방대법원은 헌법상 표현의 자유 항목에 기대어, 기업이나 노조 등이 정치단체에 주는 선거자금을 정부가 제한할 수 없다고 판결함으로써 대단한 비판과 논쟁을 불러일으킨 바 있다(Citizens United vs. FEC, 558, US 310). 즉, 대기업이 특정 정당에게 무제한 자금을 지원할 수 있다는 것인데, 그 근거가 표현의 자유라는 것이다.

대학에서도 마찬가지로 표현의 자유는 중요하며 이슈화되는 빈도가 우리나라 대학보다는 미국의 대학에서 더욱 많은 것 같다. 예일칼리지 학장실 웹사이트에 가면 '대학 정책College Policies' 섹션 첫머리에 바로 이 주제를 띄워놓고 있다. "Free Expression". 자유로운 표현을 옹호한다는 선언부터 관련 절차, 규정, 자료, 심지어 시위 등의 경우에 어떻게 하면 안전하게 스스로를 지킬수 있는지 등 겉으로 보기에 이렇게까지 해야 하나 싶을 정도로 상세하게 이를 안내한다. 최근 몇 년의 신문만 보아도 미국 대학 캠퍼스에서 표현의 자유freedom of speech 논쟁이 다양하게 나타났음을 본다.

2018년 6월 어느 날 아침 신문에 매우 특이한 제목이 확 눈에 띈다. 요즘의 〈뉴욕타임스〉와 〈월스트리트저널〉은 긴급한 소식을 전하기보다는 이미 인터넷과 방송에 나온 뉴스를 정리, 분석하거나 상세히 전하면서 신문사/전문가/일반인의 의견을 압축하여 표현하는 데 초점을 둔다. 〈월스트리트저널〉의 칼럼 "I'm Running to Restore Yale Values(WSJ 2018. 6. 3)"은 우선 제목부터 '예일의 가치' 운운으로 시작한다. 기본적으로는 자신이 예일대 재단이사회Yale Board of Trustees 선출직 동문이사 자리에 출마하는 선언문인 동시에, 어디서나 여전한 논쟁거리인 '표현의 자유' 등 민주사회와 대학의 가치를 논하고 있다.

아무리 예일대 출신이라지만, 명색이 〈월스트리트저널〉의 오피니언Opinion/Commentary 란에 이렇게 '광고성' 출마의 변을, 그것도 의회나 주지사/시장도 아닌 일개 사립대학의 이사 자리에 출마하면서 그 이유를 밝히는 글이 실릴 수가 있을까라는 생각을 갖고 있었는데 자세히 읽어보면 전혀 이해 못할 일은 아니다.

우선 이 글의 필자 제임스 커치크James Kirchick(35세의 예일대 졸업생으로, 세월의 내공은 짧지만 언론/정치적 경험이 풍부하다. 학교 다닐 때부터 예일대 신문 학생기자로 활동했고, 졸업 후에는 〈워싱턴포스트〉, 〈월스트리트저널〉 등에 글을 자주 썼으며, 보수주의자이다. 그런데 지난 대선 때는 공화당 트럼프 후보가 아닌 민주당 힐러리 클린턴 후보를 지지했던 특이한 사람으로 알려져 있다)가 한 말을 요약하면, "나는 예일을 사랑한다, 그런데 최근 몇 년의 사례를 보니 모교가 뭔가 잘못된 방향으로 가는 것 같다, 그래서 예일대 거버넌스 중 최상위, 강력한 예일재단 이사회에 동문이사로 출마한다, 지지해달라" 대략 이런 취지이다. 예일재단 이사회는 총장, 프로보스트, 코네티컷 주지사 등 19명의 이사로 구성되며 그 중 6명이 동문이사Alumni Fellows이다. 현재 이사 19명 전원이 예일 학부 또는 대학원 동문이지만, 동문이사는 다른 이사진과는 달리 오로지 동문들의 투표로만 선출된다.

 이 사람이 판단한 모교가 잘못되어가는 징조의 사례는 주로 표현의 자유와 관련된다. 2015년 예일의 가장 큰 기숙대학인 실리만 칼리지 헤드에게 한 무리의 학생들이 떼로 덤비며 엄청난 비난을 퍼부었는데, 그 원인은 해당 교수의 부인이 쓴 이메일이었다. 본인입장에선 '악의없이' 썼겠지만, 흑인 등 소수계의 시각에서는 불쾌하게 받아들일 여지가 있는 내용이었다. 어쨌든 그 충격으로 교수는 기숙대학 헤드 직을 사임했고 부인은 대학을 떠났다. 그런데도 교수에게 그토록 마구 대했던 학생들이 처벌 받기는 커녕 나중에 무슨 상을 받았는데, 그 충격이 물론 컸을 것이다(이런 얘기는 필자도 처음 들었는데, 나중에 이 칼럼에 달린 댓글을 보면 굉장히 얘기가 길다). 또 다른 이유로는 원래 '마스터master'로 불렸던 기숙대학 책임교수의 직위 명칭이 인종주의적 용어라는 이유로 '헤드head'로 바뀌었다는 것을 든다. 아울러, 평균 총학비cost of attendance가 7만 달러 이상인데도 대학 행정직원의 숫자가 계속 증가해왔다는 것과 각종 수업자료/강의시간의 토론 때 이른바 '사전 경고trigger warning'를 주는 것에 대하여 전체 교수진의 절반 이상이 찬성한다는 것도 마음에 들지 않는다고 말하면서 이런 흐름을 되돌리기 위해 재단이사 선거에 출마한다며 도와달라는 말을 덧붙였다.[4]

 예일대나 미국 대학의 상황에 익숙치 않은 독자가 보면 잘 이해가 가지 않을지 모른다. 어쨌든 이런 일에 기대어 스스로의 출마를 정당화하는 느낌도 있긴 한데,

---

4) 트리거 워닝trigger warning 은 보통 어떤 주제나 이야기 등에 대하여 심리적 외상을 가지고 있는 사람들을 위하여 미리 경고를 해주는 것을 말한다. 예컨대, 극우 보수주의자 또는 범죄 전과자가 며칠 후 대학에 들어와 강연을 할 예정인데 미리 마음 자세를 갖추라든지, 아예 강연장으로 가지 않도록 하라든지 하는 식인데, 실제로는 부정적 의미의 경고로 받아들여진다.

이 사람이 보는 예일대의 핵심 가치는 아마도 대학 캠퍼스에서 항상 논쟁이 되어 온 표현의 자유일 것이다. 앞선 '트리거 워닝' 이슈도 비슷한 맥락으로 이해되는데, 현대의 미국 대학, 특히 하버드나 예일에서는 교수진의 90%쯤이 진보 성향이라는 것이 널리 알려져 있다. 이들이 주도하거나 적어도 넌지시 '넛지' 함으로써 뭔가 보수 성향의 글이나 보수성 외부 연사의 강연에 대하여 학생들에게 부정적 선입감을 주는 것 아니냐 그러니 자신들의 뜻에 맞지않는 강사에게 학생들이 집단으로 덤비거나 아예 특강을 거부하는 사태가 벌어지는 것 아닌가 등의 의혹을 가지는 것이다. 실제로 2018년 전후로 일간지 의견란에 대학 캠퍼스의 지나친 반보수 성향에 대하여 글이 많았다. 친트럼프, 친보수 성향 인사들이 대학에서 편안히 강연을 할 만한 분위기가 아니라는 것이다.

이 사람의 선거공약 비슷한 것으로, 자신이 당선되면 예일대에 이러저러한 변화를 가져오고 싶다고 하는 주장이 있다. 1974년 예일대에서 작성한 우드워드 보고서 The 1974 Woodward Report는 표현의 자유를 강조한 것으로 지적 성장과 발전을 위해 방해받지 않는 자유, 생각할 수 없는 것을 생각할 수 있고, 얘기하기 어려운 것을 토론할 수 있는 권리를 표현했다. 그러니 모든 예일 신입생들에게 이 보고서를 나누어 주겠다고 다짐한다. 아울러 시카고 대학의 학생처장 제이 엘리슨Jay Ellison 교수가 신입생들에게 했던 연설을 모델로 예일 학생들도 매년 비슷한 성명서를 내도록 권유하겠다, 그럼으로써 잠시 근사해 보이는 사조에 밀려 표현의 자유와 학문적 우수성을 희생하지 않도록 하겠다…라고 다짐한 것이다.[5]

이미 알아차렸겠지만, 여기서 되풀이되는 표현의 자유 이슈는 2018년 미국 사회에서 이른바 보수/우익 성향의 정치인/기업인/학자들이 대학 캠퍼스와 강의실에

---

5) 그가 말하는 시카고대 Jay Ellison 교수의 표현은 이렇게 요약된다.
 – 학문의 자유를 존중하며, 이른바 '트리거 워닝'을 지지하지 않는다. 초청된 강사가 말할만한 내용이 논쟁적이라 하여 초청을 취소하지 않는다. 스스로의 사상이나 관점으로부터 도피할 수 있는 '안전한 공간'을 창조하도록 허용하지 않는다.

서 마음놓고 얘기하도록 허용할 것인가의 이슈로 집약된다고 봐도 좋겠다. 물론, 위 시카고 대학 교수의 입장처럼 정말 심정적으로는 허용하고 싶지 않더라도 대학에서 불러 얘기하도록 허용했다가는 온갖 비난을 받거나 소란이 일어날 처지일지라도 표현의 자유 관점에서 허용해야 한다고 일관되게 주장할 수도 있다. 또 그렇게 해야만 학문도 열린 입장에서 발전하고 또 사람의 사고가 유연해지며 대응성이 좋아진다는 논리가 가능하다. 그러다 보니, 대학에서 이런 대립 분위기의 혜택을 가장 누리는 집단은 소수의 보수성향 학생집단이라는 말까지 나온다. 그들이 '역경'을 딛고 반대의견에 대응하며 살아남는 법을 체득하기 때문이라는 논리이다. 어쨌든 현재 대부분의 미국 대학, 교수 및 학생들 대다수는 성향에 맞지않는 강사가 쉽게 말하도록 또는 사실을 왜곡하도록, 심지어 선동하도록 놓아 두는 것을 전혀 편치 않게 바라본다. 그러니 다수의 특히 진보적인 젊은 학생들 집단에서 그런 사람/의견/표현을 막으려 하고, 반대로 이를 표현의 자유라는 틀에서 허용하라고 하는 주장이 계속 대립되어온 것이다.

마침 뉴욕타임스 주관 〈고등교육 리더포럼〉Higher Ed Leaders Forum에서도 현재의 대학 관련 다양한 이슈가 논의되었는데, 표현의 자유 역시 중요한 주제였다. 정치적이나 윤리적으로 과격한 주장, 심지어 헤이트 스피치hate speech 등을 아예 막아야 하나, 어디까지 캠퍼스에서 표현의 자유를 보장해야 하나, 학생들이 어느 선까지 반대하도록 허용하여야 하나, 그럼 어떻게 해야 할까였다. 2018년 6월 6일 〈뉴욕타임스〉 특별판으로 일부가 요약 소개되었는데, 극보수 강사 강연 때 명문 미들베리 칼리지 Middlebury College에서 일어난 일 또는 중부의 명문 미시간 대학Univ. of Michigan의 대응 등이 눈에 띈다. 미국의 수정헌법 제1조인 종교, 표현, 언론, 집회의 자유와 직접 연결된 이 권리, 논쟁, 이슈가 더구나 대학 안에서는 쉽사리 정리될 것 같지 않다.

매사추세츠 주립대와 표현의 자유

2009년 필자가 1년반을 머무른 매사추세츠 주립대UMass Amherst 캠퍼스에서 일어난 일이다. 대학신문 및 지역 일간지에 크게 보도된 르바쇠르 강연 사태 관련된 논쟁이었다. 이 일로 필자 과목 수강생들과도 몇 차례 이야기를 나눈 적이 있었다.

레이몬드 르바쇠르Raymond Luc Levasseur는 과거 급진 운동가이자 반국가범죄자로서 복역 후에도 활동이 억제되고 있는 사람이다. 보통 선동죄로 번역되는 'Sedition'은 연방정부에 대한 공개적인 반대와 이를 고무하는 언행으로서 반국가범죄에 해당한다. 근현대 미국의 출발지였다고 할 매사추세츠에서 무슨 이런 일이 있을까 생각할 수도 있겠지만, 언론이나 역사학계에서는 이른바 서부 매사추세츠 대선동죄 재판The great Western Massachusetts sedition trial으로 널리 알려진 사건이 있는데, 르바쇠르는 관련 범죄의 우두머리로 재판을 받았다. 이 사람을 2009년 11월 일부 매사추세츠 주립대 교수들과 학생들이 초청하여 어떤 세미나의 기조연설을 부탁했는데, 지역 경찰조직 등의 격렬한 반대와 연방 정부의 여행불허 조치 등으로 결국 좌절되었다.

1960~70년대 미국은 정치적·사회적 혼란이 극심했는데, 르바쇠르는 United Freedom Federation이라는 급진조직의 지도급 멤버였다. UFF는 1976년 경부터 1980년대 중반까지, 당시 남아공화국의 인종차별조치Apartheid, 중남미 정책에 대한 미국 정부의 정책에 불만과 항의의 표시로서 일련의 정부시설 폭파, 은행강도, 경찰 살해 등에 직접 관여하였다. 특히 1981년 UFF 조직원이 매사추세츠와 뉴저지 주 경찰관을 살해한 것은 당시 커다란 반향을 불러 일으켰다. 르바쇠르가 직접 이 모든 사건에 관여된 것은 아니지만, 그는 1976년 보스턴의 법원 건물 폭파에 관여한 혐의로도 체포되었다가 석방되었고, 실제로 유죄판결을 받은 것은 1986년 또다른 건물 폭파 건이었다. 이런 저런 혐의가 묶이어 45년 형을 선고 받았으며 18년을 복역 후 2004년에 가석방되어 주거를 제한당한 가운데 메인 주에서만 살아왔던 것이다.

1989년 반국가 선동죄로 추가 기소되었을 당시 르바쇠르는 징역을 살고 있던 중이었는데, 그를 감옥에서 잠시 꺼내어 별도의 죄목을 덧붙여 재판하려 한 것이다. 이 재판은 10개월 동안 이어졌고 결국 그해 11월 무죄판결을 받았는데 그 재판과정 자체만으로도 커다란 화제거리였다. 사실 선동죄 자체의 정당성에 대한 논란도 있는데, 미국에서는 제1차 세계대전 당시 또는 매카시즘 광풍이 불고 있을 당시 정부에 대한 비판을 잠재우기 위한 수단으로 주로 사용되어 많은 경우 범죄성이 있는지조차 불확실하거나 사회에 대한 해악 여부를 판단할 수 없을 때가 많았다고 한다. 최근에는 선동죄로 기소/재판되는 사례가 거의 없었다는 사실만 봐도 그러하다.

어쨌든 이런 '경력'의 르바쇠르를 매사추세츠 주립대 도서관 그리고 관련 교수들이 대학의 공개 세미나The Fifth annual Colloquium on Social Change에 기조연설자로 초청한 것이다. 일단 초청 자체가 지역사회의 큰 이슈였다. 반대자도 많았지만, 표현의 자유를 옹호하는 많은 사람들은 그가 캠퍼스에 들어와야 한다고 목소리를 높였다. 예컨대 매사추세츠 주립대 사회학과의 한 교수는 "대학이 표현의 자유를 옹호하고 이를 방어할 준비가 되어 있어야" 한다고 주장했고, 평소 관심이 덜했던 일반 학생들도 논쟁이 뜨거워졌다.

한 학생은 "경찰 등 항의하는 사람들의 말도 옳고(right), 르바쇠르 역시 여기 올 권리(right)가 있다고 표현하기도 했다. 서부 매사추세츠의 최대 지역신문인 햄프셔 가제트Hampshire Gazette에서는 사설로 르바쇠르의 기조연설을 지지하면서 매사추세츠 주립대가 좀더 일관되고 단호한 조치를 하도록 성원하였다(The Massachusetts Daily, Levasseur should speak, 2009.11.11). 반면, 피살 경찰관 등 희생자 가족들의 항의도 설득력 있는데, 대학에서 꼭 이런 방법 말고도 학생들을 교육하는 다른 길이 있지 않은가, 과거의 테러리스트를 꼭 강단에 세워야 하나, 더구나 이런 시대에 불필요한 대중적 관심을 과거의 극렬주의자에게 주는 것 아닌가. 경찰 조직의 자존심은 물론 직접적으로 자기네 동료를 죽인 범죄집단에 대한 불만이 어우러진 것이다. 매사추세츠 경찰관협회, 뉴저지 경찰관협회 등은 이런 사람을 강단에 초청하는 것은 대학자치와 학문의 자유를 오히려 침해하는 것이라며 공식 항의하였다. 대학 당국에 대한 항의를 위하여 인근 보스턴, 스프링필드 그리고 멀리 뉴저지에서부터 온 수백 명의 경찰관들이 "Cop killers not welcome here" 등의 표지판 그리고 촛불을 들고 매사추세츠 주립대 경영대 앞에서 시위 집회를 하고 있는 모습은 정말로 평소 보기 힘든 광경이었다.

그 뒤에 민주당 소속 패트릭Patrick 주지사까지 반대하는 행사를 밀어붙일 용기는 없었는지 대학당국이 공식으로 르바쇠르에 대한 초청을 취소하고 말았다. 동시에 연방가석방위원회U.S. Parole Commission에서도 메인 주를 벗어나는 여행허가를 내주지 않았다. 결국 매사추세츠 주립대 강연행사는 주인공의 기조연설 없이 르바쇠르의 전 부인이자 동료였던 팻 르바쇠르Pat Levasseur가 참석하는 반쪽짜리로 진행되었다.

🏛 3.1.3. 매사추세츠 주립대와 5개 대학 연합체

10년 전 연구년을 매사추세츠 주립대UMass Amherst 정치학과에서 보냈는데, 당시 학과장 존 허드John Hird 교수는 2020년 10월 현재 사회과학대 학장으로, 코로나19 국면에서도 가끔 걱정을 서로 나누고 있다. 동료 교수와 담당 직원이 모두 친절하고 세심하게 챙겨주어 지금도 감사한다. 사무공간이 전체적으로 비좁아 혼자 쓰는 방은 어려웠던 사정이었는데, 비록 매학기 강의를 따로 해야 하는 처지임에도 불구하고 단독 연구실이 아니라 2~3명이 공유하는 방을 배정받았다.

매사추세츠 주립대는 우리나라의 경북대, 부산대 등의 거점 국립대학쯤으로 규모가 크고 상당한 수준의 학교이다. 하버드, MIT, Tufts, Amherst/Williams College 등 초명문 대학이 밀집한 매사추세츠에 있는 죄(?)로 동네에서는 그리 합당한 대접을 못 받고 있지만, 물론 좋은 대학이다. 노벨상 수상자도 2명을 배출했고 고분자 공학, 컴퓨터, 동물과학, 호텔경영 등에선 전국 열 손가락 안에 든다고 알려져 있다. 필자가 유학했던 시애틀의 워싱턴 대학 등 서부의 자유분방한 분위기와는 많이 달랐는데, 예컨대 학생이 교수를 성이 아닌 이름first-name으로 부르는 경우가 그리 흔치는 않았던 듯 싶다. 동부가 다 그렇지야 않겠지만 'Professor' 또는 'Professor Lee'라는 호칭에도 금방 익숙해지게 되었다. 매사추세츠 주립대 시스템UMass System 전체에서 애머스트는 메인 캠퍼스flagship campus 위상이며 보스턴, 우스터Worcester, 다트머스Dartmouth, 로웰Lowell에 각각 캠퍼스를 두고 있다. 유명한 JFK Library가 있는 보스턴 캠퍼스UMass Boston는 보스턴 광역권의 유일한 공립 대학인데 그 지리적 이점과 함께 성장 가능성이 매우 유망하다고들 한다.

미국의 많은 주립대학에서도 비슷하게 관찰되는 이슈는 주립대에 대한 주정부의 예산 지원 문제이다. 매사추세츠 주립대 체류시절은 미국의 경제위기가 시작된 즈음이라 특별히 재정난에 대한 기억이 많다. 10월 어느 날 애머스트캠퍼스 총장이 전체 구성원에 대하여 심각한 어조로 보낸 이메일을 받았다. 차년도 예산 부족이 심각한 상황으로 많은 프로그램이 없어지거나 대폭 삭감될 예정임을 상세히 알리고 미리 각오하자는 얘기였다. 2020년 현재는 코로나로 세계의 대학이 예외없는 위기 상황인데, 10년 전에는 특히 미국의 대학이 경제위기의 영향을 직접 받아 힘들던 시기였다.

총장이 직접 이메일을 보낸 건 9월 초였는데, 그때는 학기 시작을 축하하는 가운데 특히 신입생들을 환영하면서 명성 높은 매사추세츠 주립대의 메인 캠퍼스에 대한 자부심과 열정으로 가득했었다. 147년 역사를 자랑하는 매사추세츠 주립대의 역대 신입생 그룹 가운데 올해 학생들의 고교성적이 가장 높았고, 여전히 뉴잉글랜드 최고의 공립대학이며, 세계 대학랭킹 100위 안에 든 미국의 20대 주립대학 가운데 하나라는 것이었다.

그 첫 번째에 비교하면 두 번째 메시지는 극히 음울하고 안타까움으로 가득했다. 대학의 학사와 사업에 필요한 수요에 비하여 38백만 달러(약 450억원)가 부족하다는 것이다. 사실 미국 경제가 결단나다시피 한 게 1년 전이고 이어서 지구촌 전체가 신음을 계속하고 있는데, 미국의 경제사회 거의 모든 부문에서 악영향이 미치지 않는 곳이 없었다. 주립대학의 경우에도 연방정부 경기부양책의 일환으로 1회용 대폭 지원을 받아 지난 1년은 그럭저럭 버텨왔는데 이제야말로 그런 지원도 기대할 수 없으니 지출의 경우에는 경직성 경비, 즉 기본 인건비, 이자 상환, 외부계약이 완료된 계속성 공사 외에 신규로 대학예산이 들어가는 사업이나 신규교수 임용 등은 거의 모두 중지될 것이라는 얘기였다. 몇 주 전에는 대학원생에 대한 의료보험 혜택을 줄이는 문제로 학생들의 항의가 심각했었다.

수입 측면에서는 당장 학생부담 등록금과 각종 수수료가 대폭 오르게 될 전망이었다. 심지어 학생들의 교내 체육관 이용비가 대략 3배 정도 올랐다(물론 대학 측에서는 학비부담을 전반적으로 늘리면서 빈곤층에 대한 장학금 액수도 함께 올린다는 양면 전략을 광고하고는 있다). 매사추세츠 주립대 또한 그간 빚을 동원하여 각종 사업을 벌여 왔고 앞으로는 이른바 채무부담행위로 각종 시설/인프라 사업을 계속해야 될 상황이 이어질 것이었다.

총장이 다섯 페이지, 2,300단어에 이르는 내용으로 상세히 설명은 했지만, 이는 어디까지나 절차적인 정당성과 학내 정치적 효과를 지향하는 취지이며 예산 삭감, 프로그램 폐지, 학과통합, 심지어 교직원 해고 등에 이르게 되면 현실에서는 정말로 심각한 상황에 이르기도 했었다. 어느 나라나 대학이 살림살이를 그럭저럭 꾸려가는 일 자체가 힘들게 되어 버렸는데, 10년 전에 이미 그런 징조가 나타났던 것이다.

사실 이렇게 어려울 때는 평상시에도 필요에 의해 그렇지만 돈과 힘이 모자랄 때마다 연대와 협력의 주장이 등장한다. 대학도 마찬가지이다. 대학 연합체 논의는 우리나라, 일본, 미국, 유럽 등 여러 지역에서 좋은 사례를 볼 수 있다. 애머스트를 중심으로 한 〈5개 대학 컨소시엄〉이, 캘리포니아 지역과 더불어 미국의 대표적 사례 중 하나이다. 애머스트는 250년 역사의 조그마한 대학 도시인데 3만 7천 명뿐인 인구지만 성인의 40% 이상이 석사 이상의 학위를 가지고 있는 것으로 알려져 있다. 식당, 카페, 체육관 또는 거리에서 마주치는 사람들 대부분이 학생 또는 교수라 보면 큰 무리가 없다. 그러한 특징이 애머스트를 중심으로 이웃 노스햄프턴, 사우스 해들리 등에서도 비슷하게 나타난다. 이른바 〈5개 대학 연합체〉Five Colleges System를 이루는 지역들이다. 명문 애머스트Amherst College, 햄프셔Hampshire, 마운트 홀리요크Mount Holyoke, 스미스Smith를 포함하는 다섯 대학은 이름만의 협력체제가 아니라 'Five Colleges, Inc.'라는 실체를 가지고 있으며 강의, 연구, 도서관 등등 많은 분야에서 실질적으로 1개의 대학처럼 운영된다. 애머스트 도시 자체가 최고의 대학타운 중 하나로 선정되어 왔는데, 한때 MSN.com이 버클리/보스턴/워싱턴 DC에 앞서 이곳을 최고의 칼리지 타운으로 뽑았던 적이 있었다.[6]

〈5개 대학 컨소시엄〉으로 대표되는 대학 간 협력체제는 학술/실천의 양면에서 살펴볼 가치가 있다. 쉬운 사례로 5개 대학이 공동 설치한 강좌/세미나 시리즈가 별

---

[6] "Kudos to Umass new crop of Fulbright recipients". (Lee, shi chul). The Daily Hampshire Gazette. 2009. 10. 27.

도로 있는데, ⟨Five College Program in Peace & World Security Studies⟩ 같은 것이다. 한발 더 나아가 5개 대학 간에는 학점 교류, 강의 공유, 연구협력 등에서 거의 장벽 없이 열려 있는데, 이웃 대학에 가서 강의하는 경우도 흔하며 공동의 행·재정 부담으로 아예 'Five Colleges' 이름을 붙인 프로그램도 많았다. 사실 이 다섯 학교는 모두 승용차로 30분 거리에 있다 보니 매사추세츠 주립대에서도 타학교 학생들이 자주 눈에 띄고 강의는 물론 각종 행사, 시위, 축제 등 이벤트마다 이리저리 함께 어울렸다. 필자가 여기에서 직접 맡았던 ⟨Asian Public Policy⟩ 수업에도 'Five Colleges' 학생들이 있었는데, 물론 대다수 수강생은 매사추세츠 주립대 학생이었다.

사실 이 다섯 대학은 규모나 성격상 똑같다고 하기가 어렵다. 규모로는 매사추세츠 주립대 애머스트캠퍼스가 비교될 수 없이 가장 크다. 약 2만 명의 학부생과 6천 명의 대학원생 등으로 이루어져 한국으로 치면 경북대, 부산대, 전남대 등의 거점 국립대학쯤 되겠다. 다른 4개 학교는 모두 리버럴아츠 칼리지이다. 그 중 애머스트 칼리지는 최고의 명문학교로 유명하며, 여자대학이 둘인데 마운트 홀리요크와 스미스 칼리지이다. 이 둘은 힐러리 클린턴 국무장관이 졸업한 웰슬리 칼리지와 함께 아이비리그에 견주어질 정도라고까지 하는 '세븐 시스터즈Seven Sisters'를 이루고 있다. 이들 리버럴아츠 대학은 대학원을 거의 두지 않고 있으며 당연히 연구보다는 학부생 교육에 절대 치중하는 학교들이다.

1821년 설립된 애머스트 대학의 경우 한국에 덜 알려진 편이지만, 미국 고교생들이 하버드와 애머스트 두 학교에서 모두 합격통지를 받으면 어딜 갈까 심각히 고민한다고 할 정도로 명성이 높다. 전체 학생 수가 1,600명뿐인 그야말로 초일류로서, 작지만 예쁜 캠퍼스에 가면 교수/학생들의 내공이 절로 묻어 나오는 것을 느끼게 된다. 가끔 익명의 애머스트 졸업생이 1억 달러를 학교에 기부했다는 둥의 뉴스를 들었다.

마운트 홀리요크는 미국 최초의(세계 최초라고 우기기도) 여자대학으로서 가장 캠퍼스가 아름다운 대학 중 하나로 손꼽힌다. 환상적인 정원, 호수와 폭포 등 겉모습 외에도 성장 가능성이 아주 높은 학교이다. 학생/교수 비율이 10대 1로서 강의, 숙제, 읽기, 프로젝트 등 학생들의 공부 부담이 프린스턴 대학 다음으로 높은 학교로 랭크된다. 별 걸 다 자랑하는가 싶지만, 그만큼 엄청 공부를 시키면서도 교육환경을 좋게 유지하려 한다.

 마운트 홀리요크보다 조금 더 좋은 여대라는 스미스는 유명 연구소와 식물원, 미국 최고의 학생 기숙사, 최근 개관한 과학관 등 탄탄한 겉모습 말고도 학생/교수 비율이 9:1이라 자랑한다. 미국 최대 규모의 여자대학으로서 주로 상류층이 가는 대학이라는 얘기가 있긴 하다. 햄프셔는 이 다섯 중에 제일 덜 유명하고 랭킹도 낮지만 나름대로 영상, 드라마 등 특성화된 프로그램을 자랑하며 자유분방한 분위기로 알려져 있다. 특히 이 대학은 학점을 A,B,C 등으로 서열화 하지 않고 각각의 학생에 대하여 과목마다 서술형 평가체제를 시행하는 등 학사 개혁을 지속 '실험 중'임을 자랑스레 내세운다. 이 학교는 다른 4개 대학이 협력하여 1970년 출범한 학교이다. 그런데 이 젊은 학교가 2020년 현재 행정/재정상으로 큰 위기에 처했다는 얘기를 들었다.

 매사추세츠 주립대도 상당히 좋은 학교로서 노벨상 수상자도 배출했고 컴퓨터, 고분자공학, 호텔경영학 등의 경우 'Top 10'이라 할 정도이지만, 워낙 쟁쟁한 학교가 이 동네에 많으니 상대적으로 위축된 느낌이다. 이를테면 경북대, 부산대가 매우 좋은 학교인데도 KAIST, POSTECH, 서울대 등 최고 대학들을 바로 근처에 두었을 경우 동네에서도 좀 밀리는 모습을 상상하면 될 것이다.

 5개 대학 컨소시엄은 대학 간 협력모임 같은 단순한 임의단체가 아니라 1965년 형성된 비영리 교육단체로 그 실체가 있다. 독립 사무실, 직원도 물론 있고 다양한 프로그램이 개발되어 운영된다. 물론 교수공채와 관리는 각 학교에서 맡는다. 이 컨소시엄은 다섯 대학 총장과 이사장으로 이루어진 이사회가 총괄 운영책임을 지고 있다. 연간 100억 원 이상의 예산을 꾸려 가는데 물론 5개 대학이 합동으로 부담하거나 기부금 기타 수입으로 이루어진다. 도서관, 강의실 등 교육문화 시설을 공유하는 것은 물론 독립 학과나 전공제 등도 많이 보인다. 예컨대 천문학, 댄스 분야는 이 컨소시엄에서 만든 독립 학과를 두고 있으며, 조금 낮은 단계로서 아시아학, 아프리카학, 국제학, 인지신경과학Cognitive Neuroscience 등의 경우 수료과정Certificate을 두었다. 이 컨소시엄에서 운영하는 독립된 소규모 프로그램도 매우 많은데, 공히 5개 대학의 교수들이 겸임으로 일한다. 다만 우리가 보통 익숙한 '겸임' 교수가 아니라 실제로 강의와 학생지도 등의 책임을 똑같이 직접 맡고 있다. 아마도 이 연합체 시스템에서 겉으로 가장 눈에 띄는 것은 시내버스 운영일 텐데 5개 대학의 교직원/학생들은 시내버스 모두를 무료로 이용한다. 버스운행은 큰 형님격인 매사추세츠 주립대에서 하지만 비용은 다섯 학교에서 공동부담이다. 일반 시민들도 무료로 이용하는 것 같다. 운전기사는 모두 대학생들이다.

2010년 어느 날 드문 기회에 이 지역 5개 대학 학생회장단 모두를 만날 기회를 가졌다. 그 즈음에 서울 모대학의 학생팀이 탐방여행 차 필자에게 연락해 왔는데, 이들을 도와주면서 2~3일 여기저기를 함께 다닐 수 있었다. 그 연장선에서 이 학생팀과 함께 〈5개 대학 연합체〉Five Colleges, Inc. 사무실에서 방문했는데 마침 연합 학생회장단 집행위원회 회의에 함께 참석한 것이다.

다섯 학교 각각의 학생회에서 나온 대표단으로 대부분 학생회장들이었다. 다섯 명문대 학생회장단을 한 자리에서, 그것도 안건이 있는 회의석상에서 2시간 가량을 함께 할 수 있었던 것이 흔치 않은 경험이었다. 사실 한국에서조차 이러지를 못했는데 어른 또는 선생이 바쁘다는 핑계로 학생회나 학생들 모임에 더 큰 관심을 주지 못했던 것 같다.

우선 우리가 찾아간 시간은 약속대로 오후 2시경이었다. 두어 시간을 편안하게 전체 시스템에 대하여 질문/인터뷰하고서 3시 30분이 넘으면서 학생들이 하나씩 나타나기 시작했다. 4시에는 정식 회의가 시작되었고, 나와 우리 학생들은 직접 나서지 않고 조금 비켜 앉아 옵저버 모습으로 참관한 것이다.

2시 인터뷰는 연합체 사무국의 홍보책임자인 케빈 케네디Kevin Kennedy(Director of Communications)와 진행하였다. 이 조직 〈Five Colleges, Inc.〉은 단순히 느슨한 연합체가 아니라 별도의 법인조직으로 인력/예산/활동이 따로있는 실체이다. 우리 학생들이 영어도 잘하고 준비도 제법 되어 있어 진행에 무리가 없었다.

우리나라에도 물론 대학간 연합학생회 모임이 있다. 특히 권위주의 독재 시절 서울이든 전국 단위든 학생회 연합의 조직 및 활동이 특별히 눈에 띄었고 지금도 많은 사람이 그 기억을 가지고 있을 것이다. 어쨌든 과문한 탓이겠지만, 최근엔 서울에서든 대구에서든 개별 학생회 또는 연합모임에서 어떤 일을 하는지 잘 모르고 실제로 크게 눈에 띄지 않는 듯하다.

지역 연합회의 안건 또한 일상적인 것이 많으며 제한된 시간/인력/예산으로 인해 그리 엄청나게 많은 일을 벌이지는 못하고 있었다. 물론 그 범위 내에서 이슈를 찾아내고 의사결정을 해 가는 과정 자체에서 의미를 찾을 수 있겠다. 따로 연합회장이 없는 모양이어서, 오늘 회의 진행도 어른인 케빈이 실무 서기 역할까지 하면서 안건을 하나씩 제기하고 다음으로 넘어가는 모습이었다. 애머스트대 회장은 백인 남학생으로 선입관 탓인지 똘똘하게 생겼고, 마운트 홀리요크 회장은 중국계 여학생, 스미스의 경우 반갑게도 한국계 여학생이었다. 햄프셔 대학은 흑인 여학생이 회장, 큰집인 매사추세츠 주립대 회장은 마침 불참했다.

연합학생회의 당시 연간 예산은 약 5천 달러쯤으로 그리 크지 않았던 규모였다. 물론 꼭 돈이 들어가지 않더라도 각 대학으로부터 인력지원을 받는다든지 또는 제도개선을 촉구하는 등으로 영향력을 행사할 수 있는 모양이다. 학생들의 발언에서 묻어 나오는 느낌은 나름대로 학교행정의 운영에 스스로의 목소리를 낸다는 것에 의미를 두면서, 전체 학생을 대변한다는 자부심이 분명했다.

첫째 안건은 재즈 페스티벌을 5개 대학 연합행사로서 계획하는데 이 행사에 대한 스폰서쉽을 요청하는 것이었다. 외부인사 한 명이 들어와 행사에 대한 설명을 대략 하고 회장단이 이를 추가 질문/논의하였다. 그런데 이때만 해도 자리가 반이 채 차지 않은 상태여서 투표가 불가능하고 논의도 부족하여, 결국 오늘 내용을 이메일로 전체 대표단에 알리고 의견을 묻기로 하는 선에서 대충 마무리 짓는 모습이었다. 이 안건은 회장단으로부터 그리 열정적인 관심을 받지는 못한 모양이다.

둘째는 5개 대학 회장단 연합수련회 건이었다. 역시 일정/예산 등으로 어려움이 많은 게 한눈에 살펴졌다. 제안 자체는 햄프셔 회장인 흑인 여학생이 했는데, 의외로 솔직한 반대의견이 많았다. 물론 각 대학별로 학생회 선거 후 임원진 구성 후에 5개 대학 회장단이 모두 모여 1~2일간 교육/훈련의 기회를 갖자는 것인데, 미묘하지만 마운트 홀리요크대 회장이 우선 난색을 표했고 이어서 스미스대에서도 금년엔 일단 어려우니 우선 널리 알려서 1년 후에 하자고 제안하는 것이었다. 논의 중간에 각 대학 회장단 선거과정 및 역할/위상 등을 우연히 들어볼 기회가 있었는데, 처음 듣는 사실이 하나 있었다. 매사추세츠 주립대의 경우 회장은 시간당 8달러로 주 20시간으로 계산하여 이를 테면 연구조교RA와 같이 'campus job'으로 보상을 받는다는 것이다. 다른 임원(senators 또는 cabinet members)은 주 10시간.. 이렇게 경제적 보상을 받는다는 말에 다른 대학의 학생들이 모두 놀랐다. 아, 애머스트대Amherst College의 경우 회장/임원은 무보수이지만 회의기록minutes 담당학생은 보수를 준다는 게 특이했고, 스미스대는 학생회장에게 별도 사무실을 준다는 것이 눈에 띄었다(그 사무실이 회장 개인용인지, 전체 임원용인지에 대하여 이 대학 대표 2명 사이에 잠시의 논란이 있었지만). 물론 우리나라 대학에서도 학생회는 당당히 캠퍼스 내 별도 공간이 확보되는 경우가 많다. 예산도 상당하지만, 회장/임원에게 별도의 보수는 아니고 약간의 장학금 형태로 일부 지급하는 것으로 들었다.

셋째 안건은 시내버스였다. 이 동네 〈Five Colleges System〉을 물리적으로 연결하는 것이 무료 버스시스템인데, 학생/교수에겐 전체 무료이지만 고교생이나 일반인들도 신경쓰지 않고 이용한다. 그런데 가까이 붙어 있는 매사추세츠 주립대와 애머스트대 같은 경우는 셔틀 형식으로 쉽게 접근가능하지만, 멀리 떨어진 다른 세

학교의 경우 밀리는 시간이면 편도 40분까지 걸리는 등 운행시간 및 노선의 문제가 여전했다. 이에 대하여 연합회장단에서 어떤 의견을 주기를 바라면서 의제로 올려진 것이었다. 야간 운행 버스가 수요가 많지 않을 경우 이를 통학시간대에 추가 배정하는 정도의 아이디어는 언제나 가능하다는 얘기 등으로 정리되었다.

넷째 안건은 5개 대학 마라톤 건이다. 그간 있을법한 이벤트였는데 아직 없었던 모양이다. 마운트 홀리요크대 학생이 제안한 것으로 몇 년 뒤를 목표로 26마일 (42KM) 경기를 준비하자는 것이다. 예를 든 사례가 포틀랜드인데, 비슷한 모습으로 잘 하고 있다는 것이다. 일단 시작되면 엄청나게 복잡하고 일거리가 늘어나는 행사인데, 연합학생회장단 정도의 인력과 예산으로는 어려우니 추가로 전담 준비인력을 확보하여야 한다는 것이었다. 외부 스폰서를 구하는 방안 등은 이 내용에 관심있는 소수 인력이 내용을 더 구체화하자고 정리되었다.

여러 대학의 학생회장들이 정기적으로 모여 만나고 의견을 나누는 시스템이 있다는 자체가 우리나라든 미국이든 바람직하다. 그 내용이 학생들이 일상에서 만나는 현안과 관심사에 집중되어 있는 것도 비슷하다. 활발하고 재기 넘치는 학생리더들을 한자리에서 관찰하게 되어 오후 시간이 훌쩍 지나가 버렸다. 귀국 후 기회가 되면 서울이든 대구든 우리 학생들의 모임에 슬쩍 끼어 봐야겠다고 생각했다. 그러고선 귀국 후 10년 동안 딱 한번 해 봤다.

🏛 3.1.4. 미국 대학의 과세 논쟁

국내외 언론에 알려진 대로, 2017년 트럼프 행정부의 최대규모 감세법안이 최종 확정되었다. 2008년 경제위기와 오바마 취임 이후 미국 경제의 회복세는 10년 이상 뚜렷했는데, 이 감세법안으로 인해 그 분위기가 계속 이어지고 있었다는 평가가 일반적이다. 물론 2020년 2월 코로나 사태 이후에는 전혀 다른 추세가 된 것 역시 이미 알려진 것이지만…. 다만, 감세법안 발효 전후 또는 몇 년이 지난 지금까지도 그 효과가 직접적인지 아니면 어느 정도로 의미있는 것인지의 학술 논쟁이 끝났다고 하기는 어려울 것이다.[7]

어쨌든 감세법의 핵심은 기업이 내는 법인세를 35%에서 21%로 대폭 낮춘 것이었다. 개인 소득세 부분도 상당한 변화가 있었지만, 대학/대학생에 대한 영향도 언급할 만하다. 사실 대학 관련 세제 개혁은 전체 감세법안에 비하면 그야말로 코끼리와 개미를 비교하는 정도로 사소한 문제이지만, 당사자들이야 어디 그러한가? 우선 당시 〈뉴욕타임스〉(NYT 2017.12.19)에서 보듯이, 당초 우려와는 달리 석/박사 과정 학생들이 받는 등록금 면제분에 대한 추가과세는 일단 없었던 것으로 되었다. 그러나 초명문대학들이 보유한 기부금에 대한 과세는 2018년부터 현실이 되었다. 예일, 하버드, MIT 등 많은 대학에서 이미 학내의 커다란 이슈가 된 지 오래이다.

NYT 기사에 나오는 헤르난데스Samanda Hernandez라는 여성은 회원이 60만 명에 이르는 전국 대학원생협회National Association of Graduate-Professional Students의 입법 담당 책임을 맡고 있으며 본인도 애리조나 주립대학Arizona State University에서 정치학 박사학위를 받을 예정이었던 학생 신분이었다. 대학원생들의 전국조직이니 만큼 상당한 책임과 역량을 갖춘 것으로 보이는데, 트럼프 정부의 감세 '개혁안'이 처음 제시되었을 때부터 대학원생이 받는 등록금 감면분tuition waiver에 대하여 이를 소득으로 취급해서 과세하려는 움직임이 있었던 바, 이를 저지하기 위해서 조직적으로 무척 애를 써 온 사람이다. 다행히도 이 사람과 조직 그리고 대부분의 대학, 교수, 학

---

[7] 트럼프 감세법 논쟁은 처음부터 치열했다. 2017년 감세법은 정치집단은 물론 저명한 경제학자/조세 전문가 사이에서도 심한 의견차이가 있다. 법 통과 이후 주류 언론에서도 두어 달쯤 기사와 칼럼 등을 쏟아냈던 기억이다. WSJ 기사에서(Trump Cheers GOP Tax Overhaul, Slams Democrats Who Opposed It, WSJ 2017.12.20) 트럼프가 의회 공화당 지도자들과 함께 개정법률 통과를 축하한다. 핵심은 감세로 인한 기업의 투자증대 → 일자리/경제성장 효과가 있을 것인가 이다. 민주당 및 진보언론에서는 여전히 의구심을 가진 채 감세는 결국 CEO/고소득층만 주로 혜택을 보는 것이라 주장하는 반면, 트럼프/공화당에서는 중장기로는 물론 단기적으로도 시장이 이를 느끼는 순간 효과를 볼 것이라 주장한다.

생들의 반대로 인해 대학원생들이 피해를 보는 일은 없게 되었다. 즉, 등록금 감면 tuition waiver, 학자금 대출이자 공제 student loan interest deduction 등의 항목에서 현행 상태가 유지되는 것이었다. 기사에서도 많은 연락을 받았다고 하는데, 학생들에겐 다행스런 일이다.

지난 세제 개편에서 의회가 그다지 큰 비중을 두면서 신경 쓴 건 아니지만, 대학측에서 보면 만만치 않았던 이슈가 적립금에 대한 과세인데, 이 부분은 대학 측의 노력이 부족했는지 성공하지 못했다. 기부금에 대한 과세가 이제 이루어지게 되며, 연방정부 전체로는 10년간 18억 달러 세입이 증대될 것으로 예측되어, 그 자체로는 엄청난 규모가 아니지만 우선 상징적 의미가 크고 아울러 실제 영향을 받는 35개 사립 대학들은 실질적인 예산 감소를 겪게 된 것이었다. 물론 기부금을 많이 보유한 명문대학들이 그렇다는 얘기고 다른 수천 개 대학의 경우는 전혀 무관하다(Final GOP Deal Would Tax Large Endowments, Inside Higher Ed 2017.12.18.).

〈뉴욕타임스〉 경제면에 실린 또다른 기사로, 유명한 경제학 교수가 대학 기부금 과세에 대하여 회의를 표시했다.(NYT 2017.12.22). 그레고리 맨큐 Gregory Mankiw 교수는 한국의 대학생들 사이에도 제법 유명한데, 이 사람이 쓴 〈맨큐 경제학〉 책이 경제학 입문의 교과서/수험서적으로 워낙 많이 읽히고 있어서이다. 이 사람이 글에서 밝히고 있듯이 부모 모두 대학을 졸업하지 못한 가정이지만 본인은 학벌로는 최고이고 가히 입지전적 인물이다. 프린스턴에서 학부를 졸업하고 MIT에서 대학원을 다녔고 지금은 하버드 교수이니 더 말해 무엇하랴. 그러면서 대학의 기부금이 사용되는 용도가 주로 학생들에 대한 학비보조인데 프린스턴에서는 60% 학생이 가정형편에 기인한 학비보조를 받으면서 돈 걱정없이 공부하고 있었다. 프린스턴의 기부금 총액이 240억 불, 앞으로 세금으로 연간 3,400만 불을 내게 되는데, 이는 학생 1인당 4천 불 정도로 계산되는 모양이다. 당연히 커다란 영향이 예상되었다. 하버드, 예일의 경우 기부금 규모가 훨씬 더 크니 당연히 더 큰 걱정일 것이다.

보수주의 경제학자인 맨큐 교수는 대학기부금에 대한 과세가 온당치 못하다고 봤다. 다른 복잡해 보이는 내용은 차치하고, 어쨌든 이론적/실제적 정당성을 찾지 못하는 가운데 혹시 이런 이유가 아닐까 하는 의구심을 표하면서 그 단서를 슬쩍 내놓는데, 공화당 상원의원이 우연히 MSNBC 방송에서 한 말을 제시했다.[8] 즉, 현 트럼프 행정부에 대하여 비판적인 명문대학 출신들의 진보성 등에 대한 불만이었다. 이 주제에 대한 폴 크루그먼 칼럼을 보면(NYT 2018.1.15), 현재 미국의 집권층/보수계/공화당에서 미국의 대학 일반에 대하여, 특히 아이비리그를 비롯한 명문대학에 반감을 갖고 있음을 거듭 확인하게 되었다. 사실 미국 대학/대학교수 대부분이 그렇지 않은가? 현 행정부의 시각에서는 뭔가 마음에 들지 않는 것이다. 대학원생 등록금 면제분에 대한 과세 시도(비록 실패했지만)와 적립금 과세(성공)는 당연히 이어지는 맥락에서 이해하면 별로 어렵지 않다. 기후변화를 인정하지 않고 심지어 진화론을 교육현장에서 공공연히 거부하는 사람이 많은 집단에서 증거기반의 과학을 가르치고 배우는 대학에 대하여 어떤 자격으로 거부감을 가질 수 있는가? 하여간, 대학이 어렵다.

예일대 살로비 총장 역시 대학기부금 과세 등을 비판하는 내용을 기고했다 (Salovey attacks Republican tax plan, Yale Daily News 2017.12.21.). 〈뉴욕타임스〉 칼럼니스트인 프랭크 브루니Frank Bruni가 세모에 이번 세제개정과 대학에 미치는 영향을 따로 정리한 글도 참고할 만하다(NYT 2017.12.30). 아울러 〈월스트리트저널〉은 세제 개편, 특히 적립금 과세로 인해 직접 피해를 볼 대학이 어떤 곳인가에 대하여 한발 더 들어가 분석했다(WSJ 2018.1.18). 하버드, 예일, 프린스턴 등 초명문이면서 기부금 규모가 막대한 대학은 당연히 예상대로 상당한 세금을 내게 된다. 애매한 곳은 규모가 작아서 입학생 숫자가 얼마 안되지만 기부금을 많이 받아온, 이른바 강소대학들, 이를테면 명문 리버럴아츠 대학들이다. 최소 500명 학생 기준에 학생 1인당 50만 달러의

---

[8] "And they're from Harvard. For all I know they are a bunch of weenie liberals. Probably were if they're from Harvard."

투자가 이루어지는 곳에 대하여 1.4% 과세가 되니 형평성 문제가 제기될 수 있다. 예컨대 유명한 줄리아드 음악학교는 딱 그 기준을 넘어 버림으로써 10억 불 적립금 과세를 피할 수 없게 되지만, 이웃한 명문 콜럼비아 대학은 100억 달러나 되는 적립금이 있어도 세금을 피하게 된다. 왜냐하면 학생수가 넉넉하여 학생당 투자액 기준을 넘어서지 않기 때문이다. 하여간 이번 세금개정으로 미국의 대학들이 매우 피곤하게 생겼는데, 정작 피해를 받는 것은 학생들/미래 입학생들일 것이다. 장학금 혜택이 당연히 떨어질 것이기 때문이다.

최근 보통 미국인들이 대학을 보는 관점과 평가가 매우 달라지는데에 주목한다. 예컨대 자신을 공화당으로 분류하는 사람들의 58%가 미국의 대학 일반에 대하여 부정적인 견해를 지니는데 이는 2년 전의 37%보다 훨씬 늘어난 것이다. 당파를 제외한 일반인의 경우 단지 44%만이 대학교육에 대하여 매우 또는 상당한 신뢰/믿음을 표현하는 반면에 56%는 자신감이 약간 또는 거의 없는 것으로 나타난다. 이번 세제 개정 자체를 찬성하지 않는 가운데, 어쨌든 대학에 대한 일반 대중의 신뢰가 자꾸 떨어지고 있다는 것은 남의 일 같지 않다.

3.1.5. '관료제 때리기 bureaucrat bashing', 예일과 매사추세츠 주립대의 대학 행정

대학에 몸담은 사람들의 말로, 캠퍼스 내 건물은 아무리 지어도 모자란다고 한다. 교직원의 숫자는 줄어드는 법이 없다. 학생 수가 줄어도 마찬가지이다. 예일대에서도 등록금이 끊임없이 상승해 오는 가운데, 교수 아닌 행정직원의 숫자가 지속적으로 늘어왔다는 비판이 센 것이 놀랍지 않다(Wall Street Journal 2018.6.3.).

어떤 조직이든 규모가 커지고 계층제화 되면 반드시 일어나는 현상이 바로 관료제화, 고질적인 대형조직의 병리현상 pathology이다. 예일대 같은 거대조직이 해당

된다. 필자는 10년 전 쯤에 매사추세츠 주립대UMass Amherst에서도 미국 대학행정의 문제점을 직접 겪은 바 있는데, 예일에선 그나마 그 정도는 아니었다. 그렇더라도 비전문가의 눈에도 쉽게 보이는 점이 적지 않았다. 우선 직원의 숫자가 너무 많아 보이며 한국의 공무원처럼 적어도 겉으로 친절하지도 않다. 웬만한 건물마다 직원들이 사무실 하나를 차지하거나 넉넉히 공유하며 자리잡은 예일대 고용 직원 숫자가 2016년 통계로 9,676명이다. 약 1만 명이라는 숫자는 교수/강사/연구원 등을 제외한 것으로 관리/전문직 4,589명, 사무/기능직 3,923명, 서비스/수리직 1,164명 등 그저 엄청나다.

대학 본연의 교육과 연구를 직접 맡는 교수가 4천 명을 넘으니 그 지원인력이 충분히 필요한 건 이해되지만, 학생 수는 학부/대학원을 합쳐 12천 명 뿐으로, 짧게 말하면 학생 수와 직원 수가 비슷하다고 할 수 있다. 행정학에 나오는 '파킨슨의 법칙'이 적용되어 관성처럼 조직과 인력이 늘어난 것은 아닐까 하는 의구심까지 갖게 된다. 효율성 관점에서 별로 좋은 소리를 못 듣는 우리나라의 국립대 조직과 대략 견주더라도 많게는 10배까지 크다는 게 이해하기 어렵다(참고로, 우리나라 거점 국립대 중 최대규모인 경북대의 경우 전임교수 1,200명에 학부생만 23,000명인데, 교원 아닌 직원은 1천 명 남짓이다). 사정이 이러하니 관료제 때리기bureaucrat bashing가 일어나도 할 말이 없어보인다.

돈만 넉넉하다면 사람이 많은 것 자체는 오히려 좋을 수도 있을 테지만, 비효율은 중장기로 나타나게 마련이다. 예일은 적립금 30조 원, 연간 예산 4조 원을 자랑하지만, 비대한 관료제 조직이 이를 충분히 효과적으로 뒷받침하고 있는지가 걱정이다. 이는 인력관리에서 늘 대두되는 문제로 역량/자격이 미달인 경우 대응할 방법이 마땅치 않다. 해고/전직까지는 아니더라도 달리 능력개발을 시키거나 하기 어려운 점도 마찬가지이다. 민간기업과 너무 다른 체제가, 적어도 효율성 면에서는 전체적인 거버넌스에 좋은 영향을 미치기 어려울 것이다.

예일대 전체적으로 나타나는 폐쇄성이 거버넌스에서도 나타나는지 모른다. 물론 예일 공동체의 전체적인 진보 성향은 널리 알려져 있으며, 학문/이념/연구 측면에서도 개방적인 것이 틀림없으나, 전통적인 귀족학교의 이미지에 덧붙여 대학경영 측면에서도 폐쇄성이 일부 드러난다는 얘기를 가끔 듣게 된다. 막대한 적립금의 투자처를 두고 일부 학생들이 강력한 시위를 벌이고 그와 관련하여 CIO와 예일대 학생신문의 논쟁이 이어지는 등 30조 원이 명명백백 투명하고 공정히 관리되는지는 여전히 의문인 것 같다. 예일 칼리지 산하 14개 레지덴셜 칼리지 각각의 운영 역시 어쩔수 없는 면이지만, 개방보다는 폐쇄형으로 운영되고 있지 않은가? 교수진 채용/구성에서 다양성diversity 문제 역시 자주 거론된다. 2018년 5월에 FES 학생들이 졸업식 시즌에 소수계 출신 교수를 추가로 채용해 달라며 녹색 대자보를 수십 장 붙이며 항의한 적이 있는데, 많은 학과에서 여전히 흑인/히스패닉/아시아계 교수가 부족한 것으로 알려져 있다. 소극적 대표성이 떨어지면 적극적 대표성이 당연히 떨어지게 마련인 바, 대학의 민주적 거버넌스와 지속가능성에도 영향을 미치게 될 것이다.

  2009년 매사추세츠 주립대에서 직접 겪었던 대학 관료제의 병폐도 만만치 않았다. 당시 필자는 매사추세츠 주립대학의 패컬티 멤버로 정규 고용되어 다달이 월급을 받으면서, 교수연금과 교수노조회비까지 내고 있었다. 첫 월급이 당초 9월 초에 시작되어야 했는데, 이런저런 이유로 10월이 되어서야 처음으로 지급되었다. 경북대를 휴직한 상태로 달리 수입이 전혀 없었기에 월급을 오매불망 기다리는 가족을 생각하니 만만치 않은 시절이었다. 어쨌든 그리 많지는 않지만, 애머스트에서 먹고 살 정도는 되었으니 감사하긴 했다. 대학 행정직원들의 행정 업무처리는 기가 막힐 정도로 느리고 엉망이었지만 말이다. 여름부터 온갖 서류를 다 내라고 하여 빠짐없이 제출했다. 신임교수 오리엔테이션 및 각종 서류 제출 등 끼어야 할 업무가 이어졌고, 비자 등 관련 서류 때문에 여기저기 두세 번을 더 드나들었는데도 결국 첫 월급날이 그냥 지나갔던 것이다. 먹고는 살아야 해서 할 수 없이 인사부서HR를 찾아갔더니 금방 자신들의 실수를 인정하고, 누구 잘못인지도 모르겠다고 하면서, 사정이 어려우면 임시로 긴급 가불emergency advancement을 신청하란다. 어디까지 가나 보려고 그리 하라 했는데 이번엔 날짜 계산을 두고 직원들끼리 이견이 있었다. 드디어 첫 월급이 나온 날 명세서 계산이 이상해서 다시 살피니 연방세금, 주정부 세금을 모두 공제한 것이었다. 연금, 생명보험, 노조 회비, 휴가 공제 등은 그렇다 쳐도, 세금은 한미 조세협정Tax Treaty 등을 근거로 소득원천징수income withholding를 면제받는 것으로 알고 있었는데 이런 일이 생겼다. 또 한번 세금 담당 직원을 찾아갔더니 즉시 잘못되었음을 인정했다. 역시 누가 잘못했는지 파악이 안된다면서 그저 전산 시스템 탓으로 돌리는데, 가만히 있었으면 그냥 다 떼어갈 수도 있을 뻔했다. 학자가 이런 데 너무 밝으면 별로 좋을 일이 없는데, 본국에서 월급이 끊긴 까닭으로 기본적인 생계가 달린 문제라서 신경을 쓰게된 것이다. 어쨌든 우여곡절끝에 예정보다 한 달이 지난 후에야 제대로 된 월급(월 2회, bi-weekly)이 처음 통장에 입금되었다.

또 다른 에피소드로 그 훨씬 전에 처음 매사추세츠 주립대에 도착하여 연구실을 정리할 때는 연구실 열쇠 때문에 한참 불편했다. 간단해 보이는 열쇠를 새로 만들어 주는 시간이 미국에서는 2개월 이상 걸린다는 것을 처음 알았다. 그마저도 필자가 담당 부서에 직접 찾아가서 항의했기에 예정보다 '당겨진' 일정으로 열쇠를 '정말 기쁜 마음으로' 받게 된 것이다. 우리나라 행정 또는 대학행정도 이런저런 비판을 많이 받고 있으며, 실제로 개선해야 할 점도 많은 것을 부인할 수 없다. 그러나 매사추세츠나 코네티컷에서 필자가 직접 경험하거나 간접적으로 목격한 대학의 거대 관료제에 비하면, 우리나라 거의 모든 대학은 소수정예, 최고의 서비스를 제공하는 것처럼 보인다. 경북대학교의 본관, 단대 행정실, 학부사무실, 산단 구성원 모두에게도 갑자기 감사하고 싶다.

3.2. 경계를 넘어서

🏛 3.2.1. 코네티컷 이야기

예일대의 주소지가 코네티컷주 뉴헤이븐시이다. 뉴잉글랜드라 일컬어지는 미국 북동부 지역은 메인, 뉴햄프셔, 매사추세츠, 버몬트, 코네티컷, 로드아일랜드의 6개 주로 이루어져 있다. 미국의 50개 주 모두가 각자의 특색을 자랑하는데, 뉴잉글랜드 지역 역시 그러하다. 예컨대 로드아일랜드는 인구 106만 명으로 미국에서 가장 작은 주이지만, 공식 명칭만큼은 제일 길다(The State of Rhode Island and Providence Plantations). 공식 명칭으로라면 매사추세츠도 뒤지지 않는데, 대부분의 미국 주와 달리 'State' 대신에 'Commonwealth'를 공식 사용한다(The Commonwealth of Massachusetts). 매사추세츠는 미국 독립혁명 때 실전 전투를 처음 시작했고 자칭 미국 진보지성의 고향이라고까지 하는데 하버드, MIT 등 최고의 대학이 이를 뒷받침한다. 최북단에 있는 메인주 뉴햄프셔는 4년마다 열리는 미국 대통령 선거의 초기 풍향계 역할을 하고, 단풍과 버니 샌더스의 고향 버몬트 역시 '한가닥' 하는 모습이다.

코네티컷은 인구 360만 명으로 부산 정도의 크기이며, 넓이 또한 보통의 미국 주에 비하면 조그마한 편이다. 주도는 하트포드Hartford이지만 최대 도시로는 뉴욕 근처의 브릿지포트, 뉴헤이븐 등이 더 이름값을 하는 듯하다. 스포츠를 좋아하는 사람은 아마 다 알 이름인 ESPN의 본부가 이곳 코네티컷주 브리스톨Bristol에 자리잡았다. 1979년 설립된 이 회사는 글자 그대로 스포츠 왕국으로서 미국뿐 아니라 전세계를 대상으로 다양한 스포츠 중계사업을 하고 있다. 2020년 팬데믹 와중에 메이저리그가 중단되었을 때 한국 프로야구를 받아서 미국과 세계에 중계한 것으로도 유명하다.

미국은 땅덩어리가 남한의 100배, 인구는 6배 쯤 되는데다 거의 독립국가처럼 행세하는 50개 주의 제도/정책/성과가 제 각각이라서 한마디로 어떻다는 등을 얘기하기가 어렵다. 당연한 일 아닌가? 그런데 미국 전체에서도 개인소득 등을 기준으로 할 때 가장 부유한 지역 중 하나로 알려진 코네티컷에 대하여, 최근 몇 년 동안 칭찬보다는 비판을 더 많이 들은 듯하다.

2018년 8월 〈월스트리트저널〉의 사설에서는(The Regressive State of America, 2018. 4. 25) 특정 주, 하필이면 코네티컷 주를 콕 찍어서 '밟아' 댄다. 널리 알려져 있다시피 동부 뉴잉글랜드나 뉴욕, 뉴저지주 등이 전통적으로 진보 또는 민주당 지지 성향이라 공화당은 물론 〈월스트리트저널〉 같은 신문과는 궁합이 잘 맞지 않는다. 이 사설 그리고 여기저기 나타나는 비슷한 주장 등을 묶어서 요약해 보면 뉴잉글랜드의 진보 주들에서 별로 좋은 일이 일어나지 않고 있는데, 특히 코네티컷이 심하게 형편없다고 말한다. 이 사설 말고도 흔히 증세나 규제 등의 악영향을 보수 측에서 얘기할 때, "코네티컷 망해가는 걸 봐라" 하는 식의 비아냥을 많이 듣는다.

코네티컷의 당시 주지사 Dannel P. Malloy가 집권하던 8년 간은 더 심해졌는데, 주민 소득 통계가 이를 증명하고 있다. 계속 증세를 하는 바람에 제너럴 일렉트릭GE같은 대기업이 이웃 매사추세츠로 본사를 옮겨갔다는 것이다.

트럼프 행정부의 2018년 감세법안 통과 후에 이런 경향이 더욱 두드러지며 앞으로 심화될 것으로 예상된다. 소득세 신고때 지방세(state and local tax: SALT) 공제분에 대하여 예전과 달리 한도를 1만 달러로 하는 바람에 뉴욕/코네티컷 등 주 소득세가 높은 곳은 어쩔 수 없이 타격을 받게 되어 있다. 아마도 코네티컷 등 세금이 높은 주로부터 플로리다, 텍사스 등으로 기업이나 사람들이 계속 옮겨갈 것이라는 전망이 가능하다.

이러한 주장은 새로운 것이 아니며 팩트가 일부 맞기도 하지만, 복잡다단한 정치/경제/사회적 배경을 모두 대입하면 논쟁의 여지가 많다. 그럼에도 예일대가 자리한 뉴헤이븐도 그렇고 코네티컷 주도 마찬가지로 경제적 상황이 매우 어렵다는 사실이 안타깝기만 하다. 〈월스트리트저널〉 에디토리얼 페이지는 노골적이고 공식적으로 보수, 친기업, 감세 정책을 지지하는 것으로 유명한데, 특정 지역을 대표로 찍어서 '퇴행적regressive'이라 이름을 붙인 것이다. 우리나라 언론에서 광주나 대구나 대전을 직접 지칭하면서 이런 표현으로 비난/비판할 수 있을까?

실은 코네티컷이 아니라 뉴욕주에 대하여도 보수 성향 또는 친기업의 입장에서 비슷한 논리의 글은 여기저기서 등장한다. 역시 비슷한 시기의 CNBC 보도에 의하면, 약 80만명이 세금이 높은 뉴욕주를 떠나라고 부추긴다. 경제학 공부를 조금 한 사람이면 '래퍼 곡선Laffer Curve' 용어가 익숙할 텐데, 학술적으로 비판을 많이 받지만 래퍼 교수가 쓴 칼럼도 비슷한 맥락이다(WSJ 2018.4.18.). 어쨌든 코네티컷 주가 경제적, 재정적으로 어려움을 겪고 있는 것만큼은 분명하다.

2017년도의 경우 코네티컷 주의 예산 전체가 4개월 넘게 통과되지 않은 적이 있었다. 원래 회계연도가 7월 1일 시작되어야 하는데, 주의 정치적 갈등으로 인해 오랫동안 예산이 미성립 상태였던 것이다. 물론 다른 주에서도 이런 일이 가끔 생기긴 하는데, 당시 미국의 50개 주 전체에서 코네티컷 주만 유일하게 아직도 공식 예산이 마련되지 못했던 상황을 직접 지켜봤다. 행정학이나 재정학을 배우는 학생들이면 잘 알테지만, 예산 미성립이면 어떤 일이 발생할까? 우리나라 같으면 예컨대 '준예산' 등의 형태로 극히 기본적/일상적인 집행은 가능하며 이는 미국이나 다른 나라의 경우에도 일단 비슷하다고 보면 된다. 즉, 공무원의 월급, 공채/금융 이자 지급, 필수 복지예산 등이 그러한데, 미국의 연방이나 주/지방 정부의 경우에는 우리보다는 훨씬 예산 불성립시의 악영향이 크다. 가끔 한국의 신문에도 등장하는데 '연방정부 셧다운' 같은 기사를 기억하면 된다.

뉴헤이븐 같은 소도시는 주정부 예산지원이 약 10% 정도에 불과한데도 여기저기서 신음소리가 난다. 가장 눈에 띄는 것은 교육현장, 즉 학교이다. 초중고 교사들의 보수에 문제가 생기고 심지어 일시 및 영구 해고까지 해야 할 정도가 되며, 이는 아이를 가진 보통 시민들의 감성을 자극하게 마련이다. 문제가 커졌다는 것을 널리 인식하는 셈이다. 한참 전에 애머스트에 체류 중에도 비슷한 일이 벌어져 아들이 다니던 공립 고등학교에서 일부 과목(음악, 미술, 체육 등)이 개설되지 않거나 교사가 해고되는 일이 있었던 기억이다.

뉴헤이븐 또는 코네티컷과 관련되는 이슈는 지역신문은 물론 예일대 대학신문에도 취급되어 읽힌다. 학생기자들이 만드는 대학신문에서 지방정부의 시책이나 예산을 크게 다루는 것 자체가 신기하긴 했다. 어쨌든 뉴헤이븐과 코네티컷 주는 오랜 민주당 강세지역으로 주지사, 의회를 민주당이 장악하고 있다. 그런데도 뭔가 삐걱삐걱 거리며 요란한데 예산과정도 그러하여 오랜 기간 돌파구가 마련되지 않았다가 넉달 만에 간신히 출구를 마련하긴 했다. 정치판의 상당한 아이러니를 여기서도 볼 수 있는데, 요약하면 소수파인 공화당이 준비한 예산안이 민주당 일부 의원의 가세로 상하 양원을 통과해 버렸다. 그후 이번에는 민주당 주지사가 예고대로 예산 거부권을 행사한 것이다. 이에 대한 의회 재의 통과override는 당시 현실적으로 매우 어려워 보였고, 다시 원점에서 협상이 재개되었다.

어쨌든 온갖 사연과 곡절 끝에 2017년 10월 말, 123일 만에 드디어 400억 달러 코네티컷 주 예산이 최종 통과 발효되었다. 이는 인구 1천만 명의 서울시 2020년 예산과 엇비슷한 규모인데, 코네티컷의 인구는 약 360만 명에 불과하다. 그날 지역신문의 헤드라인("Malloy, with no fanfare, signs budget")에서 보듯이 어떤 예산법안 서명때 이벤트 등을 할만한데 그런 것 없이 당시 맬로이 주지사 스스로도 별로 맘에 들어하지 않는 예산을 한번 거부권을 행사하기도 했던 과거가 있고, 그렇지만 이번엔 민주/공화 양당의 합동 지지가 강력해서 거부권을 또 행사해 봤자 재의결overrride 가능성이 훨씬 높으니 어쩔 수 없었다(이런 복잡한 사연을 겪어서인지, 이듬해 선거에서는 예일대 경영대학원 출신의 네드 라몬트Ned Lamont가 주지사에 당선되어 2019년 1월 취임하였다).

그냥 '콩가루'로 치부하면 되는 건가? 꼭 그렇지는 않아 보인다. 일단 그 예산안의 내용이 논란거리인데, 기본적으로 민주당, 공화당의 정치철학이나 정책 우선순위에서 상당한 의미를 찾을 수 있다. 논쟁의 사례로 각 도시정부의 연금 부담을 이전시킨 것과 주립대학의 예산을 대폭 깎아버린것 등이 대표적인 이슈가 되었다. 당장 코네티컷 주립대Univ of Connecticut 등에서는 주정부 지원이 거의 1/3로 줄어들게 생겼으니 난리가 났다. 이 대학 졸업생들 10여 명의 주요 인사가 이번 예산안 통과에 '가담'했는데 덕분에 약 3억 달러의 예산 삭감을 감내하게 생겼다는 등의 하소연/비난 등이 넘쳐났다.

3.2.2. 새로운 도피처, 뉴헤이븐

앞서 얘기했지만, 예일대가 소재한 뉴헤이븐은 인구 13만 명의 중소도시로서 경제적, 재정적으로 어려운 것은 코네티컷 못지 않다. 코네티컷 주의 주도는 30분 쯤 북쪽에 있는 핫포드인데, 코네티컷의 문화적 중심이자 더 널리 알려진 곳은 단연 뉴헤이븐이다. 물론, 예일대 덕이 크다. 이 도시의 별칭은 두릅나무 도시Elm City이다. 이는 아마도 미국 건국 초기에 최초의 공공 식림public planting이 체계적으로 시작된 것과 연관이 있을 것이다. 1600년 경 이 동네에 식민도시가 건설될 당시 뉴헤이븐은 9개의 구역(광장) 비슷하게 구획되었는데, 그 가운데 부분이 현재 뉴헤이븐 그린New Haven Green으로 불리는 녹지대로서 도시의 중심부인 동시에 시가지와 예일대을 구분하는 공간이기도 하다. 1686년 이곳에 처음으로 두릅나무가 심어진 이래 미국에선 처음으로 체계적인 공공부문에서 나무심기가 시작된 것이다.

뉴헤이븐은 치안이 좋은 곳은 결코 아니다. 물론 시카고, 디트로이트, LA 같은 대도시와는 비교될 바 아니고, 굳이 비교하면 매사추세츠의 스프링필드Springfield 정도의 중소도시로서 범죄, 마약 등을 조심해야 하는 도시이다. 우선 밤에는 웬만하면, 특히 다운타운 쪽으로는 가지 않도록 권유한다. 실은 낮에도 도심광장 쪽으로 걷는 것이 그리 편하지만은 않다. 우리나라의 대부분 지역에서 깊은 밤에도 별로 신경쓰지 않고 활보하던 생각을 하면 달라도 너무 다르다. 그럼에도 조금만 기초적인 주의를 기울이면, 여기도 사람 사는 곳이다. 특히 예일대 캠퍼스는 가끔 사고가 있긴 하지만 보통은 별 문제가 없어 보인다. 아울러 필자가 하루에도 1~2회 꼭 들리는 이스트락 공원East Rock Park 같은 곳은 그야말로 천국이다. 잔디가 널찍한 공원과 숲속 오솔길을 걷거나 달리는 즐거움은 시애틀 이래 누려보지 못했던 호사였다.

어릴 때 불법 이민자 부모를 따라 들어온 까닭에 청년이 된 지금도 불법 체류 상태지만 그들은 언어도 문화도 일터도 보통의 미국인과 똑같은 청년들이 수십만 명이다. 앞서 소개한 대로, 이들이 추방당하는 것을 막고자 2017년 예일 로스쿨의 학생 동아리가 트럼프 행정부를 상대로 소송을 내어 이겼다. 또한 이 '노동자/이민권 옹호Worker & Immigrant Rights Advocacy' 클리닉은 무슬림 나라 사람들의 미국 입국을 금지하려는 대통령의 행정명령에 대하여도 일시적이나마 집행금지 처분을 받아냈으며, 2016년에는 이른바 도피처 도시sanctuary cities에 대하여 연방예산지원을 중지하라는 행정명령을 영구히 정지시키는 법원의 판단을 받아내기도 했다. 이렇게 예일대는 더 도망갈 곳 없는 이들에게 비추어지는 빛의 역할을 해왔다. 그런데 예일대의 이런 의식과 역사가 모도시 뉴헤이븐과도 연결되니 신기한 일이다.

뉴헤이븐New Haven은 이름 그 자체로도 손님과 외국인의 새 도피처new haven이며 오랜 항해로 심신이 지친 사람들이 잠시나마 정박할 수 있는 새로운 항구 즉 'new haven'이다. 오래전부터 뉴헤이븐은 도시 자체의 개방성, 진보성으로 유명하다. 영화로도 소개된 1839년 아미스타드 사건Amistad Affairs에서 아프리카 사람들 53명이 백인에 의해 납치된 후 선상 반란을 일으켰고, 어찌어찌하여 바다를 떠돌다 기착한 곳이 미국 북동부 항구도시 뉴헤이븐이다. 이들이 살인, 계약위반 피의자로 수용되어 여기서 재판을 받았다. 영화에도 나오듯이, 이미 대통령을 지냈던 존 아담스가 변호인으로 나서서 연방대법원까지 가는 투쟁 끝에 흑인들이 이겼다. 결국 역사적인 승리 이후 뉴헤이븐 사람들은 이들 손님을 따뜻이 살핀 후 고향 아프리카로 돌려보내 주었다. 뉴헤이븐은 예일과 어울려 도피처 도시임을 자랑하는데, 트럼프 행정부의 방침과 상반되게 뉴헤이븐시는 물론 권역의 많은 교회들이 이민자 보호 교회를 자임하고 있다. 필자가 다니던 한인교회에서도 도피처 교회 스티커를 보면서

뿌듯해했던 기억이 난다.

"토니 하프 시장, 어디 있어요? 토니, 토니? 어, 이 사람이 피난처 도시 사람은 아닌데…". 2018년 어느날 트럼프 대통령이 전국 시장회의the U.S. Conference of Mayors에 참석 중인 시장들을 백악관에 초청한 행사에서 트럼프 대통령이 뉴헤이븐의 시장을 찾으면서 한 말이다. 물론 하프 시장은 불참이었다. 같은 날 연방 법무부에서 이른바 '피난처 도시' 23개 도시/주에 대하여 불법 이민자에 대한 더 강력한 집행을, 즉 연방의 지침에 따라 줄 것을 요구하는 서한을 발송했는데, 그것이 개방/진보 성향의 많은 도시 시장들을 자극한 것이다.

뉴헤이븐은 그 23개 피난처에는 해당하지 않았지만, 항의의 표시로 대통령 초청을 거부한 것이었다. 하프 시장은 예일대 건축과 출신으로 연임 중이었고 진보성향이 강한 흑인 여성이다. 이웃 도시이자 주도인 하트포드Hartford의 신문에서도 사설로 백악관 초청을 거부한 것이 잘한 일이고 오히려 대단히 영광스런 결과라며 별도로 칭찬했고, 예일대 신문에서도 한 꼭지 기사로 다루었다.[9] 뉴헤이븐이 여전히 빛나고 있다.

그런데 이 도시를 대단치 않게 여기는 사람들이 의외로 많다. 예일대를 빼놓으면 뭐가 있냐고 생각하는 것이다. 미국인이나 한국인 상당수가 그런 생각임을 이해할 수는 있다. 일단 규모가 인구 14만 명 밖에(?) 안 되는 중소도시이다. 미국 기준으로는 작지만, 우리나라로 치면 전북 정읍이나 경기도 포천 정도의 크기이다. 어쨌든 주변의 햄든Hamden, 노스헤이븐North Haven, 브랜포드Branford 등 중소도시들을 대략 묶어 봐도 그저 그렇다. 뉴욕과 보스턴 사이에 끼어 있는 위치 또한 애매하다. 물론 코네티컷은 어쨌든 전통적으로 뉴잉글랜드 5개 주 중 하나이다. 풋볼도 이 동네엔 뉴욕의 제츠Jets, 자이언츠Giants 팀을 응원하는 사람과 보스턴 거점의 뉴잉글랜드 패

---

[9] 하트포드 신문의 사설: "Where's Toni Harp? Doing What's Right" [Editorial] (Hartford Courant 2018.1.25)

트리어츠New England Patriots 팬들 숫자가 아마 비슷할 것이다. 아이비리그 8개 대학 중 4개가 뉴잉글랜드 지역에 골고루 위치한다(Harvard, Yale, Brown, Dartmouth). 경제/문화/교육 특히 식도락 면에서 보스턴/뉴욕 같은 데와 견줄 수는 없다. 게다가 오랜 기간 뉴헤이븐은 범죄, 총기사고, 마약 등으로 그리 안전하지 못한 도시로 잘못 또는 지나치게 과장되어 알려져 있는 것도 큰 약점이다.

대학과 도시의 협력: 타운-가운 컨퍼런스

2009년 필자가 예일대 산림환경대학에서 주관하는 특별한 컨퍼런스가 어느 가을 종일토록 열렸다. 〈대학-도시간 지속 가능성 협력〉Town-gown Conference on Urban Sustainability을 주제로 북미 전역에서 지속가능성을 추구하는 도시와 각각의 도시에 소재한 대학 관계자를 불러 모아 어떤 협력사업을 하는지를 총괄 정리하고 서로 정보를 교환하는 행사였다. 오전 개막 세션에는 예일대 총장과 뉴헤이븐 시장도 참석하였고, 멀리 캐나다의 밴쿠버BC, 캘리포니아의 데이비스 등 서쪽 끝에서부터 위스컨신주 매디슨, 미네소타의 미네아폴리스, 미시간의 앤 아버, 인디애나 사우스벤드, 콜로라도 보울더, 로드 아일랜드의 프라비던스, 매사추세츠 케임브리지, 앨라배마 버밍햄, 볼티모어, 피츠버그 등에 이르기까지 각 도시의 지속가능성 담당 공무원과 해당 도시의 대학 고위관계자가 짝으로 참석했다. 즉, 예일에서 흔히 볼 수 있는 일반적인 학술회의나 세미나와는 성격이 매우 달랐는데 그만큼 특별했다고 여긴다. 짝을 이루어 온 대학도 다들 만만치 않은 이름인데, 관련 링크에 가면 더 자세히 볼 수 있지만, 몇몇 예를 들어 다음과 같이 정리된다.

여기서 제목으로 쓴 '타운-가운 컨퍼런스Town-gown conference'는 정식 용어라기보다는 보통편하게 도시-대학을 아우르며 부를 때 편하게 쓰이는 말이며, 컨퍼런스의 정식 타이틀은 '도시 지속가능성을 향한 대학과 도시의 파트너십 형성Forging University-Municipality Partnerships Toward Urban Sustainability'이다.

글자 그대로 대학-도시의 협력에 관한 것이다. 사실 학자/교수나 순수한 대학 관계자만이 아니고 각 대학과 짝이 되는 도시 관계자들을 함께 한자리에 불러 모은다는 것 차제가 한국에서나 미국에서나 얼마나 어려운가. 지속가능성이라는 착한 주제로 명분있는 이슈를 놓고 함께 모인 것이다. 토론의 내용은 매우 '건전한' 정도였는데, 가끔 지나치게 전문적인 내용도 있

> 어서 필자나 주변 교수들도 솔직히 정확히 이해하지 못한 게 있었다.
> FES 주최이지만 실무 총괄은 힉슨 연구소에서 맡았다. 모두 4개의 세션인데, 오전 첫 시간은 리더 세션Leading in partnership으로 총장/시장/부총장/시장 등 무게있는 사람이 문을 연다. 두 번째는 구체적 이슈로서 교통 부문, 빗물/복원성Stormwater/Resilience, 오후 마지막은 기후행동Climate Action까지 지속가능성 주제 하에 대학과 도시가 협력하는 의미와 실제 정책사례를 포괄한다. 주최측인 예일대 총장과 뉴헤이븐 시장이야 당연히 따뜻한 주인의 목소리를 냈고, 위스컨신 대학의 부총장 – 매디슨 시장 짝이 시작부터 기억에 남는 말을 많이 한다. 명문 카네기 멜론 대학 관계자와 그 짝인 피츠버그 시, MIT 대학과 케임브리지 시 짝도 나름대로 괜찮은 사례를 소개했다. 대학-도시 협력이 잘 안되거나 실패한 얘기도 나온다. 예로, 앨라배마 대학에서 온 교수와 버밍행 시 공무원의 경우 두 사람이 개인적으로는 찰떡 궁합인데 조직끼리는 아마 그렇지 않은지 쓴소리를 대놓고 한다.[10]
> 폐막 직전, 캐나다 브리티시 콜롬비아 대학Univ of British Columbia의 부총장보 Vice Provost가 깨끗하고 정리된 마무리 연설을 했다. 사실 이 사람은 예일 경영대학원에 방문 교수로 와 있는데 이름을 기억해 둘 만하겠다. 하루 전체 세션을 정리할 뿐 아니라, 새로운 프레임을 제시하고 실제 언론/대중에게도 설득력있는 아젠다/이슈를 심지어 새로운 용어를 사용하며 보여주었다. 예일대처럼 엄청난 스케일의 세계적 명문대학도 뉴헤이븐 시 등 지역사회와 다양한 모습의 협력을 이어가면서 이를 더욱 강화하려 한다. 특히 지속가능성 영역이 빠질 수 없는데, 예일대 내에 관련 조직을 두고 있을 정도이다(Yale Office of Sustainability). 지속가능성의 수많은 영역, 차원에서 예일대의 연구, 강의, 봉사가 어떻게 도시/지역과 연계 협력할 수 있는지를 보여주는 한 모델이기도 하다.

 1년 이상을 직접 지냈고, 이런저런 인연을 이어가고 있는 필자의 결론은 이 도시가 굉장히 좋은, 대단한 도시라는 것이다. 범죄, 강도, 폭행, 총기사고 등 얘기를 제법 듣기는 했지만, 실제 살아 보면 시카고, LA, 스프링필드 등 미국의 타도시에

---

10) "우리 대학과 버밍행시는 항상 관계가 나쁜 정도가 아니라, 공식적으로 나쁜 관계를 유지합니다" (Not just that we ALWAYS have a bad relationship with the city, we OFFICIALLY have a bad relationship…)

비하여 엄청난 걱정거리는 아니다. 음식은 가성비 최고 수준이며, 공연 문화예술 쪽은 말할 나위도 없다. 수백 년의 역사와 전통이 넘치는데 자랑스레 내세울 만한 게 너무 많은 것이다. 현재 누리는 공간과 철학 또한 미국의 많은 도시에 비하여 모범이 될 만하다. 이 모든 것이 예일대를 빼고 하는 얘기이다. 예일대를 더하면 강점과 매력이 2배, 10배로 된다. 인종/계층 구성 면에서 매우 다양한 점도 좋다. 흑인, 히스패닉은 물론 한국, 중국, 인도, 일본인도 제법 많아 상호 존중, 협력, 다양성의 가치가 일상에서 묻어나는 것은 뉴욕, LA, 시애틀 등과 비슷하다.

10년 전쯤 매사추세츠 주립대 체류의 마지막에도 그랬는데, 대단찮은 소회를 글로 지역신문에 남기게 되었다. 솔직하게 뉴헤이븐을 회고한 내용이라 여기서 공유해도 좋겠다.

방문 한국인이 뉴헤이븐에 안녕을 고하다 (번역)
Forum: A visiting Korean says goodbye to New Haven

[The New Haven Register] 2018. 7. 12

모든 도시엔 과거가 있고 모든 과거엔 미래가 동반한다 – 이는 뉴헤이븐 레지스터 신문의 Top 50 시리즈에서도 재확인된다. 나의 예일대 연구년이 마무리되는 요즈음, 뉴헤이븐에서 1년을 지낼 수 있었던 놀라운 행운에 대하여 가끔씩 놀라고 있다. 이 도시는 다양하고 포용적인 공동체이다.

사실 처음엔 기대가 그리 크지 않았다. 조그만 도시, 아마도 예일대에 크게 의존할 테지. 아마존 제2본사 유치 운동에 실패했는데, 어차피 그건 힘들었던 것 아닌가. (코네티컷에 있던) 제너럴 일렉트릭이 보스턴으로 회사를 옮겨 갔다. 기업을 유치하는 일, 참 어렵다. 더 중요한 것은 기업가 마인드를 지닌 사람들을 붙잡아 두는 일 아닐까? 2018년 코네티컷 주 예산이 오랫동안 의결되지 않아 지역의 학교들이 큰 피해를 입기도 했다. 뉴헤이븐이 미국에서 가장 안전한 도시가 아니라는 건 이미 널리 알려져 있다. 하버드-예일 풋볼 정기전(The Game)에서 패배한 하버드 학생들이, (그래도 우리는 안전한 케임브리지로 돌아간다 하면서) 뉴헤이븐/예일대를 놀린다니 매우 안됐다. 그런 측면에서 살인, 절도, 강간 등 중범죄가 2017년 크게 줄어든 건 참 다행이다. 뉴헤이븐 사람들은 오랜 기간 이어져 온 정당한 긍지를 지니고 있다. 나도 바다 건너오신 손님들께 이 도시의 역사와 전통을 흔히 자랑한다. 도시계획 전공인 내가 가장 좋아하는 부분으로, 뉴헤이븐이 아마도 미국 최초의 계획도시일지 모른다는 사실인데 도심(New Have Greeen 중심의) 9개 구획이 그 증표이다. 아울러 미국 최초의 공공 식림이 체계적으로 이루어졌던 바, 그 결과로 거리 곳곳에서 크고 오래된 가로수가 정연히 서 있는 것을 많이 볼 수 있다. 손님들 모시고 가서 밥먹을 곳도 많다. 프랭크 페페, 루이스 런치가 어쩌면 미국에서 가장 오래된 피자집이나 햄버거 집이 아닐지도 모르지만, 무슨 상관인가?

더 중요한 것은 이 도시가 손님들을 명예롭게 대한다는 점이다. 추방 위기에 직면한 불법 이민자들에게 마지막 도피처가 이 지역 교회들이다. 2007년 이래 뉴헤이븐 시에서는 이 불행한 사람들을 위해서 자체 신분증(ID)을 발급하여 일상생활에 지장이 없게 도와주며, 범죄 신고 등의 경우에 경찰이 굳이 이민 관련 질문을 못하도록 하고 있다. 이쯤 되어야 도피처 도시 아닌가? 사실 이 도시의 개방성은 일찍이 1839년 아미스타드 사건에서도 드러났다. 아프리카 사람 53명이 납치된 후 선상 반란을 일으켰고 어찌어찌 해서 뉴헤이븐에 내렸는데, 여기 수용된 후 재판이 진행되어 승리했다. 풀려난 이들이 고향으로 돌아갈 때까지 지역민들이 정말 따뜻이 대해 주었다. 그렇다, 이미 179년 전 "흑인의 생명도 가치 있었다(Black lives mattered)." 아울러 1973년 여성의 낙태권리를 인정한 "Roe v. Wade" 대법원 판결 이전인 1961년에 이미 피임권리 인정과 관련한 "Griswold v. Connecticut" 소송도 이 동네에서 진행되었다. 진정 새롭고 열린 길의 피난처 아닌가?

이제 내가 대한민국 땅으로 가져갈 좋은 기억이 매우 많다. 예일대의 올드 캠퍼스, 스털링 중앙도서관, 이스트락 공원, 슈베르트 극장, 바이오 스웨일(bio-swale) 등에 이르기까지.. 나를 방문교수로 받아준 예일대 산림환경대학원의 동료교수들에게 아무리 감사해도 지나치지 않은데, 이들이 없었다면 내가 전적인 학술 경험을 제대로 누리지 못했을 터이다. 큰소리로 감사하는 대신 이를 가슴 깊숙이 간직해 두며, 떠나더라도 마음만은 뉴헤이븐에 남겨두겠다.

예일대 산림환경대학원 풀브라이트 방문펠로우, 경북대 교수 이시철

🏛 3.2.3. 인종차별, 미국과 예일의 오랜 도전

2020년 상반기에 미국 사회를 뿌리부터 뒤흔든 것이 2개가 있다. 하나는 온 세계가 같이 겪은 코로나 팬데믹이다. 두 번째는 백인 경찰관에 의한 흑인 사망 사건으로 항의 시위 뿐 아니라 미국 사회의 가장 큰 원죄와 상처가 다시금 드러난 일이다. 대학에서도 잊을만 하면 한 건씩 터져 나온다.

2018년 5월 〈뉴욕타임스〉, 〈워싱턴 포스트〉 등 전국 신문에도 크게 보도된 사건이다. 예일대 대학원 기숙사에서 한 흑인 여학생이 자신의 방을 나와 공동거실 common room에서 잠을 자고 있었다. 다른 백인 여학생이 불을 비추며 무례하게 굴다가 결국 대학경찰에 신고했고 출동 경찰관 역시 이 흑인학생의 신분을 확인한다면서 한참 시간을 끌었다. 이 과정을 해당 흑인학생이 페이스북 생중계 영상으로 모두 담았고, 이 모든 게 알려지고 공유되며 큰 사회문제가 된 것이다. 마침 기말시험이 끝나고, 학생들 상당수가 이미 집으로 돌아가던 참이었는데도 트위터 #nappingwhileblack 해시태그 등으로 엄청 빠르게 전파되면서 캠퍼스와 전국을 흔들어 놓았다(Washington Post 2018.5.11.).

예일대 관련 이슈가 전국지에 보도되는 것이 그리 신기한 일이 아니지만, 2018년 기숙사 사건은 미국의 치부를 그대로 드러냈다는 점에서 특이할 만하다. 불과 몇 달 전 필라델피아 어느 스타벅스 커피점에서 사업 파트너를 기다리던 흑인 시민을 종업원이 고발하여 백인 경찰관들이 출동해 수갑을 채워 데려간 사건과 매우 흡사하다. 자칭 진보지성의 산실이라 하는 대학, 그것도 리버럴아츠 교육을 자랑한다는 예일대에서 이런 일이 벌어졌으니 기가 막힐 지경이다. '가해자' 격인 백인 여학생이 인종주의자라는 등 온갖 비난이 이어졌다. 뒤늦게 예일대 총장이 교수/학생/교직원 전체에게 긴급 이메일로 이 상황을 알리면서 자책 겸 스스로 각성하자는 취지로 얘기하였지만, 제목부터 뭔가 초점이 덜하고("Yale's commitment to equity and inclusion"), 누가 피해자인지 누가 더 놀랐는지도 약간 불확실하게 표현되었다. 물론 미국 사회 전체의 커다란 숙제인 인종차별 이슈는 수백 년을 끌어왔는데, 예일에서도 쉽게 극복하지 못하고 있다.

2017년 예일대 14개 기숙대학 중 하나인 캘훈 칼리지Callhoun College의 명칭이 그레이스 호퍼Grace Hopper College로 바뀌었다. 예일대 출신 박사이자 컴퓨터 분야 개처자인 그레이스 호퍼는 최초의 프로그래머이자 해군 제독을 지냈던 여성이다. 그리고 이름이 사라져야 했던 존 캘훈John C. Calhoun, 1782~1850은 8년간 미국 부통령을 지낸 예일대 동문이다. 어쩌다 유서깊은 예일대 기숙대학의 이름을 이렇게 교체하게 되었을까?

사우스 캐롤라이나 출신의 캘훈에 대한 평가는 극명하게 갈리는데, 한때 대통령 후보로도 나섰으며 역사상 가장 위대한 상원의원 중 한 명으로도 꼽힌다. 그는 한마디로 노예제 옹호론자였다. 노예제를 단순히 필요악necessary evil 정도가 아니라 절대선positive good이라 부르면서 개인적으로도 노예를 소유하며 이익을 누렸다. 동시에 그는 소수파의 이익을 옹호했던 바, 예컨대 미국 연방에 대항하여 약자인 주의 자유가 침해될 경우 이를 위헌으로 선언하면서 연방법을 거부할 수 있다고까지 주장했다. 다만 그가 옹호한 소수파에는 흑인 노예들이 포함되지 않았던 것이다. 원래부터 노예제 이슈와 관련된 문제가 있었지만, 2017년 즈음에 학생집단의 문제 제기가 본격화되고 항의가 격렬해지자 기숙대학의 명칭 자체를 바꾸는 지경에까지 이른 것이다.

기숙대학의 새 명칭이 된 그레이스 호퍼(1906-1992)는 인종차별이 아니라 여성차별을 극복한 모범으로 꼽힌다. 예일대 수학과에서 박사학위를 받았고 나중에는 명문 바사르 대학에서 교수를 했다. 제2차 세계대전 때 해군에 지원했지만 거부당해 해군 예비군으로 복무했다. 퇴임한 이후 1983년 레이건 행정부 당시 노령의 여성으로서 해군 준장으로 복귀, 드디어 제독이 된 것이다. 인종 차별주의자 이름을 포기하고 성차별을 극복한 사람의 이름으로 기숙대학 이름을 바꾼 것이 의미있지 않은가? 이 천재수학자이자 성차별을 극복한 시대의 선구자가 남긴 말은 지금도 인구에 회자된다.

그간 우리에게 가장 피해를 크게 준 말은, "우리는 그간 항상 쭉 그리 해왔어" 이다(The most damaging phrase in the language is: It's always been done that way. - Grace M. Hopper).

차별의 그늘은 여기저기서 눈에 띈다. 예일대뿐 아니라 미국 어느 대학, 어느 집단을 가더라도 차별의 문제가 완전히 해소되었다고 하기에는 여전히 이른 감이 있다. 인종 이슈는 2008년 최초의 흑인 대통령이 취임했음에도 그렇다. 미국의 역사적 배경 및 경제사회 구조와 얽혀 있음은 물론이다. 과거엔 그늘이었다가 이제는 상당히 덜한 걱정거리가 성차별 또는 젠더 이슈인데, 1969년 남녀공학이 된 이후 지금은 남녀 비율이 대략 반반이니 이를 크게 문제삼기는 어렵다. 물론 심심찮게 유리천장glass ceiling 이슈가 제기되어 직업군별로 여전한 성차별이 존재한다는 문제제기가 있기는 하지만 말이다.

2020년 해묵은 인종차별 문제는 미국 전역에서 새로운 국면으로 접어 들었다. 6월 코로나 사태 와중에 터진 미네아폴리스 경찰관의 흑인 용의자 살인사건으로 인해 인종차별 반대 운동이 들불처럼 번졌으며, "흑인의 삶도 중요하다Black Lives Matter" 구호가 시대정신이 된 것이다. 이어지는 흐름에서 역사에 이름을 남겼던 크리스토퍼 콜럼버스, 테오도어 루즈벨트 등 주요 인사들을 재평가해야 한다면서 동상 등 그들의 기념물도 없애야 한다는 움직임이 커졌다. 예일대에서는 학교 명칭이 된 엘리후 예일Elihu Yale이 노예 소유 및 노예 무역 경력을 문제삼아 학교 명칭을 아예 바꾸어야 한다는 소리까지 나왔지만, 현실성은 없는 것으로 일단락됐다(Yale Daily News 2020.6.28.).

인종차별이나 노예제도라는 미국의 원죄를 속죄하고 비판하는 움직임 가운데 지나치게 심하거나 비현실적인 행동도 있기는 하다. 다양한 관점에서 그러한 '오버액션'을 조심스레 짚어내려는 사람도 있는데, 예컨대 앞서 얘기한 아리스토텔레스에 대하여도 그렇다. 이 책에서 월스트리트에 대항하는 아이콘처럼 아리스토텔레스를 대비시켰고, 실제로 현대 대학에서 필수적인 리버럴아츠 교육의 가치를 여전히 상징하는 인물이기도 하다. 그러나 어떤 철학교수가 지적하듯이(NYT 2020.7.21), 역사적 맥락을 돌봄 없이 현대의 가치기준으로 과거를 모두 매도할 경우 아리스토텔레스로 상징되는 인류의 예지를 상당부분 외면하여야 하는 딜레마에 빠지게 된다. 그는 노예제를 단순히 허용하였을 뿐 아니라 적극적으로 옹호하였고, 심지어 주인들에게는 '살아있는 도구'로서 당시의 노예들에게도 좋은 제도라고 주장하였다. 그렇다고 이 고대의 대철학자를 우리가 포기하여야 하는가 하는 논지이다. 2백년 전 정치인의 생각, 2천년 전 철학자의 사고를 2020년의 현대인에게 맞출 수 있는가의 의문과 논쟁은 미국과 예일에서 여전히 진행형이다.

3.2.4. 미국의 주류 신문: 〈뉴욕타임스〉와 〈월스트리트저널〉

미국인과 한국인들의 공동 착각인지 모르지만, 미국의 주요 언론이 세계를 커버하고 지구촌 전체에 가장 큰 영향력을 미친다고 하는 말을 자주 듣는다. 사실일까? 의도적이었지만, 질문이 두 꼭지로 되어 있다. 필자에게 굳이 묻는다면 각각 '예스'와 '노'를 답할 것이다. '세계 곳곳의 뉴스를 다루는가', '영향력이 최대인가'의 측면이다. 예일대 관련 뉴스가 자주 〈뉴욕타임스〉, 〈월스트리트저널〉 등 전국 신문에 등장하는데, 그때마다 미국 언론의 세계성과 지역성을 함께 생각하게 된다.

반쯤 우스갯소리로 〈뉴욕타임스〉는 미국을 움직여야 한다고 (이상적으로) 주장하는 층에서 주로 읽으며, 〈월스트리트저널〉은 미국을 (실제로) 움직이는 힘센 사람들이 구독하는 반면, 〈워싱턴포스트〉는 (자신들이) 미국을 움직인다고 착각하는 집단이 구독자라는 말이 있다. 〈뉴욕타임스〉는 수준 높은 칼럼과 기사가 자주 실리면서 흔히 학구적인 느낌까지 들게 되는 반면, 〈월스트리트저널〉은 신문의 전통/특성상 당연히 부자들과 경제/비즈니스 지도자들이 주로 좋아한다. 수도 입지의 특성상 〈워싱턴포스트〉는 의회와 백악관 등을 늘 일상으로 대하다 보니 그런 '착각'을 자유로이 하는 것 아닌가 생각하게 된다. 현실에서 〈월스트리트저널〉은 종인신문 구독자가 100만 명으로 〈뉴욕타임스〉의 두 배에 가깝지만 디지털 판에서는 형세가 심하게 역전되는 것으로 알려져 있다(NYT 250만 v. WSJ 150만).

두 신문은 하늘의 색깔에 대하여도 같은 의견을 못 낸다고 할만큼, 거의 모든 이슈에서 대조적 논조를 드러낸다. 〈뉴욕타임스〉와 〈월스트리트저널〉에서 동일한 이슈에 대하여도 주된 논지와 거의 정반대 글을 볼 때는 정말 반갑기까지 하다. 원래 사실관계와 논리에 대하여 이의가 없다면, 이런 유형의 논쟁은 결국 철학의 차이 philocophical differences로 귀결되기 마련이다. 세계를 보는 눈, 사회가 움직이는 역동성에 대한 관점, 시장의 능력, 사람과 사람에 대한 신뢰의 문제 등이 어울림으로써 구체적 수준에서는 의견 일치가 가능하더라도 추상도가 가장 높은 단계에서 결정적 차이를 드러낼 수밖에 없다.

예일대는 어디까지나 뉴욕에서 2시간, 코네티컷 시골에 위치한 대학이다. 그럼에도 불구하고 두 신문 모두에 심심치 않게 예일 뉴스가 눈에 띈다. 굳이 전국 뉴스까지 갈 정도는 아니다 싶은데도 칼럼은 물론 학교 소식, 음주, 성폭행, 기타 캠퍼스 내 사고 등이 〈뉴욕타임스〉에 나는 경우가 있다. 보스턴 글로브 신문에서 하버드, MIT, 터프츠 대학 등 동네 대학 얘기를 실어주는 것 같은 느낌일까? 뉴헤이븐은 뉴욕 광역권으로 취급될 때도 있는데 실제로 열차로 매일 출퇴근하는 사람도 있다. 뉴욕타임스 메트로 지면에 예일 소식이 가끔 실리는 이유인 것 같다.

2018년 3월 〈월스트리트저널〉 칼럼이 예일을 직접 비판했다. 당시 미국 전역에서 이어진 총격사건이 원인이 되어 고교생들이 직접 거리에 나서 시위를 벌여서 일부 학생들이 정학 등 처벌을 받았다. 예일대에 이미 합격한 고교생 중에서 몇몇이 예일대 입학처에 조심스레 겁을 내며 입학허가가 취소될까 문의했다. 그랬더니 오히려 앞으로도 그렇게 사회적 이슈에 관심을 보이는 응시생들을 예일이 오히려 우

대하겠다는 취지의 글이 예일대 입학블로그에 게재된 것이다. 여기서 이 칼럼이 학교측의 그런 방향을 강력히 성토한다(WSJ 2018.3.6.). 마침 위 칼럼의 저자(Walter Olson) 역시 예일 졸업생인데, '유명한' 카토 연구소Cato Institute 선임연구원이다. 널리 알려진 대로 이 연구소는 Koch, 개인 자유, 시장경제 등을 키워드로 분명한 보수 성향 싱크탱크이다. 예일대에서 입학 조건이나 선호/비선호 요건을 정하는 건 자유지만 지나치게 편향되도록 공식 입장을 밝히는 것 아니냐는 불만을 드러냈다. 총기 규제를 옹호하는 시위이니 예일대에서 "괜찮다", "오히려 좋다"라고 얘기하지 만일 그 반대 경우라도 똑같이 그런 학생을 우대할 것인가? 즉, 총기소유를 옹호하는 수정헌법 2조를 찬양하는 집회, 시위일 경우에도 괜찮을까 하는 질문인데, 이 사람이나 보수층에서 우려할 만하다. 이 컬럼 말미에는 320년 쯤 전 예일대의 창립 목적이 청교도 목사를 교육하는 것이 아니었는가, 왜 이리 변했을까라고 탄식한다. 변화 아니 진화가 당연한 것이 아니었는가 라고 얘기한다.

신문의 이념 지향성 등과 관련하여 비슷한 얘기를 예일 교수 몇몇과 실제로 해 본 적이 있는데 이들이 더 확신하는 요인은 단순히 〈뉴욕타임스〉에 예일 졸업생들이 워낙 많아서란다. 듣고 보니 그렇지 아니한가? 간단히 자료를 찾아봐도 Emily Bazelon, David Gonzalez, Linda Greenhouse, David Leonhardt, Paul Krugman 등 저명한 〈뉴욕타임스〉 기자/칼럼니스트들이 열거된다. 〈뉴욕타임스〉 아카이브를 찾아보면, 종이버전을 사진찍어 둔 기록에 1882년 2월 18일 자에 뉴욕의 예일 대학교 동문회 행사를 볼 수 있다. 약 200년 기간 예일대의 사회적 영향력을 함께 짐작할 수 있다(NYT archive).

그동안 〈뉴욕타임스〉를 읽어온 사람으로서 이 신문의 논조와 가치 지향성에 상당히 동의한다. 학생 시절에는 솔직히 영어 공부 목적으로 읽기 시작한 것이 사실인데, 지금은 단지 그 내용이 새롭고 재미있거나 도움이 되기 때문에 읽는다. 〈월스트리트저널〉, 〈워싱턴포스트〉 같은 다른 신문도 보지만, 열독은 할 시간을 못내고 있다.

필자는 1990년대 중후반 유학 시절 〈뉴욕타임스〉 신문을 처음 대하였다. 워싱턴대학University of Washington 캠퍼스 잔디밭이나 학생회관 식당 등에서 아침 2시간쯤을 꼬박꼬박 읽은 것이 시작이었다. 귀국해서는 바쁜 일상에 한동안 쉬었다가, 2009년 연구년으로 애머스트에 체류하던 중에 다시 만난 〈뉴욕타임스〉 종이신문이 참 반가웠던 기억이 있다. 한동안 구독하다가 어느날 문득, 매사추세츠의 조그만 도시 애머스트에 어울리지 않을 정도로 이 신문이 거대담론 또는 세계적인 이슈에 지나치게 기울어 있는 느낌을 받았다. 마치 미국의 중심에 앉아서 온갖 국제정치와 미국의 이슈를 한 눈/한 손에 다루는 듯한 착각을 하고 있다는 생각이었다. 물론 지역신문 〈햄프셔 가제트〉Hampshire Gazette도 구독하고 있었지만, 그건 얼마간 가볍고 30분이면 끝나는 내용/분량이라 균형이 맞지 않았다. 게다가 널리 알려진 사실이지만 〈뉴욕타임스〉는 진보언론의 대표격이고 당시 오바마 행정부에 지나칠 정도로 이념/정책이 경도되어 있어서 읽을 때는 마음에도 맞으니 그런가 보다 하면서도 가끔 다른 매체를 대할 경우 깜짝 놀랄 때가 많았다.

그래서 생각 끝에 구독지를 과감히 바꾸기도 했었는데 〈보스턴 글로브〉와 〈월스트리트저널〉 2개를 함께 시도한 것이다. 전자는 〈뉴욕타임스〉가 소유한 지역신문으로 논조의 지향성이나 패턴이 주인회사와 일단 비슷해서 마음이 편하다. 발행부수야 비교가 안되지만 적어도 매사추세츠/뉴잉글랜드에선 권위와 자존심이 하늘을 찌를 정도로 오죽하면 구독료 조건이 〈뉴욕타임스〉와 똑같겠는가? 매사추세츠 권역을 모두 망라하고 특히 보스턴에 있는 세계적 대학들에 대한 뉴스가 자주 나오는 게 좋았다. 〈월스트리트저널〉은 자타가 공인하는 보수신문의 대표주자이면서도 현재 공식적으로 미국에서 발행부수가 가장 많은 대형신문이다. 거의 모든 언론/신문사가 지국/지사를 줄이던 당시의 추세에도 불구하고 이 신문은 그 숫자를 늘리고 있었으며, 최근엔 뉴욕 지역에서조차 〈뉴욕타임스〉에 도전장을 내밀 정도로 성장세가 두드러진다. 보수언론재벌인 루퍼트 머독의 뉴스 코퍼레이션News Corportation이 이를 소유하고 있는데, 이름에 걸맞게 경제/비즈니스/금융 쪽이 당연히 강력하며 논조는 물론 〈뉴욕타임스〉와 극히 대조를 이룬다. 당시의 건강보험 개혁, 금융개혁 이슈 등에서도 각을 세우고 있었다. 마치 방송에서 MSNBC와 폭스뉴스가 좌/우를 대표하듯이…. 다시 말해서, 매사추세츠 전체 지역을 더 자주 알기 위하여, 그리고 미국 보수권의 시각을 조금 더 경험하려는 마음으로 변화를 준 셈이다.

그러다가 2017~18년 예일대 연구년 체류 시절에는 두 마음 품지 않고 〈뉴욕타임스〉에 집중하게 되었다. 요즘 세상에 '속보' 기능을 신문 그것도 종이판에서 찾지는 못하지만, 심층 기획기사 등은 여전히 대단한 가치를 지니는 것 같다. 오피니언란에서 가끔 기획되어 나오는데, 어려운 학술논문의 요약본을 읽는 느낌이 들 때도 있고, 시사성을 중시하면서도 세상의 큰 흐름을 짚어간다는 생각을 할 때도 많다.

2018년 초의 기획기사였다. 트럼프 집권 후 상당 기간이 지났는데도 극단적인 두 입장은 여전했다. 우리 땅에서도 마찬가지이긴 하지만, 대통령/현집권세력에 대하여 극단적으로 상반되는 평가가 공존했다. 2018년 1월에 집권 1년을 맞이하여, 그간 지속적으로 트럼프와 현 행정부에 비판의 목소리를 높여오던 〈뉴욕타임스〉에서 색다른 기획을 했는데 하루치 사설 지면을 포기하고, 그 자리에 1년 전 트럼프에 투표했던 사람들의 편지를 모아 게재한 것이다.[11] 〈뉴욕타임스〉에서는 아래와 같이 이 기획의 취지를 얘기하고 있다. 트럼프 지지자들이니만큼 상당한 인간적 약점이나 기행에도 불구하고 이념/정책 면에서 지난 1년의 '치적'을 칭찬하고 있으며 여전히 그를 지지한다는 소리가 대부분이며 일부 실망의 의견도 포함되었다고 한다. 그러나 바로 이어 보듯이 이번 플랫폼의 취지는 정상/평균적인 독자들 다수에 의해 격렬한 비난을 받게 된다.[12]

관련 링크에서 독자편지를 모두 읽을 수 있었는데 대표적인 것 하나를 보면,

---

11) "Vision, Chutzpah and Some Testosterone" 제하에 정리 편집된 글묶음이다(NYT 2018.1.17).

12) NYT는 이렇게 파격적인 시도를 가끔 하면서 세상을 놀라게 하거나 감동시킨다. 2020년 코로나 위기 중에는 미국인 10만 명 이상이 사망한 것을 애도하면서 1면 전체를 1천여 명의 사망자 이름으로 실은 적이 있었다.

맨 처음 글로서 이 묶음의 제목으로 채택된 문구를 사용한 사람이 전체를 요약했다. "오바마의 실패와 달리 트럼프가 성공했는데, 경제가 좋아졌고 외국의 독재자들이 무서워하고 있으며 IS가 격퇴되었고, 이스라엘의 미국대사관이 예루살렘으로 가게 되었으며, 세금 개혁이 성공… 비전, 대담함, 그리고 테스토스테론"이 이런 성공을 가져왔다고 설파했다. 트럼프 지지자 입장에서는 그리 생각할 수 있으나, 반대 입장에서는 거론된 모든 이슈에서 조목조목 반대/비판이 가능하다. 실제로 아래와 같이 그런 반론이 〈뉴욕타임스〉에 대한 비판과 아울러 수없이 올라왔다.

트럼프 지지 입장의 글 몇몇만 눈에 띄는대로 요약하면 "나는 트럼프를 지지했다기보다는 힐러리를 반대한 것"이라는 소리부터, 수많은 언론이 트럼프를 처음부터 반대하고 비판했지만, 결국 정책 면에서는 성공한 것 아니냐 (물론 감세법, 반이민 정책, 탈규제 흐름 등을 뜻한다) 좀 심한 경우 이런 얘기까지도.. "트럼프는 100년에 한번 나올 대통령.. 그는 너무나 정직하다, 많은 미국인이 동의할 것이다.."등이 있었다.

이제 트럼프 반대 그룹에서 '분노'할 차례이다. 아예 편지묶음의 제목이 "트럼프 팬들에 대한 분노"(The Furor over a forum for Trump fas, NYT 2018. 1. 18)로 되어 있을 정도이다. 앞에 말했듯 그 동안 믿어왔던 〈뉴욕타임스〉에 대한 실망과 분노를 함께 표출하면서 트럼프 지지자들에 대한 극단적 반대와 비난으로 대응한다. 이런 말도 안 되는 기획과 트럼프 지지자들에 대하여 그들의 목소리를 담아내는 플랫폼을 제공한다는 자체가 신문 지면의 낭비이며, 이런 식이면 "지구가 평평하다고 우기는 사람들에게까지 지면을 내주어야 할 것 아닌가"라며 어이없어 하기도 했다. 포럼에 편지를 보내온 트럼프 지지자들을 일컬어, 미국이 추구하는 품격과 정의를 파괴하는 사람들이라고 비판하면서 그들은 대화와 토론 자체를 거부하는 집단인데, 왜 〈뉴욕타임스〉가 이렇게까지 하느냐 하는 이번 기획 자체에 대한 꾸짖음까지 나왔다.

물론 어떤 경우에는 이번 기획의 취지에 공감하며 잘했다고도 하지만, 대부분은 얼굴을 크게 찌푸리고 있었다. 트럼프 행정부 1년은 정책이든 무엇이든 완벽한 실패라고 단언하기도 한다. 어떤 독자는 트럼프 팬들이 찬양하는 모든 항목 하나하나에 대하여 비판을 가할 수 있지만 한 마디로 묻겠다면서, "당신들에겐 그리 좋았다고 하는데 단 한번이라도 다른 사람의 삶에 트럼프가 어떤 영향을 미쳤는지 생각해 본 적이 있는가?" 또 어떤 이는 딱 한 문장으로 호소한다. "〈뉴욕타임스〉여, 다시는 이런 짓을 하지 마시오." 이미 널리 알려진 사실이지만, 미국의 정치적/이념적 분열, 분파주의가 정말 심하다.

이어지는 맥락이지만, 예일대의 시각에서 이념적 지향성 또는 구체적으로 트럼프 행정부에 대한 시각은 극단적으로 갈릴 수 있다. 앞서 얘기했지만 연방 대법관 9명 중 4명이 예일 로스쿨 출신이며, 그 중 최근에 들어간 캐버노 법관은 고교시절의 성추행 전력이 청문회 과정에서 큰 문제가 된 적도 있었다. 트럼프 내각에서 직접 일하는 장관급 이상의 인물도 많다. 존 볼튼 안보보좌관, 스티븐 므누신 재무장관, 윌버로스 상무장관, 벤 카슨 주택도시부 장관 등 잘 나가는 사람도 많고 얼마전까지 연방준비은행 총재를 했던 자넷 옐렌Janet Yellen 역시 예일 졸업생이다. 그런 반면 정치성향, 철학, 인격 등 거의 모든 면에서 대척점에 있는 가운데 끊임없이 현직 대통령을 비판/비난하는 사람들 가운데 예일 졸업생도 매우 많다. 예컨대 〈뉴욕타임스〉 정기 칼럼니스트인 폴 크루그먼Paul Krugman, 이 사람은 진보경제학자로서 노벨 경제학상을 받았고 트럼프 집권 후 정부의 경제정책 비판을 멈추지 않는다.

크루그먼은 워낙 널리 알려진 인물로 검색을 하면 금방 알 수 있는데, 1953년생으로 예일대 경제학과를 졸업 후 MIT 박사, 2008년 노벨 경제학상을 받았다. 모교인 예일대에서도 조교수로 근무했지만, 주로 MIT, 프린스턴 대학에서 경제학 교수를 하다가 은퇴 후 뉴욕시립대City Univ of New York 석좌교수로 지내면서 〈뉴욕타임스〉 칼럼니스트로 더 활발히 활동한다. 그의 칼럼 사례로 "트럼프, 무역, 좀비" (2018.3.19) 칼럼에 의하면 이른바 Trumpworld 내부에서 좀비 전쟁이 벌어지고 있는데, 이를테면 국제무역과 관련하여 두 종류의 좀비와 집단/좀비 아이디어가 존재한다. 좀비 1번은 (좋게 말해서) 신중상주의 neo-mecantilists, 2번은 황금광(goldbugs, 금본위제 지지자들), 예컨대 과거 공급경제학supply-side economics 경우와 마찬가지로 이미 다 죽어버린/의미없는 것으로 결론지어졌는데, 기괴하게 다시 살아나 배회하는 사상, 정책 아이디어라는 것이다(그런데 크루먼의 단언과 달리 공급경제학 또는 래퍼 곡선의 신봉자들은 여전히 많다. 〈월스트리트저널〉 사설란이 언론 대표선수, 감세를 지속 주장하는 공화당/보수 정치인 상당수도 그렇다).

또다른 예로 데이빗 레온하트David Leonhardt는 이 신문의 워싱턴 지국장이면서 칼럼을 가끔 쓰는데 역시 진보 성향, 개혁적 정치철학을 두드러지게 표내고 있다. 그렇다고 해서 〈뉴욕타임스〉의 모든 칼럼과 기사가 진보 또는 반트럼프 일색인가 하면 그렇지 않다. 이 신문에서조차 중도 또는 보수성향의 사람들을 어렵지 않게 찾을 수 있다. 데이빗 브룩스David Brooks, 브렛 스티븐스Brett Stephens 등이 대표적이라 할 것인데, 이 사람들의 글은 어떨 때 보면 전혀 〈뉴욕타임스〉 기사/칼럼 같지가 않다. 의도적으로 중립 노선을 지키려는 취지인가?

2017년 〈뉴욕타임스〉가 신임 칼럼니스트로 브렛 스티븐스를 새로 고용했는데, 40대 중반이며 직장을 옮기기 직전까지 〈월스트리트저널〉에서 국제 분야를 맡았다. 두 신문의 논조가 상반될 뿐 아니라 이 사람 개인적으로도 열정 넘치는 보수 논객으로 보면 될 것이다. 2013년 퓰리처 상을 받을 정도로 저널리스트로서의 역량은 뛰어난데, 글쓰는 성향이 보통 생각하는 〈뉴욕타임스〉의 방향과는 많이 다르다. 이 사람이 직장을 옮겨 전혀 반대되는 분위기의 〈뉴욕타임스〉에 자리잡은 후 첫 칼럼을 썼는데, 기후변화climate change에 대한 내용으로 보통의 타임스 기자/독자라면 이해 못할 내용과 수준으로 기후변화 자체에 대한 의문을 제기한다. 트럼프 대통령이 과학 자체에 도전하며 기후변화를 과학적 사실로 받아들이려 하지 않는 것과 맞물려 글자 그대로 초장부터 논란의 중심이 되어 버린 셈이다. 이 글이 〈뉴욕타임스〉에 싣는 이 사람의 첫 칼럼으로 서두부터 시작하는 "Climate of complete certainty"라는 해당 글을 직접 읽어 보면 무슨 말인지 알 것이다.[13]

다른 언론이나 〈뉴욕타임스〉 독자들로부터 워낙 반발과 비판이 심했는지, 지

---

13) www.nytimes.com/2017/04/28/opinion/climate-of-complete-certainty.html

금도 이 신문사의 관련 글을 검색하면 끝도 없이 나온다. 신문사 입장에서 이러한 특이성향의 사람을 고용하는데 대한 변명/정당화 같은 글부터 시작해서 해당 칼럼에 대한 반론도 소개하는 등, 하여간 뭔가 유별난 상황이 되어 버렸다. 예컨대 〈뉴욕타임스〉의 경우 적어도 형식상/표면적으로는 보수/진보 한쪽을 편들지 않고 이른바 다양한 시각 diverse perspectives을 늘 강조한다. 논쟁적인 이슈에 대하여는 반드시 찬반 의견을 균형있게 다루고 분명하게 어느 쪽으로 기울어지는 이슈조차 확실한 논리와 구체적 증거를 강조하는 것이다. 〈뉴욕타임스〉는 진보 정론지이며, 진보가 우위인 상태에서 균형을 주도하려 한다. 물론 〈월스트리트저널〉은 그 반대이다.

에필로그

chapter 4

Yale, The Four Seasons

　예일에 관한 책이지만, 더할 말이 있다. 예일이나 아이비리그는 고사하고, 2020년 일상의 평범함과 고귀함이 그토록 그리운 시기에 마지막 페이지를 채우고 있지 않은가? 자연과 생명의 포효 앞에 인간이 얼마나 미약한 존재인가를 실감하면서 거듭 겸손해지는 가운데, 코로나가 바꿔놓은 삶, 바이러스가 뒤흔들어 버린 세계를 생각한다. 가능한 한 서로를 멀리해야 하는 현실, 동시에 모두가 하나 되어야 이 위기를 극복할 수 있는 모순을 매일 느낀다. 온 세계가 여전히 고통을 겪고 있는 가운데, 이 정도로나마 이 땅의 어려움을 줄여준 분들과 함께 견뎌내고 있는 우리들 모두에게 드리는 조그마한 헌사를 드린다. 예일 이야기는 그 다음이다.

　2020년 2월 중순, 코로나로 온 나라가 몸살을 앓기 시작할 때, 대구는 그 태풍의 시작이자 한가운데였다. 아픈 소식, 슬픈 뉴스, 매일 수백 명씩 늘어나는 절망적인 통계 숫자... 그래도 봉쇄는 없었다. 온몸으로 일선에서 뛰는 분들은 따로 있었다. 의사, 간호사, 약사, 택배기사, 언론인, 공무원... 총리도 내려와 현장근무를 했고, 시장과 의료진은 매일 브리핑으로 모든 것을 알려주려 애썼다. 정치가 끼어들어 말이 난무했다. 시민들도 나섰다. 최전선 참호 속에서 거의 두 달을 웅크리면서 버텼다.

대구가 어떤 곳인가? "태산준령(泰山峻嶺), 해중거암(海中巨巖)"으로 표현하는 사람들도 있다. 안에서 밖에서 서로 밀고 도와주는 사연도 많았다. 확진자가 대구 741명, 나라 전체는 909명에 이르러 너무 놀란 날, 극도로 어렵지만 희망이 있다는 얘기를 하고 싶었다. 그래서 〈뉴욕타임스〉 편집국에 독자 편지 형식으로 보냈다. 솔직히 큰 기대를 하지 않았는데, 이튿날 바로 스탭 에디터로부터 답신이 왔다. 며칠 내로 게재할 예정이라며, 분량 등을 고려해서 일부 수정/편집했는데 괜찮겠느냐, 투고내용과 필자가 어떤 연계 및 이해관계가 있느냐, 〈뉴욕타임스〉 독점투고 맞느냐 등등… 그냥 알아서 하라고 했는데, 이튿날 필자의 예일대 호스트 교수를 맡았던 캐런에게서 투고문을 봤다며 먼저 이메일이 왔다. 이후에야 필자도 신문을 읽어보게 된 것이다. 덕분에 매사추세츠 주립대 학장을 하는 John Hird, 시애틀의 Gene Duvernoy, UW Christine BAE 교수님과도 안부를 하는 계기가 되었다. 〈뉴욕타임스〉의 영향력이 대단하다. 인터넷판과 종이신문에 모두 실렸는데, 정말 힘들었던 대구와 이 땅의 이웃들에게 조금이나마 응원이 되었으면 하는 생각뿐이었다.[1]

2020년 봄학기에 이어 가을에도 학생들을 만나기 쉽지 않게 되었다. 4월 초 대구의 신규 확진자 숫자가 '0'으로 되었고 조금 안정되는 듯 하더니만, 8월 이후 수도권 상황이 급변했다. 바다 건너 역시 전혀 안심할 단계가 아니다. 뉴욕에 이어 예일대가 있는 뉴헤이븐이나 코네티컷 주에서도, 매사추세츠 주에서도, 수 만의 감염, 수 천의 사망자가 발생했다. 진정 동병상련, 하루빨리 위기를 극복하길 바랄 뿐이다. 2년 전 예일대 체류 중 사귀었던 많은 사람들이 모두 무사 강건하길 소망한다. 'Together Apart'가 일상이 된 이제, 우리의 대학은 어찌 변할까? 우선, 예일도 경북대도 2021년에 정상적으로 캠퍼스를 열 수 있기를 기도한다.

---

1) 뉴욕타임스 원문: https://www.nytimes.com/2020/02/28/opinion/letters/coronavirus-us-asia.html (2020.2.28)
영남일보 원문: https://www.yeongnam.com/web/view.php?key=20200229010005394 (2020.2.29)

[이 책에 언급된 주요 기사 스캔해서 보기]

참고자료

참고 자료

강인선. 2007. 《하버드 스타일》. 서울: 웅진 지식하우스.
강준만. 2011. 《아이비리그의 빛과 그늘: 능력주의 사회와 엘리트의 탄생》. 서울: 인물과 사상사.
김화진. 2018. 《스탠퍼드가 하버드에 간 이유》. 서울: 서울대학교 출판문화원.
봉욱. 2017. 《미국의 힘 예일 로스쿨》. 서울: 학고재.
영남일보. "뉴욕타임즈에 '대구의 코로나19 상황이 힘들기는 하지만 극복할 것' 게재" 2020.2.29.
이시철. 2016. "경북대의 살림, 국립대의 재정". 《경북대신문》 2016.10.10.
이시철. 2018. "대학신문의 가치와 도전 – 예일대학보와의 비교". 《경북대신문》 2018.5.21.
이시철. 2018. "예일대의 학사 개선: 큰 변화와 느린 바뀜". 《대학교육》 (한국대학교육협의회) Summer 201 호. 52–58.
이시철. 2018. "의미 있는 교양교육, 대학 협력의 새로운 푯대가 될 수 있을까 – Yale-NUS College 사례의 시사점" 《교수신문》 2018.5.14.
이영탁·손병수. 2019. 《당신의 미래에 던지는 빅 퀘스천 10》. 서울: 한국경제신문. 한경BP.
한겨레. "대구사람이 읽은 코로나 세계" [이시철] 2020-03-24.

Altbach, Philip, Robert Berdahl, & Patricia Gumport. 2005. 《American Higher Education in the Twenty-First Century》. Baltimore: Johns Hopkins University Press.
Bess, James L. & Jay R. Dee. 2008. 《Understanding College and Unviersity Organization: Theories for Effective Policy and Proactice》. Sterling: Stylus Publishing.
Branch, Mark. 2014. "Damn the consequences. Give me the pen". Yale Alumni Magazine (July 2014)
Brunacher, John & Willis Rudy. 2008. 《Higher Eucation in Transition: A History of American Colleges

and Universities〉. New Brunswick: Transaction Publishers.
Collegiate Way, The. 2018. "The Yale Report of 1928". collegiateway.org/reading. (2018.5.16.)
Confederated Salish & Kootenai Tribes' Office. http://www.cskt.org/
Hughes, Chuck. (2003). 〈What it really takes to get into the Ivy League & other highly selective colleges〉. McGraw-Hill.
Hartford Courant. "Where's Toni Harp? Doing What's Right" [Editorial] 2018.1.25.
Kagan, Shelly. 2012. 〈Death〉. Yale University Press. - 박세연 역. 2012. 〈죽음이란 무엇인가〉. 엘도라노.
Khan, Shamus R. 2011. 〈Privilege: The Making of an Adolescent Elite at St. Paul's School〉. - 강예은 옮김. 2019. 〈특권: 명문 사립고등학교의 새로운 엘리트 만들기〉. 서울: 후마니타스.
Kulman, Linda. 2016. 〈Teaching Common Sense: The Grand Strategy Program at Yale University〉. New York: Prospeca Press.
Lee, Shi-Chul. 2009. "Kudos to UMass' new crop of Fulbright recipients". The Daily Hampshire Gazette. Op/Ed. 2009.10.27.
Lee, Shi-Chul. 2010. "Leaving Amherst, a small place with big ideas". The Daily Collegian [column] (University of Massachusetts Amherst) 2010.12.7.
Lee, Shi-Chul. 2017. "Hailing Yale, lamenting America". The Yale Daily News [column] 2017.11.3.
Lee, Shi-Chul. 2018. "A visiting Korean says goodbye to New Haven". The New Haven Register [column] 2020.7.13.
Lee, Shi-Chul. 2020. "Responding to Coronavirus, in the U.S. and Asia". The New York Times. [Letter to the Editor] 2020.2.28.
Lemann, Nicholas. "What Should Graduates Know?". The Chronicle of Higher Education 2016.1.8.
Lewis, Pericles. "Lessons from Yale-NUS College". The Yail Daily News 2017.10.10.
Markovits, Daniel. 2019. 〈Meritocracy Trap: How America's Foundational Myth Feeds Inequality, Dismantles the Middle Class, and Devours the Elite〉. Penguin Press.
New York Times, The. "Park Gives Wall St. Protesters a Place to Call Home" 2011.9.27.
New York Times, The. "Saudi Arabia's Arab Spring" 2017.11.23.
New York Times, The. "The Peril of Taxing Elite Higher Education" 2017.12.22.
New York Times, The. "Higher Ed's Low Moment" (Frank Bruni) 2017.12.30.
New York Times, The. "Know-nothings for the 21st century" 2018.1.15.
New York Times, The. "Yale's Most Popular Class Ever: Happiness," 2018.1.26.
New York Times, The. "Yale's Famed Whiffenpoofs Singing Group Admits First Woman" 2018.2.20.
New York Times, The. "Saudi Arabia's Arab Spring" 2017.11.23.
New York Times, The. "Aristotle's Wrongful Death" 2018.5.26.

New York Times, The. "Colleges Grapple With Where — or Whether — to Draw the Line on Free Speech" 2018.6.5.
New York Times, The. "The Last of the Tiger Parents" 2018.6.22.
New York Times, The. "Bribes to Get Into Yale and Stanford? What Else Is New?" 2019.3.12.
New York Times, The. "At Yale, a Once Respected Soccer Coach Becomes an Enigma" 2019.3.15.
New York Times, The. "A 'Disgusting' Yale Professor Moves On" 2019.3.19.
New York Times, The. "Dear Millennials: The Feeling Is Mutual" 2019.5.17.
New York Times, The. "Why the wealthy fear pandemics" 2020.4.9.
New York Times, The. "It's 2022. What does life look like?" 2020.7.11.
New York Times, The. "Should we cancel Aristotle?" (Agnes Callard) 2020.7.21.
New York Times, The. "Justice Dept. Accuses Yale of Discrimination in Application Process" 2020.8.13.
Pinnell, Patrick L. 2011. 〈Yale University〉. Princeton Architecutral Press.
Rosenberg, John S. 2017. "An Educated Core." Harvard Magazine, July-August 2017.
Roth, Michael S. 2015. 〈Beyond the University: Why Liberal Eduation Matters〉. New Haven: Yale University Press.
Sandel, Michael J. (2020). 〈The Tyranny of Merit〉. NY: Farrar, Straus and Giroux.
Selingo, Jefferey J. (2013). 〈COLLEGE (Un)BOUND〉. Amazon Publishing.
Stern, Robert. 2017. 〈The New Residential Colleges at Yale〉. The Monacelli Press.
The Sterling Memorial Library. 1931. 〈The Yale University Library Gazette〉. Vol. V. No. 4.
Wall Street Journal, The. "Trump Cheers GOP Tax Overhaul, Slams Democrats Who Opposed It" 2017.12.20.
Wall Street Journal, The. "Pay for some New York private school chiefs" 2018.1.16.
Wall Street Journal, The. "Which Colleges Will Have to Pay Taxes on Their Endowment?" 2018.1.18.
Wall Street Journal, The. "Columbia vs. United Auto Workers" 2018.2.1.
Wall Street Journal, The. "Yale's Poor Little Lambs Who Have Lost Their Way Find a Ewe" 2018.2.21.
Wall Street Journal, The. "Yale and the Puritanism of 'Social Justice'" 2018.3.6.
Wall Street Journal, The. "Judges can check the administrative state" 2018.4.5.
Wall Street Journal, The. "So long California, sayonara New York" 2018.4.18.
Wall Street Journal, The. "I'm Running to Restore Yale Values" 2018.6.3.
Wall Street Journal, The. "Education Department Investigating Harvard, Yale Over Foreign Funding" 2020.2.13.
Wall Street Journal, The. "Covid-19 Prompted Purdue University to Shut Its M.B.A. Program. More Closures Are Expected." 2020.7.29.

Washington Post, The. "A black Yale student fell asleep in her dorm's common room. A white student called police." 2018.5.11.
Yale Center for Teaching and Learning. ctl.yale.edu/ (2018.2.2. 검색)
Yale Daily News, The. "Salovey attacks Republican tax plan" 2017.12.21.
Yale Daily News, The. "Yale to prepare for "residential/remote" model for fall 2020". 2020.6.18.
Yale Daily News, The. "Cancel Yale? Not likely". 2020.6.28.
Yale News. 2018. 〈Inaugural FAS Faculty Professional Development Program Underway〉. fas.yale.edu/news (2018.5.18. 검색)
Yale-NUS College. www.yale-nus.edu.sg (2017.10.11. 검색)
Yale University. "Yale's commitment to equity and inclusion" 2018.5.10. (University Statement by Peter Salovey, President and Chris Argyris Professor of Psychology)
〈Yale+ 아우르기〉. blog.naver.com/shichul (필자의 개인 블로그임)

Yale, The Four Seasons

저자 소개

이시철

경북대와 서울대에서 행정학을 공부했고 워싱턴대(Univ. of Washington)에서 도시계획학 박사학위를 받았다. 2003년 대전광역시 교통국장을 끝으로 공직을 떠나 대학으로 옮긴 후 한국지방자치학회보 편집위원장, 한국정부학회 회장, 경북대 기획처장/교무처장, 행정안전부 정책자문위원, 국가균형발전위원회 전문위원 등을 역임했고, 현재 경북대학교 부총장/대학원장으로 재직 중이다. 2009~10년 매사추세츠 주립대학교(Univ. of Massachusetts Amherst)에서 3학기를 강의했고, 2017~18년 풀브라이트 방문교수로서 예일대학교(Yale Univ.)에서 1년간 연구와 강의를 경험하며 많은 사람과 교류했다. 저역서로 〈Sustainable City Regions〉, 〈그린 어바니즘〉 등이 있으며, 사람-건강-녹색-도시의 연결성에 연구의 관심을 둔다. 최근 논문으로 "밀도와 안전의 공존 가능성; 코로나19 시대, 공간계획의 변화방향 예측", "코로나19, 대구의 초기 대응에 관한 주요 쟁점 분석" 등이 있다.

전통, 자본, 능력주의가 지배하는
미국 명문대의 빛과 그늘

예일, 사계